本书为国家社会科学基金青年项目（项目编号：12CTQ026）结项成果

作者引用网络模式
与功效研究

A STUDY ON THE PATTERN AND FUNCTION OF
AUTHOR CITATION NETWORK

马瑞敏／著

科学出版社

北　京

图书在版编目(CIP)数据

作者引用网络模式与功效研究 / 马瑞敏著. —北京：科学出版社，2018.5
ISBN 978-7-03-056810-6

Ⅰ.①作…　Ⅱ.①马…　Ⅲ.①引文-文献分析　Ⅳ.①G252.8

中国版本图书馆 CIP 数据核字（2018）第048360号

责任编辑：邹　聪　张翠霞 / 责任校对：邹慧卿
责任印制：张欣秀 / 封面设计：有道文化
编辑部电话：010-64035853
E-mail:houjunlin@mail. sciencep.com

科学出版社 出版
北京东黄城根北街 16 号
邮政编码：100717
http://www.sciencep.com

涿州市京南印刷厂 印刷
科学出版社发行　各地新华书店经销

*

2018 年 5 月第　一　版　开本：720×1000　B5
2019 年 1 月第二次印刷　印张：16 1/2
字数：271 000
定价：90.00元
（如有印装质量问题，我社负责调换）

前　言

如何促进科学交流是情报学、科学学研究的重要课题，学者们从不同的角度对此进行了众多研究，取得了丰硕成果。但是，很明显，当前仍然存在着各种各样学者之间学术交流的障碍，既包括思想上的也包括技术上的，而科学计量学为研究科学交流尤其是正式科学交流提供了有力的方法和工具支撑。作者是正式科学交流系统的重要主体，是知识的核心创造者，作者之间的引用是正式科学交流的重要形式，代表着知识在不同作者之间的有序流动。本书试图在理清作者引用网络的基本理论基础上，深入研究作者引用网络的内在模式，基于模式决定功效的理念，详细探究其外在功效，使得对作者引用网络的研究成为一个有机的、系统的体系。通过研究，我们不仅可以深入了解作者引用网络这一知识网络的内在结构特征，更能够系统、清晰地把握基于作者引用网络能够干什么，即作者引用网路的功效，尤其是在学科知识结构发现、作者影响力评价、潜在合作者发现和学科领域间交叉融合检测方面能有更为深入的把握，有利于掌握研究前沿，促进学者之间的科学交流，也为科研管理的科学化提供参考。

本书共包含八章，从三个部分展开相关研究。

（1）探讨了作者引用网络基本问题（第一部分），为后续研究奠定理论、方法及工具基础。第一部分主要研究了作者引用网络的概念与构成、形成机理、数据组织方式及数据挖掘方法和工具四个基本问题。

（2）根据系统科学原理，内在结构决定外在功效，即模式决定功效，笔者对作者引用网络模式进行多视角、系统化研究（第二部分）。首先，在理论上从二人引用、三人引用和多人引用三个视角归纳总结了理想中的引用模式，其中三人引用模式借鉴了社会网络中的三方组概念，而多人引用模式则又从网络拓扑视角和改进后的日冕模型两个视角进行了分析。其次，利用国内外图情学数据进行了实证分析。最后，分析了理论和现实存在差异的原因，并且明确指出了模式所决定的作者引用网络的四大功效：揭示学科知识结构、评价作者学术影响力、发现潜在合作者、探究学科领域内（间）知识交流情况。

（3）在此基础上，依次展开对作者引用网络四大功效的研究（第三部分）。这部分是项目研究的重中之重。一是对于学科知识结构的揭示研究。由于这是当前研究非常活跃的一个领域，所以又分三个方面进行了研究，即基于作者同被引、作者耦合、作者直引关系的学科知识结构研究。①对于作者同被引分析，在探讨基本原理基础上，从相对相似性和绝对相似性两个视角尝试性地提出了两种新的可视化方法，前者是将聚类分析和Pathfinder算法紧密结合，后者是将Louvain社团发现算法和Pathfinder算法有机结合，并且与其他方法（如因子分析、聚类分析等）进行了比较，证实了这两种方法的优越性。最后利用这两种方法对我国图情学的知识结构进行了分析。②作者耦合分析的当前研究还处于起步阶段，项目首先系统研究了作者耦合分析的基本原理，利用数据实证了两种耦合强度算法（只记第一作者和考虑所有作者）的差异。利用作者耦合分析对我国图情学知识结构进行了深入分析，比较了聚类分析、因子分析等几种方法在作者耦合关系挖掘中的效果，并比较了所得结果与同被引所得结果的联系与差别，最后还讨论了作者耦合分析过程中涉及的诸如"为何没有体现出前沿性""为何枢纽型作者过多"等焦点问题。③作者直引分析的系统研究还很少，是一种发现学科知识结构的新方法。首先给出了作者直引的概念和类型，分析了作者直引矩阵的构建和分析方法，提出使用阈值法和因子分析法来进行作者直引关系结构的挖掘。从理论上分析了作者直引与作者同被引、作者耦合的区别，接着从狭义和广义两个角度来分析我国图情学的知识结构，并比较了作者直引和作者耦合及作者同被引的差别。二是对于作者学术影响力评价研究。首先分析了作者学术影响力的内涵、影响因素、与作者学术水平的关系并总结概括了既有的评价方法，从理论上对一些基本问题进行了澄清。在此基础上指出一个作者的学术影响力主要是受加权被引次数和扩散度两个方面因素的影响，基于此构建了传统被引次数和改进加权PageRank两种视角的两个评价模型。接着对国际图情学作者进行分析，重点从不同排名区域作者分布和ROC曲线分析两个视角比较所提出模型与其他评价指标之间的差别，证实所提模型的科学性。三是对于潜在合作者发现研究。潜在合作者研究虽然比较多，但是从作者引用出发进行研究还基本是空白。首先定义了潜在合作者的内涵，详细分析了作者引用与作者合作的关系，然后基于对作者直引三种具体形态——互引、引用和被引在作者潜在合作者中不同分量的分析，构建了基于这三种形态的作者潜在合作者发现模型，并指出可以从单个作者和合作小团体两个视角进行具体的分析。通过与其他方法的比较，发现作者直引分析能够较快、较好地发现一个作者的理论假想的潜在合作者。四是对学科领域内（间）知识交流研究。这一研究主要遵循"什么是知识交流—知识交流研究的视角—基于作者知识传递网络的知识交流发现方法—应用研究"而展开，而重点则是放在方法的凝练和创新上。首先对知识交流进行了重新定义，并指出从生产者视角展开相关研究的优越性。在此基础上提出学科领域内（间）知识交流的系列研究方法：特殊作者法（考察学科之间的交叉融合性）、主路径分析法（引入Pathfinder算法，考察学科领域内知识交流脉络）、最短路径分析法（修正Dijkstra算法，考察学科领域内和领域间知识交流难易程度）、知识交流量分析法（考察学科领域内和领域间知识交流活跃程度）。在此基础上进行了应用研究，详细分析了我国图情学与其他学科交融性、研究分支内和分支之间的交流情况。

通过对作者引用网络的系统化研究，笔者得到了一些较为重要的学术观点。一是作者引用网络不是天然形成的，而是基于多样化的引用动机，它是"知识网络+社会关系网络"的复合体，但知识的属性占主体地位。从作者引用网络出发不仅可以发现作者之间的学术联系，而且可以在一定程度发现他们之间的社会关联，这样更有助于把握作者引用网络的实质，也有助于各种结果的科学解释。二是作者引用网络作为一种特殊的网络也必然遵循内在结构（模式）决定外在功效这样的规律。通过模式的研究，我们可以清晰地看到作者引用网络中作者的引用呈现明显的单向引用倾向，这为作者影响力评价提供了可能；作者引用中的三种基本结构——引用、被引和互引又为潜在合作者的发现提供了契机；三人引用模式的研究又为作者同被引、作者耦合的顺利开展提供了启迪；多人引用模式的研究，尤其是对蝴蝶模型的改进是研究学科领域内

（间）交流路径的基本出发点。三是作者之间的交流是有序的，形成了典型的金字塔状的分布，当前状况仍然符合20世纪60年代科尔兄弟所提出的"光环效应"。在对国内外图情学作者的研究中，我们发现作者的入度呈现明显的幂律分布且单引也占据了所有引用的99%之多，把这两者结合起来可以说明作者之间的引用是有序的：影响力大的作者可能会得到更多的引用，具有光环效应。在这种效应下，作者的影响力是分层的，形成金字塔式的结构，这种交流结构贯穿于科学发展的整个过程。四是作者交流和作者合作有着紧密的内在联系，引用为合作提供了契机。作者之间的频繁引用尤其是互引表明作者之间研究的相似性和他们之间的高度认可，只需要一个合适的机会便很有可能进行合作。从交流（引用）来发现潜在合作者和合作团队，扩大了学者的交流范畴，可以为学者有目的、快速找到合作伙伴提供参考。五是学科领域之间的交叉融合逐渐成为一种常态，学者尤其是传统学科领域的学者更应该积极吸收其他领域的知识并融入自己的研究中，实现新的创新。从学科领域内（间）知识交流来看，不仅学科间有交流，如我国图情学与计算机学科、经济学科、复杂网络有较多交叉，而且一个学科内不同研究领域也有交流，如科学计量与竞争情报就有较大的交叉。这种学科领域内（间）的交流日趋广泛，尤其是要想承担重大攻关项目须有不同学科背景专家的联合攻关，普赖斯提出的"大学科"理论越来越照进现实。

虽然我们对作者引用网络已经进行了较为系统、细致的研究，但是还存在一些问题，还有一些工作需要去做，主要体现在以下几个方面：一是在数据清理方面还需要更加智能和科学。当前虽然已经设计了软件进行自动化处理，但是在错名、错页码、特殊字符转码方面还需要进一步深入分析。二是当前虽然探讨了多作者合作情况下作者同被引、作者耦合等关系强度的理论计算方式，但实际实证和应用中还主要是以第一作者为主，以后将加大与其他作者的合作，获取Scopus数据进行多作者合作情况下的相关研究，这可能会得到更多的结论和启迪。三是需要更多学科的验证。当前研究主要集中在国内外图情学这一学科，虽然方法有普遍性，但是仍然需要进一步验证。四是一些细节还需要进一步谨慎考虑和处理。这主要体现在两点：其一，不同方法比较时金标准选择还有待进一步调研，当前选取普赖斯奖获得者作为金标准还有待进一步优化；其二，作者耦合在前沿结构发现中的作用还需要进一步探究，虽然理论上可以实现前沿结构的发现，但是在实证研究中这种功效并没有很好地体现，需要进一步检验和探讨。

　　由于笔者自身水平所限，本书难免存在不足之处，请各位同行和读者批评指正。

马瑞敏

2017年9月1日于山西大学

目　录

第1章　作者引用网络基本问题研究

作者是科学交流的主体，是科研创新的重要力量源泉，在创新型国家建设中发挥着至关重要的作用。随着科学技术的不断深入发展，涌现出越来越多的学术期刊，形成了数量庞大的作者群体。而随着科学的不断融合，人们需要通过发表论文来传播自己的新思想，也需要通过阅读文献来汲取知识，每个作者都充当着知识的吸收者和传播者的双重角色。随着引文索引的诞生，论文及其参考文献形成了一个庞大的网络，这一网络包含着知识，体现着知识传递。引文实质考察的是论文的传播实效：引用不仅代表着该论文被阅读，而且证实论文被真正利用。引文网络的诞生大大促进了科学交流。科学交流学派的重要奠基人之一苏联著名学者米哈伊洛夫就指出，情报学研究的根本任务之一就是促进科学交流[①]，而文献计量尤其是引文分析的诞生为科学交流的研究提供了强有力的支撑[②~④]。作者是论文的撰写者，是整个交流体系中的灵魂所在，在论文网络形成的过程中，自然而然地便形成了作者引用网络。事实上，在平时我们更加关注的是人和人之间的交流，只有抓住"人"这一根本性的核心要素，

---

① 刘植惠. 科学情报交流学派奠基人——米哈伊洛夫［J］. 情报理论与实践，1995，（2）：42，53-54.
② Paisley W. Bibliometrics, scholarly communication, and communication research［J］. Communication Research, 1989, 16（5）: 701-717.
③ Borgman C L. Bibliometrics and scholarly communication［J］. Communication Research, 1989, 16（5）: 583-599.
④ 由 Borgman 给出的文献计量的定义"文献计量就是研究正式交流的过程……"可见，文献计量为科学交流尤其是正式科学交流提供了方法支撑。

才能抓住科学交流的本质。所以，归根到底，科学交流是要聚焦在"人"上。作者是生产和传播知识的重要主体，本章将就作者引用网络的几个基本问题进行系统研究 [①]。

1.1　作者引用网络的概念与构成

作者引用网络实质上包含两个关键词，一个是作者，另一个是引用网络。作者的含义比较好理解，这里主要是从两个方面对其进行解析：一是与著者的差别，二是自身范畴的限定。按照《现代汉语词典（第 5 版）》的解释，作者是指"文章或著作的写作者；艺术作品的创作者"，著者是指"书或文章的作者" [②]。由此可见两者有一定的重合又有一定的区别：对于文章来说，两者可以互换称谓；对于书来说，一般称为著者。这里，由于我们使用的都是基于论文的引文索引数据库，所以作者等同于著者。结合约定俗成的称谓规则，我们这里将两者统一称为作者。但是，即使是论文的作者构成也是多样的，如有写散文的作者，有写时事评论的作者等，这里主要是限定在撰写学术论文的作者范畴。

论文引用网络即论文之间通过参考文献形成的引证和被引证关系的学术网络。论文引用网络具有很强的时序性，即按照时间顺序排序，在一定程度上总能找到一个领域最原始的文献，形成的是一种树形的网络结构。并且，论文之间的引用强度只能为 1（具体如图 1-1 所示，括号内表示论文的作者和年份）。论文引用网络是其他类型网络的基础，在此基础上可演化出作者引用网络。类似地，作者引用网络即作者之间通过参考文献形成的引证和被引证关系的学术网络。但是与论文引用网络的本质区别体现在两点：一是作者引用网络很难找到一个起点，网络并不体现明显的时序性，会有相互引用的现象出现，是更为复杂的网络结构；二是作者之间的引用强度有可能不是 1，这里用 N 表示（图 1-1 演化为图 1-2 的作者引用网络）。但是，需要强调的是，论文引用网络是作者引用网络的基础，通过论文引用网络向上一层的合理叠加便

---

① 国内外研究状况放在各自章节展开，在这里不进行详述。
② 中国社会科学院语言研究所词典编辑室 . 现代汉语词典（第 5 版）[M] . 北京：商务印书馆，2005.

可得到作者引用网络。所以，有些学者研究作者引用网络时，并不是直接构建作者引用网络，而是从论文引用网络出发来构建[①]，两者都能殊途同归。从图 1-2 来看，其是图 1-1 的"浓缩"，只不过研究对象为作者，在这一网络中，很明显有作者 A 和作者 B 之间的互引，还有作者对作者自己的引用，情况较图 1-1 更为复杂。

　　所以，作者引用网络由两部分构成：一是作者之间的引用关系；二是他们之间引用关系的强度。需要强调的是，作者引用关系没有时序性，包含互引、单引和自引三种情况。

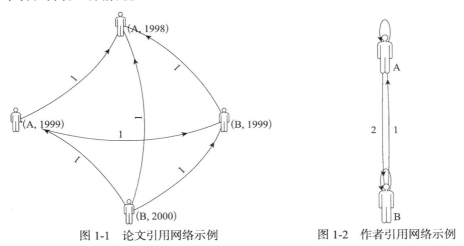

图 1-1　论文引用网络示例　　　　　图 1-2　作者引用网络示例

1.2　作者引用网络形成机理

　　作者引用网络是一种结果，它是如何形成的？下面就其形成的基本理论进行探讨。作者之间引用的产生必然涉及形成动因——引用动机的问题，这方面的研究已经比较多了，形成了"规范理论"和"社会构建理论"两个学派阵营[②]。规范理论起源于默顿（R. K. Merton）的科学社会学的相关研究，他

①　Nykl M，Ježek K，Fiala D，et al. PageRank variants in the evaluation of citation networks ［J］. Journal of Informetrics，2014，8（3）：683-692.
②　Bornmann L，Daniel H. What do citation counts measure? A review of studies on citing behavior ［J］. Journal of Documentation，2008，64（1）：45-80.

们认为引用代表了一个作品的智力（intellectual）或者认知（cognitive）影响，参考文献在知识传递和扩大过程中起到了帮助性（instrumental）和象征性（symbolic）[①]作用——帮助性是让人们知道我们尚未知道的作品，象征性则是对作品的承认、争论、拒绝等的记录[②]。Small则证实象征性作用可以通过对引文进行内容分析加以验证[③]。而社会构建学派则持相反的观点，他们认为引用并不是对智力成果的承认，更多的是社会构建——通过对政治和财政资源的控制及一定的修辞手法来实现。英国科学社会学家马尔凯明确指出，社会修辞学是指"科学共同体内部的科学家行为并不能运用统一的规范来说明，它们的行为规范以及标准只能以科学家各自的利益及目标来说明"[④]。由此可见，社会构建与默顿提倡的规范理论有很大的差别。在很长一段时间内，两个学派都在激烈地辩论。显然地，也形成了两个对立的阵营：坚持引用有用论的阵营和持怀疑态度的反对阵营。Macroberts兄弟对引用的功效尤其是评价功效持很高的怀疑态度，他们认为作者参考学术文献存在很大的主观性和选择性[⑤~⑦]。当然也有很多人坚持认为，引用在很大程度上还是引用和自己所撰写论文相关的文献，有其很强的科学性[⑧⑨]。两大学派一直试图说服对方接受自己的观点，但是很显然这是不大可能的。在这一争论过程中，有不少人通过经验总结、访谈、内容分析等方法总结了引用动机，主要有以下一些代表性研究和结论。

首先，引文分析的奠基人Garfield最早总结了15条引用动机[⑩]，这15条既体现规范理论也体现社会构建理论，是一个综合性的研究。这15条的具体内容包括：对先辈的尊敬；对相关研究的肯定（对同行的尊敬）；识别方法、设备等；提供背景知识；对自己作品的更正；对他人作品的更正；对先前工作

① 有的文献也翻译为符号性。
② Merton R K，Storer N W. The sociology of science：theoretical and empirical investigation［J］. Physics Today，1974，27（8）：52-53.
③ Small H G. Cited documents as concept symbols［J］. Social Studies of Science，1978，8（3）：327-340.
④ 刘珺珺. 科学社会学［M］. 上海：上海科技教育出版社，2009：181.
⑤ Macroberts M H，Macroberts B R. Quantitative measures of communication in science：a study of the formal level［J］. Social Studies of Science，1986，16（1）：151-172.
⑥ Macroberts M H，Macroberts B R. Problems of citation analysis：a critical review［J］. Journal of the Association for Information Science and Technology，1989，40（5）：342-349.
⑦ Macroberts M H，Macroberts B R. Problems of citation analysis［J］. Scientometrics，1996，36（3）：435-444.
⑧ Nederhof A J，van Raan A F J. Citation theory and the Ortega hypothesis［J］. Scientometrics，1987，12（5-6）：325-328.
⑨ Leydesdorff L. Towards a theory of citation?［J］. Scientometrics，1987，12（5-6）：305-309.
⑩ Garfield E. Can citation indexing be automated?［J］. Essays of an Information Scientist，1962，1：84-90.

的批评；证实声明；对未来作品的警示；为弱扩散、错索引和无引用作品提供线索；验证数据和各种事实；识别一个观点和内容的原始出处；识别那些描述同名内容或者概念的原始出处；否定他人的作品和观点（负面声明）；对优先权的争论（负面尊敬）。Garfield 并没有给出这 15 条的优先顺序，主要还是经验的总结。这 15 条作为第一次较为系统思考引文动机的研究，为以后学者开展定量研究奠定了良好的理论基础。Moravcsik 和 Murugesan[①]第一次进行了定量化研究，他们抽取了 30 篇论文进行内容分析（或者称为情境分析）。他们的研究表明引用是有价值的（对于文章非常重要，69%）、有机的（对理解文章的确有用，60%）、演化的（文章建立在参考文献之上，59%）、内容相关的（53%）、肯定性的（证实文献是正确的，87%），由此可见引用正面的动机是主流的。这两位研究者选取的样本虽然有限，但是第一次尝试从定量角度来进行引文动机研究，为后续研究提供了很好的参考。受他们的启发，Chubin 和 Moitra 对《物理评论》43 篇文献的 443 篇参考文献进行了研究，他们发现部分否定的引用只占 6%（对于来信）和 4%（对于文章），而完全否定前人研究的比例为 0[②]。而 Spiegel-Rösing 的研究指出高达 97% 的参考文献与论文是内容、方法、数据等的相关，只有 3% 的参考文献是对其进行质疑或否定的[③]。Krampen 和 Montada 则对心理学的 90 篇文献的 5958 篇参考文献进行了分析，他们发现近 60% 的参考文献是内容相关的、有价值的，只有 1% 的引用是负面批评[④]。Vinkler 则从学术相关和社会相关两个方面调研了 20 位化学家，结果发现引用主要受到学术相关的影响，引用是可靠的[⑤]。当然，还有一些类似研究，无不表明正向引用是主流，负面引用只是很小的一部分，引用主要还是体现与论文直接的内容相关性。这些研究为作者引用研究的展开提供了良好的理论支撑。

　　这样，从定量研究来看，内容相关（包括方法、概念等）占主流，甚至在一些研究中占绝对优势，这说明默顿的规范理论是经得住实践检验的。但

①　Moravcsik M J, Murugesan P. Citation patterns in scientific revolutions[J]. Scientometrics, 1979, 1(2):161-169.

②　Chubin D E, Moitra S D. Content analysis of references: adjunct or alternative to citation counting? ［J］. Social Studies of Science，1975，5：423-441.

③　Spiegel-Rösing I. Science studies: bibliometric and content analysis ［J］. Social Studies of Science，1977，7（1）：97-113.

④　Krampen G, Montada L. Health psychology: bibliometrical results on the emergence and rapid consolidation of a new field of research and application ［J］. Psychology & Health，2007，13（6）：1027-1036.

⑤　Vinkler P. A quasi-quantitative citation model ［J］. Scientometrics，1987，12（1-2）：47-72.

是，我们也要看到社会构建理论所表述的现象也是值得注意的，即作者之间的引用除了正常的内容相关性引用外，在内容相关的诸多论文中，作者不大可能都引用它们，而是有选择性地引用 1 篇或者有限量的几篇，这时更多体现的是作者的主观能动性，包括自己的判断、偏好等，而这些往往建立在社会关系上[①]。另外，需要指出的是，规范理论和社会构建理论在引用分析中都存在，只不过很多研究证明规范理论看起来要占上风一些。所以，在一定程度上讲，作者引用网络是知识和社会关系糅合在一起的一种综合网络，只不过更为偏重于知识网络，甚至我们在平时将引用网络称为知识网络也不为过。

在讨论了两个学派的争论之后，我们对作者引用存在的根基——引用动机有所了解，下面在此基础上，结合新的学术环境（如互联网的迅速发展、文献载体多样化等）来进一步系统讨论可能影响作者引用的具体影响因素。需要注意的是，这里不再讨论规范理论和社会构建理论，而是探讨除了这两个方面以外影响作者引用动机和行为的内在和外在因素。

（1）科研环境和条件。当前的研究需要很好地把握研究脉络尤其是前沿，但是由于受所处研究机构经费的制约，并没有购买有一些自己需要的数据库，这就可能导致作者无法很好地把握整个研究领域的整体情况，迫于科研条件，只能获取零散的、不系统的文献资源。这样，作者也只能在这些资源中选择合适的文献进行引用，这必然从客观上影响作者的引用。

（2）文献检索水平。即使我们假设所有作者都可以充分获取各种资源，但是我们知道当前文献的数量是非常大的，如果不掌握一定的检索技术，要不就是被淹没在文献的海洋中，要不就是找不全甚至找不到需要的文献。所以，科研人员需要熟悉各个学术数据库的检索方式，掌握基本的检索技巧，否则也会影响作者参考文献的数量和质量。

（3）自身的偏好。在对同等或者相似研究参考文献进行选择的时候，作者难免会有一定的选择偏好：有的作者只喜欢引用自己熟悉的权威的作品；有的作者喜欢引用经典作品，而有的作者对新文献更感兴趣；有的作者喜欢引用网络文献，而有的作者只引用传统载体文献；还有的作者偏爱国外的文献，而与之相反，有的作者只对国内文献感兴趣……在这些情况下，作者之间的引用必然被或多或少地"人为改变"，这也会影响作者引用网络的构建。

---

① 这里对社会关系不进行过多的论述，将在第 7 章潜在合作者发现研究中详述。

1.3　作者引用网络的数据组织方式

作者引用网络的研究不仅仅是局限在理论研究方面，更多是通过数据来进行实践研究。正如前文所述，作者引用网络实质上是一种知识网络和社会关系网络的综合体，它的数据获取有专门的途径，对其处理也需要注意一些独特的细节，下面就其数据组织方式涉及的问题进行探讨。

1.3.1　获取途径与方式

当前进行作者引用网络的应用和实证研究，需要从一些特定的引文索引数据库获取数据。但是随着网络的发展，这些途径也有所拓展。一般而言，我们主要是从以下几个数据库获取数据。

（1）科学网（Web of Science）。做科学计量学的学者对于这一数据库应该是很熟悉的，它是索引数据库的鼻祖，诞生于 1963 年。其中科学引文索引扩展版（science citation index expanded，SCIE）收录 8400 多种期刊，社会科学引文索引（social science citation index，SSCI）收录 3000 多种期刊，人文艺术引文索引（arts & humannities citation index，AHCI）收录 1600 多种期刊，覆盖了自然科学、社会科学、工程学和人文艺术等多个学科领域，其中科技领域涉及 170 多个学科，人文社会科学领域涉及 28 个学科[①]，可以追溯到 1900 年的文献。它将发文和参考文献有机组织起来，形成一种网状的索引结构，能达到"越查越新，越查越旧"的奇特功效，是文献计量学研究最为权威的工具之一。但是需要指出的是，它也存在一些问题，如期刊的遴选和学科划分、参考文献只著录第一作者等[②]。它提供了多种格式的下载方式，每次可以下载 500 条记录（含参考文献），下载效率很高；数据著录很规范，有利于进一步处理和分析。本书在后文中关于国外的研究部分将从 Web of Science 中获

① 武汉大学图书馆 . Web of Science 使用指南［EB/OL］. http：//wenku. baidu. com/link?url=c6dJdtNuy HAajQuqtnDCmBiOI87dA0zsUQHNusmSe9qYEpUWmWw9AwIYuXi1TucZ-XSBidMb--bsvfiqJN0Y8 1fas2metUSTUoNuuVdaq1i［2016-10-9］.
② 亨克·F. 莫德 . 科研评价中的引文分析［M］. 佟贺丰等译 . 北京：科学技术文献出版社，2010：68.

取数据。

（2）中文社会科学引文索引（Chinese social sciences citation index，CSSCI）。它由南京大学研发，是中国社会科学领域最为完整、回溯时间最长的索引数据库 ①②。CSSCI 和 SSCI 非常相似，尤其是在著录方面，它对参考文献也只著录第一作者，也按照学科（含一级和二级学科）进行文献分类。但是它在网络检索方面与 SSCI 不同，它将发文和引用分为两个不同的界面，没有形成一个网状的结构。CSSCI 也提供了类似于 SSCI 的下载功能，为进一步数据处理奠定了很好的基础。本书在后文中关于国内的研究部分将从 CSSCI 中获取数据。

除了这两个常用的数据库外，还有 Scopus 这一引文数据库和谷歌学术搜索（Google Scholar）这一网络引文数据库。Scopus 和 Web of Science 非常相似，但是其收录的期刊更多、覆盖范围更广泛，且对参考文献著录了所有作者，大大方便了科学计量学研究——使得研究更为精确 ③。但是，当前国内高等学校和科研院所对这一数据库的购买数量还很少，这为获取数据带来了不便。Google Scholar 则是 Google 数字图书馆计划的具体体现，集成了全球各大主流的数据库，如中文版将知网、万方、维普甚至一些开放存取数据库都有机汇集在一起，并且可以通过链接使得文献构成一个网络 ④。由此可见，Google Scholar 收录的文献更为全面和完整，但是我们也要注意到 Google Scholar 在引用分析研究中存在的问题 ⑤⑥：一是大规模数据获取有一定的难度，用爬虫爬取时容易被禁用；二是数据还有些粗糙，相对不够精细，如有不少重复数据但是都被单列出来。另外，在我国由于各种原因，Google Scholar 仍无法正常登录。基于以上的分析，本书将主要使用 Web of Science 和 CSSCI 的数据，具体时间段等细节将在相关章节详细说明。

---

① 苏新宁. 中文社会科学引文索引（CSSCI）的设计与应用价值［J］. 中国图书馆学报，2012，38（5）：95-102.
② 邱均平，马瑞敏. 基于 CSSCI 的图书馆、情报与档案管理一级学科文献计量评价研究［J］. 中国图书馆学报，2006，32（1）：24-29.
③ 韩卫红. Scopus 数据库的特点及其检索［J］. 现代情报，2007，27（3）：152-154.
④ Ma R，Dai Q，Ni C，et al. An author co-citation analysis of information science in China with Chinese Google Scholar search engine，2004–2006［J］. Scientometrics，2009，81（1）：33-46.
⑤ Jacsó P. Google Scholar：the pros and the cons［J］. Online Information Review，2005，29（2）：208-214.
⑥ Aguillo I F. Is Google Scholar useful for bibliometrics? A webometric analysis［J］. Scientometrics，2011，91（2）：343-351.

1.3.2　数据清理和引用关系的构建

在通过 Web of Science 和 CSSCI 获取到引文数据后，需要对数据进行清理，这是因为这两个数据库虽然已经较为规范，但是还是存在一些问题。

（1）同一论文的鉴定。在参考文献中，本应该是同一篇文献，但是发现由于著录原因，导致用程序一开始判断时误判它们为不同论文。这种现象还比较多，尤其是在著录题目的时候容易出错——如缺字、错字、特殊符号等。这里，主要是通过"作者＋期刊＋页码"来辅助判断，当三者一致时被认为是同一篇文献，否则被认为非同一篇文献。虽然这点在作者引用中并不会造成很大影响，但是如果我们以论文作为基础向上递归得到作者的表现还是需要将其标准化，这也是非常基础的一项工作。

（2）同名作者的处理。在国内和国外都有同名的情况，这里处理的方法是通过"人名＋机构"来判断，如果两位作者的姓名和工作机构完全一致，我们便认为他们是同一作者，否则认为是不同的作者，并在不同的作者后面用 A1、A2……进行标识和区分（A 为作者名，1、2……为标号）。很明显，这种处理还是比较粗糙的，比如有可能同一机构内有同名作者，但是这种情况很难进一步判断，并且这种概率应该很低，对于大量数据的研究影响甚微。

（3）编码问题的处理。这主要出现在将数据读取为 XML 格式后，处理方式如下：一是要保证所有数据在转化为 XML 格式文件时其编码格式应该为 ANSI 或者 GB2312，否则在读取作者尤其是中文作者时会出现无法识别的情况。二是对于 XML 格式，＜和＆是非法的，这些特殊符号在网址中比较常见，需要通过"CDATA"命令进行转义。通过这两个方面的处理，数据更为规范，尤其是在限定作者数量进行研究时大有裨益。

在进行了数据清理之后，我们便可以构建引用矩阵，主要通过自行设计的 ArticleDeal 这样的一个数据处理软件实现（图 1-3）。首先将处理好的 XML 文件读入，如果不选择"作者文件列表"则表示输出全部作者，点击读取数据便可以识别数据（这时所有灰色按钮变亮），然后可以按照下面的功能提示框实现相关功能。作者引用网络的构建可以通过作者引用 A 和作者引用 B 两个功能模块来实现：作者引用 A 是只考虑发文方面的作者，而作者引用 B 则考虑发文和参考文献中涉及的所有作者。另外，该程序还可以一并实现其他一些文献计量方面的功能。比如，要想计算作者被引次数，只需要点击"作者被引次数"，作者耦合 A、B、C 和 D 则代表了作者耦合的四种情况：只考虑第一作者、考虑前三位作者且考虑合作、考虑前三位作者但不考虑合作、考虑全部作者。这一软件可以很大地提高后续系列研究的精度和效率。

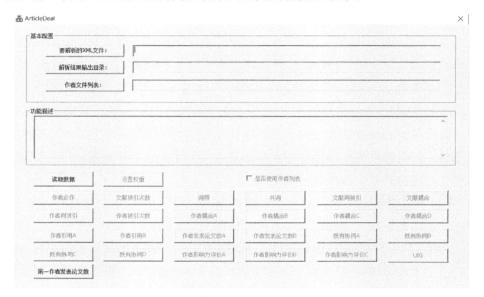

图 1-3　文献计量数据处理软件 ArticleDeal 功能界面

1.4　作者引用网络的数据挖掘方法和工具

作者引用网络往往是庞大的，关系是复杂的，如何从这一网络中挖掘出小群体，从而从微观上更好地观察网络的内部结构是我们亟待解决的重要问题。随着复杂网络及大数据的诞生，越来越多的更高效率、更科学的数据挖掘方法得以产生。需要强调的是，数据挖掘往往和信息可视化相关联——数据挖掘的结果往往需要通过"图"来展现。所以，在下面的介绍中，将数据挖掘和信息可视化合在一起。信息可视化一直是图情学、计算机科学、数学、物理学、社会学等领域研究的热点，吸引了诸多学者参与，产生了众多成果，可以说这一领域是当前学科交叉融合研究的典型代表之一。由于我们这里研究的对象主要是科学文献，所以当前有不少学者把这一领域称为科学知识图谱或者知识图谱[1]。科学知识图谱的定义为[2]："利用知识可视化方法和工具，绘制、挖掘、分析和显示知识（含其载体）及它们之间静态或者动态的相互关系，方便人们对知识网络内在关联有更加直观而深入的理解，促进科学研究的交流与合作。"下面就主要的一些数据挖掘方法进行简要的介绍，并且介绍几款对应的工具。

1.4.1 社会网络分析方法

社会网络分析是对社会行动者及其之间关系构成的网络的分析。社会网络分析发端于 20 世纪 30 年代，距今已经有 80 多年的历史，并取得了丰硕的成果。这里主要介绍其中一些重要概念和方法[3~5]。

（1）度。对于有向网络来说，分为入度和出度。这一概念比较好理解，主要考察一个作者在网络中的影响力（入度）和知识吸收能力（出度，即吸收了几个人多少次的知识）。度是非常基础的一种方法，因其简单易懂，在现实中被广泛应用。

（2）二方组和三方组。二方组是研究网络结构的基础，它研究的是两个行动者之间的关系，主要有三种同构类：无联系（在作者引用网络中，即两个作者没有引用关系）、非对称（即一个作者单向引用另一个作者）和互惠对（两个作者互引）。三方组则为我们了解纷繁复杂的小团体（small group）结构奠定了良好基础，它研究的是三个作者之间的关系，总共有 16 个同构类。二方组和三方组对于我们理解和把握作者引用网络的基本模式大有裨益，具体见第 2 章相关部分。

（3）以 k- 核、成分等为代表的凝聚子群发现方法[6]。在社会网络分析中，凝聚子群发现方法主要从四个方面展开：建立在互惠性基础上的凝聚子群发现方法，以派系为代表；建立在可达性和直径基础上的凝聚子群发现方法，如

① 陈悦，刘则渊. 悄然兴起的科学知识图谱［J］. 科学学研究，2005，23（2）：149-154.
② 马瑞敏. 基于作者学术关系的科学交流研究［M］. 北京：科学出版社，2015：44.
③ 刘军. 社会网络分析导论［M］. 北京：社会科学文献出版社，2004：114-147.
④ de Nooy W，Mrvar A，Batagelj V. Exploratory Social Network Analysis with Pajek［M］. London：Cambridge University Press，2011：62-70.
⑤ 还需要强调的是，在后面章节有详细的介绍，在这里将只做基本的介绍。
⑥ 具体含义不再展开详述，可查阅本页脚注③④提到的国内外两本专著。

n-派系和 n-宗派；建立在点度数基础上的凝聚子群发现方法，如 k-核和 k-丛；建立在子群内外关系基础上的凝聚子群发现方法，如成分、块和社会圈等。这些方法对如何将大网络分解为小网络——凝聚子群（或者称为社区、小群体、小团体、子群）提供了强有力的方法启迪，后面多个章节都会有所涉及。

（4）QAP 检验。QAP 全称为 quadratic assignment procedure，即二次分配程序，是研究矩阵相关性的方法[1]。QAP 很好地克服了最小二乘法对分布（正态性）和多元共线性的"苛刻"要求，在研究关系和关系之间的相关性方面有着独特优势。本书在研究作者同被引、作者耦合、作者直引之间的相关性时会使用该方法。

1.4.2 多元统计分析方法

多元统计分析方法是一个相对较为成熟的方法体系，本书相关章节的研究主要涉及三种方法——聚类分析（cluster analysis）、因子分析（factor analysis）和多维尺度分析（multidimensional scaling analysis）[2][3]。

聚类分析是典型的信息分类的方法，又称为群分析、点群分析或者簇类分析。由于研究样本或指标之间存在着程度不同的相似性（亲疏关系），根据一定的算法，按照它们空间关系的亲疏程度进行聚合：关系密切的聚合到一个小的分类单位，疏远的聚合到一个大的分类单位。按照分类对象的不同分为 Q 型和 R 型聚类；按照聚类的方法分为系统聚类、动态聚类等。它的研究步骤如下：数据标准化（如 Z 分数）→计算对象之间的距离（如皮尔逊相关系数、欧几里得距离）→选择类和类之间的聚类定义→聚类（如最近邻法、最小方差法）→分类。聚类分析在第 3 章作者同被引分析可视化方法改进方面起到了重要作用。

因子分析是降维的一种方法，即将相关性较强的几个变量归在同一个类中，每一类赋予新的名称（称为因子），反映事物的一个方面。这样，少数的几个因子就能够代表数据的基本结构。因子分析中有两个重要的概念：一个是因子，即几个相似性变量的新名称；另一个是载荷，即每个变量在因子上的

---

[1] 对于该方面的详细介绍，包括原理、优越性、计算步骤和案例等，详见：马瑞敏. 基于作者学术关系的科学交流研究［M］. 北京：科学出版社，2015：116-120.

[2] 沙勇忠，牛春华. 信息分析［M］. 北京：科学出版社，2009：182-195.

[3] 吴明隆. 问卷统计分析实务［M］. 重庆：重庆大学出版社，2010：194-235.

重要性。因子分析的步骤如下：问题的定义（如分布形态、变量和样本的比例等）→计算并检验协方差矩阵（KMO 值应该大于 0.5）→选择因子分析的方法（一般选择主成分分析法）→确定因子数目（方法有特征值法、累积方差法、碎石图、经验判断四种）→因子旋转（目的是更好地命名因子）→因子解释。因子分析在共现矩阵及非对称有向矩阵的结构分析中都有很好的应用，第5 章将主要应用因子分析来对直引矩阵进行结构挖掘。

多维尺度分析也是一种降维的方法，它的原理是寻找决定多个变量的少数几个变量，并在低维空间（二维或者三维）内以图形的形式表现出来。多维尺度分析（multidimensional scaling，MDS）在使用中要格外注意输入数据的格式，即区分清楚是相似性数据和非相似性数据，不同格式的输入数据在 SPSS 中对应不同的功能模块[①②]。一般而言，有两个参数值需要给出——标准化压力系数（normalized raw stress）和分散系数（dispersion accounted for，DAF），标准化压力系数的值越小越好，分散系数的值则是越大越好。

1.4.3 社团发现算法

群体划分除了上面介绍的凝聚子群发现算法以外，在复杂网络研究领域还产生了较多的其他算法，被称为社团发现算法。复杂网络研究和社会网络分析是两种共生共长的研究领域，随着计算机和网络技术的发展，它们的方法能够互相借鉴[③]。因此，社团发现算法从方法论的角度来看和社会网络分析中的凝聚子群分析方法是同源的——都是基于图论，它们都能够为作者引用网络的结构分解提供方法支持。

当前，社团发现算法主要分为非重叠社团和重叠社团两大类，由于后文并不涉及重叠社团发现的问题，所以这里主要介绍非重叠社团发现算法。非重叠社团发现算法又包括四种视角的算法[④]：①基于模块度优化的社团发现算法。这一算法又分为三种：第一种是采用聚合思想，如 Newman 快速算法、CNM

① 马瑞敏.基于作者学术关系的科学交流研究［M］.北京：科学出版社，2015：135-136.
② 邱均平，马瑞敏，李晔君.关于共被引分析方法的再认识和再思考［J］.情报学报，2008，27（1）：69-74.
③ 杨建梅.复杂网络与社会网络研究范式的比较［J］.系统工程理论与实践，2010，30（11）：2046-2055.
④ 骆志刚，丁凡，蒋晓舟，等.复杂网络社团发现算法研究新进展［J］.国防科技大学学报，2011，33（1）：47-52.

算法、Louvain 算法等；第二种是采用分裂思想，如 GN 算法；第三种是直接寻优法，如 EO 算法、整数规划方法。②基于谱分析的社团发现算法。这一算法主要是基于谱图理论，算法耗时比较长，在现实中应用不是很普遍。③基于信息论的社团发现算法。这种算法的根本目的是寻找拓扑结构的有效压缩方式。④基于标号传播的社会发现算法，如 LPA 算法。在这几种方法中，第一种方法使用最为普遍，也得到了学术界非常多的关注，产生了很多优化和改进成果。而第一种方法中，聚合思想又占一定的优势：精度和效率都比较高。后文如第 3 章基于绝对相似性的知识结构挖掘方法中将使用其中的一种方法——Louvain 社团发现算法，它可以快速处理以亿为单位的节点，效率很高，是当前非常理想的社团发现算法，并且已经能够由多个软件实现，如 Pajek、SCI2 等，这也大大推动了它的应用。

1.4.4　常用的分析软件

在网络结构分析中，已经有不少功能强大的软件，它们为我们进行大规模数据的分析和可视化提供了工具辅助，大大提高了研究的效率和精确度。下面简要介绍几种常用的综合性软件 [1][2]。

（1）Ucinet。该软件是一个功能强大的社会网络分析软件，它的发明者是三位活跃在社会网络分析领域的研究者（S. Borgatti、M. Everett 和 L. Freeman）。本书主要使用的是其矩阵转化（Excel 格式转化为 Ucinet 格式并进一步转化为 Pajek 格式）、QAP 检验两个功能模块。

（2）Pajek。该软件也是功能非常强大的社会网络分析软件，几乎涵盖了关系网络处理的方方面面，并且可视化功能灵活、强大，尤其值得称赞的是该软件一直在更新和完善。本书应用它最多，包括作者度数的计算、成分的发现、Pathfinder 算法和社会发现算法的实现、结果可视化等都是通过该软件实现的。

（3）SPSS。SPSS 当前已经归属于 IBM 公司，是一款便捷、灵活的数据挖掘工具，其几乎涵盖了统计学的方方面面，一些扩展的模块更是可以做复杂

---

① 对于一些专业性很强的软件如 Bibexcel、CiteSpace、CitNetExplorer、SCI2、Network Workbench 等在此不做介绍。另外，介绍的软件主要集中在数据挖掘方面，对于数据清理工具等不再介绍，本书都是基于 ArticleDeal 进行数据处理和转化（适应 Pajek 等软件的格式要求）。

② 下面介绍的软件都有非常详细的手册，这里不再详细展开，只是做最基本的介绍，主要是说明这些软件在本书研究中的作用。

的数据挖掘。本书主要是使用 SPSS 中的几个模块，包括基本统计描述、聚类分析、因子分析、绘图等。

（4）Matlab。该软件是数学领域应用非常广泛的软件，在矩阵运算方面有着独特的优势，可以通过编程实现复杂的数学和统计学运算。本书主要应用到其两个方面的功能：一是做统计图；二是通过编程实现改进的 PageRank。

需要指出的是，当前信息可视化工具发展非常快，研发了各种各样的工具，如基于 Google Map 的可视化效果图等，更加丰富了该领域的研究。可以说，随着科技的发展，信息可视化技术必将进一步发展和完善，为我们呈现更加人性化、多姿多彩的结果，也为我们把握信息的本质提供更大的便捷。

1.5　本 章 小 结

本章主要研究了作者引用网络的基本问题，包括作者引用网络的概念与构成、形成机理、数据组织方式、数据挖掘方法和工具四个方面。下面对本章做一个简要的总结。

（1）作者引用网络基于文献引用网络，但是两者又有较大区别。作者引用网络为非时序网络，由作者之间的引用关系和引用关系的强度两部分构成，包括互引、单引和自引三种形式。

（2）作者引用网络不是天然形成的，而是建立在一定理论基础上的，主要包括规范理论和社会构建理论。作者引用网络是这两种理论的结合体，即作者之间的引用主要遵循规范理论，但是在一些情况下也受到社会构建理论的支配，所以作者引用网络是知识网络和社会关系网络的综合体，只不过知识网络的属性是其主属性。

（3）作者引用网络的构建需要专门的数据获取途径，并且即使获得了数据也需要进行仔细的数据清理。当前，从科学性、规范性及可获得性来看，获取数据的来源国外主要是 Web of Science，国内社会科学领域则主要是 CSSCI。数据清理则至少需要做如下三个方面的基础工作：一是同一论文的鉴定；二是同名作者的处理；三是编码问题的处理。在此基础上便可以通过一定的程序

（如前文提及的自行设计的软件 ArticleDeal）对这些数据进行处理，自动地构建作者引用网络。

（4）作者引用网络是复杂的，需要一定的方法并配合一定的工具来挖掘其内在结构，从而更好地把握其本质。当前针对其的方法主要有社会网络分析方法、多元统计分析方法和社团发现算法等，主要工具有 Ucinet、Pajek、SPSS 和 Matlab 等。

第2章　作者引用网络基本模式研究 [1]

作者之间的相互引用代表着知识的传递和循环，构成了科学交流的正式交流体系，形成了知识交流网络。对于作者引用网络的研究现在已经有了较多的成果，主要集中在如下几个方面：一是对于作者引用网络中的两种特殊模式——作者共被引和作者耦合的研究。这方面的研究国内外已经比较成熟了，尤其是作者共被引的研究更是如火如荼，不少学者指出了作者共被引在对角线取值、矩阵转化算法等方面的改进，也有不少学者提出了新的结果可视化方法，还有很多学者将这两种方法应用在不同学科知识结构挖掘中。二是对于作者互引网络结构的研究 [2]。比如，White 等研究了全球网络（globe net）这一学术交流网络中的 16 个成员的互引情况 [3]；刘蓓等则探究了国内情报学高合作度之间作者的引用结构情况 [4]；邱均平和王菲菲 [5] 对图情学高被引作者互引网络进

---

① 本章是在课题阶段性成果 "作者引用网络基本理论模式研究. 晋图学刊，2015，149（4）"（主编特约稿）基础上撰写而成的。
② 在文献调研时，发现国外的关于作者互引的研究很少，更不用提整个学科作者互引的研究。互引研究主要集中在文献（如新研究方向的形成）和期刊（如对 SCI 学科的重新划分）两个单元，这两个方面成果较多。
③ White H D, Wellman B, Nazer N. Does citation reflect social structure? [J]. Journal of the American Society for Information Science and Technology，2004，55（2）：111-126.
④ 刘蓓，袁毅，Eric B. 社会网络分析法在论文合作网中的应用研究 [J]. 情报学报，2008，27（3）：407-417.
⑤ 邱均平，王菲菲. 基于 SNA 的科学计量学领域作者互引网络分析 [J]. 情报学报，2012，（9）：915-924.

行了分析；王菲菲和杨思洛分析了图情学高产作者之间的相互引用结构[①]；南刚等则对竞争情报这一领域进行了较为详细的分析[②]。这些研究基本都是利用社会网络分析中的 k-核、度、中间中心度等来发现小团体和考量作者的影响力。马瑞敏则对作者引用网络中作者的度分布进行了研究，得出其也满足幂律分布的特征[③]。三是对于作者网络基本模式初探。马瑞敏就中国图情学的作者网络模式从二人引用、三人引用和多人引用三个视角进行了较为系统的研究，其中利用改进的日冕模型进行作者引用网络整体分布情况研究具有一定的探索性[④]；董克则曾对国际图情学高被引作者的三人引用模式进行了分析[⑤]。

从以上分析来看，虽然当前对于作者引用网络的相关研究已经比较多了，但是对于作者引用网络基本模式的研究还是比较少的。即使有一些研究，也存在较多问题：一是对于模式的研究主要集中在模式的应用方面，如作者共被引和作者耦合被用来发现学科知识结构或研究前沿，对于模式的理论探讨不够；二是对于模式的研究样本少，主要还是基于高被引作者的互引分析；三是缺乏国内外的对比研究，中外同一学科的作者引用基本模式有可能有一定差别；四是对于理想模式和现实情况有差异的原因分析不到位；五是既有研究的分析还比较粗糙，还需要进一步细化。基于这样的研究现状，本章试图从二人引用、三人引用和多人引用三个视角来分析作者引用网络的基本模式。

2.1 模式的基本内涵

模式（pattern），又称为"范式"，在很多场合都出现过，不同的人将其应用在不同的情境中，如管理模式、传播模式和中国模式等。在科学交流领域，

---

① 王菲菲，杨思洛 . 国内情报学作者互引分析与学科结构揭示［J］. 情报资料工作，2014，（5）：21-27.
② 南刚，王亚民，李慧 . 基于互引的竞争情报知识交流网络研究［J］. 情报学报，2013，32（11）：1148-1156.
③ 马瑞敏 . 基于作者学术关系的科学交流研究［D］. 武汉：武汉大学博士学位论文，2009：112-120.
④ 马瑞敏 . 基于作者学术关系的科学交流研究［D］. 武汉：武汉大学博士学位论文，2009：100-106.
⑤ 董克，刘德洪，江洪 . 基于三方关系组的引用网络结构分析［J］. 情报理论与实践，2010，33（11）：50-53.

学者提出了诸多模式，如米哈伊洛夫模式、5W 模式和 Garvey-Griffith 模式 [①]等。不同机构和学者对模式给出了不同的解释，具有代表性的有以下几种。

（1）《现代汉语词典》（第 5 版）将其简要地定义为"某种事物的标准形式或使人可以照着做的标准样式" [②]。

（2）毕耕则将其定义为："再现某种特定领域的稳定关系和结构的一种理论性和简化的形式。" [③]

（3）李长萍则对模式进行了归纳总结："模式是构建在经验与理论之间的一种知识系统……模式的内容包含三个层面：一是模式产生于现实，它是对现实的高度抽象和概括；二是模式是一种理论性的形式，而非单纯的方法、方案或计划；三是模式是把理论用经济明了、更容易为人了解和操作的方式表达。" [④]

（4）刘天佐和李坤则给出这样的定义和说明："就是从不断重复出现的事件中发现和抽象出的规律。" [⑤]

从上面给出的定义我们可以看出，模式产生于现实，是一种"现实抽象"，也是一种"规律"，其过程经历"现实—理论—现实"这样一种轨迹，即从现实中归纳出理论模式，然后用这种模式去指导新的实践。由此可见，对于模式的研究非常必要且重要，模式有一种提纲挈领的作用。

那么，现实研究中有哪些类型的模式呢？通过浏览相关文献，我们归纳为如下几类。一是基于过程的模式，如前文列举的多个交流模式；二是基于结构的模式，主要是从网络结构出发来发现研究对象中存在的规律（如小世界现象、幂律分布，以及后文提及的三方组等，主要集中在社会网络分析方面）；三是更具普遍意义的数学模型或者社会规律（如计量经济学中的各种计量模型、丰田的 Just-In-Time 运营模式等）。本章所涉及的模式主要是基于结构的模式。结构功能主义理论的创始人 Parsons 指出，结构由"行动者在一情景中彼此的互动而组成"，由此可见结构是一种互动关系模式 [⑥]。作者引用网络本身就是一种复杂的网状结构：作者之间的相互引用形成引用关

① 马瑞敏. 基于作者学术关系的科学交流研究［D］. 武汉：武汉大学博士学位论文，2009：16.
② 中国社会科学院语言研究所词典编辑室. 现代汉语词典（第 5 版）［M］. 北京：商务印书馆，2005.
③ 毕耕. 网络传播学新论［M］. 武汉：武汉大学出版社，2007：38.
④ 李长萍. 职业教育教学原理［M］. 北京：中国农业出版社，2004：254-255.
⑤ 刘天佐，李坤. 公共高等教育财政资源配置公式化现象论释——基于政策过程与预算过程相分离视角 [J]. 求索，2013（9）：221-223.
⑥ Parsons T. Social System［M］. New York：Free Press，1951：5-6.

系①，关系对之间的连接形成网络。由此可见，作者引用网络的结构本身就是一种模式。

另外，从定义来看，模式决定功效，尤其对于基于结构的模式更是如此。我们知道，化学中有一个重要的规律，即"结构决定性质（功能）"。比如，金刚石和石墨，由于结构不同，它们的功效差异很大。系统工程理论中有一个基本理论："凡系统必有结构，结构决定功能。"②结合 Parsons 的论述，并顺着这样的思路，我们可以看出结构、模式和功效之间存在这样一个逻辑关系：结构→模式→功效。由此可见，"从结构抽象出模式，用模式指导实践并实现各种功效"这一思路是有理论基础的，是切实可行的。

2.2 作者引用网络的理论模式

从模式的内涵来看，结构是一种互动关系模式。作者引用网络完全符合相关特征，对其结构进行挖掘并归纳总结便可以得到更具普遍意义的、更科学的指导实践的理论模式。结合既有研究来看，从理论上讲，可以从以下三个角度来进行作者引用网络模式的研究。

2.2.1 二人引用模式

二人引用是作者引用网络中最为基本的模式，是构成作者引用网络的基础。二人引用模式具体来看有以下三种：A 和 B 互引（A↔B），A 引用 B（A→B），B 引用 A（A←B）。引用代表的是承认，而承认是科学界的硬通货。要想得到对方的承认，并不是一件很容易的事，这涉及两个因素：一是学术相关性，即 A 和 B 的研究内容（或方向）应该是一致的；二是有目的的选择性，即 A 和 B 引用关系的建立还必须高度认可且更有利于支撑自己的学术观点，

---

① 这种引用关系从本质上来讲是提倡互动的——尽管现实中频繁互动可能较少，是一种"理想的互动关系"。

② 李德贵，李坚. 系统结构功能理论的扩充［J］. 云南大学学报（自然科学版），1992，（3）：324-326.

其中包含着威望、社会关系等原因。基于这样的考虑，两个作者之间单方向关注对方不是很容易，双向关注更是难上加难。从两两作者之间的引用出发，就可以构成作者之间的网状关系（含链状），形成作者引用网络。需要指出的是，A 和 B 之间的引用不仅仅有方向，而且有强度，"方向 + 强度"才构成一个完整的引用关系。

随着时间的推移，一部分作者受到越来越多的关注，成为高被引作者，最终成为这个学科的高影响力作者，在科学殿堂留下浓墨重彩的一笔；而另一部分作者可能是默默无闻的，被引次数普遍较低，多年后可能被人们所遗忘。这样，整个学术界就形成典型的金字塔状的等级分布结构。普赖斯把这一分布的原因解释为累积优势，齐普夫则解释为最省力法则，默顿则归结为马太效应。由于作者之间引用关系的存在，这种等级结构被更好地观测出来。科学社会学的很多关于科学界社会分层的研究都是利用引用来提供佐证。

2.2.2　三人引用模式

二人引用是作者引用网络中最基本的模式，但是要进一步研究作者引用网络的结构，我们必须研究三人引用模式，三人引用关系中包含着循环、传递等表示知识流动的基本形式，所以当前很多社会网络统计模型都从三人关系开始进行研究。从三方组出发可以窥探整个网络的结构分布情况[1]，由此可见三方组的研究非常重要。三人引用关系从理论上来讲应该有 64 种情况，但其中很多是同构类，Holland 和 Leinhardt 对此进行了深入分析，发现 64 种情况存在16 种同构类[2]，这16 种同构类也就是作者引用网络中的三人引用模式，具体如图 2-1 所示。其中"–"前面的数字表示模式的序号，"–"后面的第 1 位数字表示互引对的个数，第 2 位数字表示单向引用对的个数，第 3 位表示虚无引用对的个数，C 表示循环，T 表示传递，D 表示向下引用，U 表示向上引用，这主要是为了进一步区分不同模式而对它们进行了命名。为了更方便地进行分析，将上面的顶点称为 V_1，左下点称为 V_2，右下点称为 V_3。

① de Nooy W，Mrvar A，Batagelj V. Exploratory Social Network Analysis with Pajek［M］. London：Cambridge University Press，2011：207.

② Holland P W，Leinhardt S. A method for detecting structure in sociometric data［J］. American Journal of Sociology，1970，76（3）：492-513.

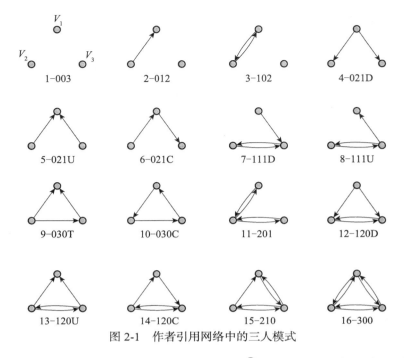

图 2-1　作者引用网络中的三人模式

一些学者对这 16 种模式根据平衡理论[①]进行了进一步归类，分为平衡（balance）、聚集性（clusterability）、等级类（ranked clusters）、传递性（transitivity）、层次类（hierarchical clusters）和禁现（forbidden）六种。需要注意的是，除了 forbidden 之外的五种模式的约束力是递减的，即聚集性模式包括平衡模式中的所有三方组，依次类推，层次类包含其他模式的所有三方组。具体如表 2-1 所示。

虽然对这些模式进行了归类，但是其基本原理是基于平衡理论，这与我们的研究目的还是有一定差别。本章更为关心的是，在作者引用网络中这些三方组是如何分布的，哪些模式占据主导地位，哪些模式理论上存在但是在现实中却很少存在等问题。所以，这些归类对于作者引用网络模式的研究还不够充分，需要重新进行分析和归纳。

首先，为了更好地理解这些模式，根据作者引用网络的具体情况对它们进行深入分析和阐述。在这 16 种模式中，有孤立点的对于我们的研究意义不大，它们很难说明三人之间到底存在怎样实质性的知识流动，所以我们将作者引用中的三人模式归结为 13 种，表 2-2 是对这 13 种模式的分析。

① 平衡理论是社会网络分析中一个重要概念，本章研究内容不涉及其具体内容，具体可参见相关著作。

表 2-1 基于平衡理论模型的三方组分布

模型	组内联系	等级间联系	允许的三方组
Balance	Symmetric ties within a cluster, no ties between clusters max. two clusters	None	102，300
Clusterability	Idem no restriction on the number of clusters	Idem	+003
Ranked Clusters	Idem	Asymmetric ties from each vertex to all vertices on higher ranks	+021D，021U，030T，120D，120U
Transitivity	Idem	Null ties may occur between ranks	+012
Hierarchical Clusters	Asymmetric ties within a cluster allowed provided that they are acyclic	Idem	+120C，210
No Balance-Theoretic Model （"Forbidden"）			021C，111D，111U，030C，201

注："+"表明前面行中的所有三方组也是允许的。

资料来源：de Nooy W，Mrvar A，Batagelj V. Exploratory Social Network Analysis with Pajek［M］. London：Cambridge University Press，2011：209.

通过上面的分析，我们发现这 13 种模式包含着如下几种更加普遍的关系模式。

（1）同被引关系模式：这一模式是指两个作者同时被第三个作者引用的模式，在这 13 种模式中是普遍存在的，在 021D、111U、030T、201、120D、120U、120C、210、300 这 9 种模式中都有体现。同被引分析当前已经是研究领域知识结构非常重要的方法，自 1981 年提出以来受到很多来自不同学科领域（如计算机科学、情报学、管理学等）学者的关注，其应用非常广泛。

（2）耦合关系模式：这一模式是指两个作者同时引用第三个作者的模式，在这 13 种模式中也较为普遍，在 021U、111D、030T、120D、120U、120C、210、300 这 8 种模式中都有体现。关于作者耦合分析的研究成果虽然不多，但作为一种重要的学科知识结构发现方法以后应会受到更多的关注。

表 2-2   13 种三人引用模式的具体分析

三人模式	模式解释
021D	一个作者同时引用其他两个作者，即两个作者被同一个作者引用，这两个作者之间建立的是同被引关系
021U	两个作者同时引用一个作者，他们之间建立了耦合关系
021C	典型的信息单向传递模式，知识在三个作者间有序流动，中间作者承担桥梁作用
111D	两个作者 V_1、V_2 同时引用一个作者 V_3，且 V_3 与两个作者之一 V_2 有互引，在此模式中 V_1 和 V_3 的相似性应该是最大的
111U	两个作者 V_1、V_2 同时被 V_3 引用，且 V_3 与两个作者之一 V_2 有互引，在此模式中 V_1 和 V_3 的相似性也应该是最大的
030T	两个作者同时引用一个作者且这两个作者之间有单向的知识传递，相对而言这三人之间的相似性较大
030C	知识在这三个人之间循环流动，但有些时候并不是很畅通，V_3 的知识要想传递给 V_2 必须经过 V_1，需要中介的"接力"
201	V_1 和 V_2、V_2 和 V_3 充分交流，但是 V_1 与 V_3 之间没有交流，V_2 是这一模式中最为关键的人物
120D	两个作者同时被引用且这两个作者之间有充分交流，这说明这两个作者之间的研究非常相似
120U	两个作者同时引用另一个作者且两个作者之间有互引，这说明这两个作者有高度相似性，与120D相似，但作者之间的沟通也更紧密
120C	这一模式中，任意作者之间知识流动都是可达的，和030C相似，但 V_2 和 V_3 之间有互引，缩短了 V_3 到 V_2 的交流路径，使得知识交流比030C更便捷
210	这一模式中，作者之间的交流已经比较充分，V_1、V_2 与 V_3 都充分交流，但是 V_1 和 V_2 之间还只是单向交流
300	这是最为理想的一种交流模式，每对作者之间都充分交流，形成一个闭环

（3）单向传递模式：知识在三个作者之间按次序流动，最为典型的即为021C。这种模式中 V_1 点的桥梁中介作用很大，没有 V_1 点，V_2 和 V_3 之间难以完成交流。但是作者之间的传递有可能呈现一种假象，如 V_1 在两个研究方向（F1、F2）都有所建树，V_2 将 F1 相关知识传递给 V_1，但是 V_1 并没有将这一知识继续往下传，而是将 F2 的相关知识传给 V_3，这其实并没有保障同一知识的有序传递。所以，在利用传递模式来分析作者流派的演变、知识传递路径等时，应该注意是否有"多方向性"作者存在，如果有则需要谨慎考量传递知识的具体内容。

（4）直达模式：这一模式中三个作者之间直接进行知识交流，交流最为充分。只有 300 的模式能满足这一条件。在现实中，对于小团体的发现，我们希望小团体内部能够充分交流，但事实上这样的子网较少，尤其是规模大的子网更是非常稀缺。所以，我们在小团体发现时，要降低门槛，通过子网密度的设定 [①] 等方法加以实现。

（5）可达模式：知识在三个作者之间都可达，包括直达和通过传递到达，这样的交流也是相对比较充分的，201、120C、210、030C 都属于这一模式。在现实中，这些模式的子网络相对来说是比较多的，我们在平时小团体发现时也主要是依据这些模式。

2.2.3　多人引用模式

二人模式是作者引用网络中的最基本模式，三人模式是研究网状结构的基本出发点，这两种模式都是研究作者引用网络模式的重要基础。在此基础上，我们可以研究更为复杂的引用模式，下面将从多人引用视角和整体引用视角分别进行阐述。但是首先需要说明的是，多人引用视角是一个相对概念，即相对于双向和三方引用视角而言，是一种中观和宏观层次视角。多人是指多于三人（不含三人）的研究群体，但研究群体的个数并不固定，可多可少。

2.2.3.1　网络拓扑视角

网络拓扑视角下作者引用模式研究主要借鉴两个方面的知识。一是计算机通信网络的拓扑。之所以从网络拓扑视角展开多人引用模式的研究，主要是因为网络拓扑模式已经非常成熟，得到了大家的普遍认同。网络拓扑代表了网络通信的绝大多数模式，具体如图 2-2 所示。图 2-2 中的网络拓扑结构看起来都是无向的，实质是双向的数据传递，这是与作者引文网络的不同之处：作者引用网络中的交流并不像计算机网络中的交互通信，它分为双向交流和单向交流两种。另外，作者引用网络中节点（作者）的"等级性"可能非常明显，即节点之间由于学术地位的不对等，往往知识的流向也会受影响，而计算机网络的很多模式中并不存在这样特殊的节点。所以，网络拓扑主要考虑的是物理意义上的拓扑结构，这与作者引用网络的拓扑结构有一定的差别，在借鉴其分析作

---

① 基于直达循环模式得到的子网密度为 1。

者引用网络模式时需要修订。

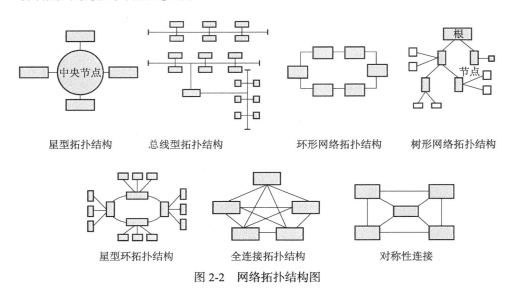

星型拓扑结构　　　　总线型拓扑结构　　　　环形网络拓扑结构　　　　树形网络拓扑结构

星型环拓扑结构　　　　全连接拓扑结构　　　　对称性连接

图 2-2　网络拓扑结构图

资料来源：司江波. 网络拓扑结构. https://wenku.baidu.com/view/0dd6be5177232f60ddcca1ba.html
[2016-07-01].

修订的方式是引入社会网络中的相关概念和方法，主要涉及度数和小团体两个概念和方法。在有向图中，度分为出度和入度两种。一个点的入度是指指向该点的连线的条数。一个点的出度是指该点指向其他点的连线的条数。小团体是社会网络分析中的一个概念，更是当前物理学、计算机科学等学科学者研究的热点问题，其实质是"分类"：将大的、复杂的网络分解成内部关系更为紧密的小团体。当前已经有很多方法可以实现这一目标，如聚类分析、因子分析、派系、k-核、n-派系等。需要强调的是，这些小团体发现算法（也被称为社团发现算法）大多是基于无向网络的，所以我们在利用这些方法的时候也需要进行一些修正。这些修正将在不同模式的归纳和分析中进行说明。

这样，结合网络拓扑经典模式、度和小团体等概念和方法，并考虑作者引用网络的特殊情况，我们便可提炼出作者引用网络中主要的几种模式，具体如表 2-3 所示，图中箭头方向表示引用，A → B 即 A 引用 B，或 B 被 A 引用。需要指出的是，这里主要是对多人引用的典型模式进行挖掘，可能还存在其他一些模式，但是这些模式要么不是主流，要么就是已经包含在表 2-3 中所归纳的模式中。比如，可能还有单向传递模式 $V_1 \rightarrow V_2 \rightarrow V_3 \rightarrow V_4 \rightarrow V_5$，这种模式已经包含在树形传递模式中。

表 2-3 多人引用模式

模式	图例	说明
星型权威模式		这一模式中，中间点为权威点，是知识的重要传播者。这是三方组中021U的扩展[①]。需要注意的是，周边的四个点之间也可能有联系，只不过在此未将其标出，主要是突出中心节点的地位，以便更清晰地理解该模式（下面几种模式亦同）
星型扩散模式		这一模式中，中间点起到的是知识扩散的作用，很有可能是一位当前比较活跃的作者，是新知识的主要传播者。其是三方组中021D的扩展
树形传递模式		这一模式中，处于顶点的作者可能是某个方向的奠基人，后续学者继续其相关研究，形成知识的代代传递，以至一个学术流派。需要注意的是，所谓的他处于顶点并不是说没有比他更早的研究者，只是通过引文网络发现他是最早的研究者
k-核模式		这一模式中，中间四个节点之间相互有联系，符合k-核[②]特征。另外，可能每个节点又有一些追随者。这样和克兰描绘的无形学院很类似，即"权威作者使得更多的人联系在一起"[③]

2.2.3.2 整体视角

整体视角是指考虑整个作者引用网络的结构分布。当前对于这方面的研究已经比较成熟，但是主要集中在网页链接方面，对于作者引用网络的研究很少。笔者在博士学位论文中虽然做了一些初步性的探讨，但是数据样本不是很大，且已经过了八年，数据也比较陈旧。随着科学研究的繁荣和质量的不断提

---

① 虽然021U已经体现了这种思想，但是并不明显。我们还可以把021U理解为耦合关系。所以为了凸显权威的作用，这里将其再次单列为"星型权威模式"。

② k-核是指一个图中任意一个点与图中至少 k 个点相连，此图如果考虑出度和入度，则为3-核。

③ 黛安娜·克兰．无形学院——知识在科学共同体的扩散［M］．刘珺珺，顾昕，王德禄，译．北京：华夏出版社，1998：23．

升，作者之间的引用可能也发生了改变。另外，一些细节性的问题还需要重新考虑和分析。所以，有必要对其进行进一步的研究。

对于互联网链接结构的研究最为著名的就是蝴蝶结模型（图2-3）。这个模型将复杂的互联网链接结构抽象成一个类似蝴蝶结的样式，主要包括以下几个部分 ①②。

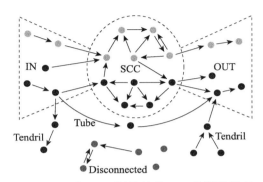

图 2-3　互联网网页链接结构——蝴蝶结模型

（1）SCC：strongly connected component，最大联通成分。这是互联网中最为活跃且重要的部分，各个顶点都可以通过至少一条途径到达 SCC 中的其余任一顶点。这部分约占整个网络的 1/4。

（2）IN：IN 中的节点通过一定的路径都可以到达 SCC 中的任一节点，也称其为 SCC 的内向分支。这部分约占整个网络的 1/4。

（3）OUT：SCC 的节点通过一定的路径都可以到达 OUT 中的任一节点，也称其为 SCC 的外向分支。这部分约占整个网络的 1/4。

（4）Tube：直译为通道。管道中的点将 IN 和 OUT 两个部分连接起来，即 IN 中的点都可以通过 Tube 中的点作为桥接到达 OUT 中的任一点。

（5）Tendril：直译为卷须。它分为两个部分：一部分为 IN 指向的点（这些点与 OUT 和 Tube 中的点都无关），另一部分为指向 OUT 的点（这些点与 IN 和 Tube 中的点都无关）。

（6）Disconnected：游离于其他类型之外的所有点组成的集合。Tube、Tendril 和 Disconnected 加起来约占整个网络的 1/4。

通过上面的分析，我们可以看出，实质上，SCC+IN+OUT+Tube+Tendril

①　Broder A，Kumar R，Maghoul F，et al. Graph structure in the web［J］. Computer Networks，2000，33（1-6）：309-320.
②　Newman M E J. 网络科学引论［M］. 郭世泽，陈哲，译. 北京：电子工业出版社，2014：155.

组成的是一个弱联通图，即不考虑方向的话这几个部分组成的点之间都可以到达——相当于无向图中的成分。如果将有向图转化为无向图进行研究，这几个部分都是我们关注的重点。

　　但是，有一些学者发现传统的蝴蝶结模型与现实有一定差别，应该做一些必要的修正。其中，最引人注目的是，Bjorneborn[①] 在其博士学位论文中提出了皇冠模型（图 2-4），他认为蝴蝶结模型中的两个"翅膀"（即 IN 和 OUT 两部分）之间也有一定联系，而不是全部通过 SCC 才能连接起来。但需要强调的是，并不像蝴蝶结模型中那样，IN 中的每个点都可以通过至少一条路径到达 SCC，在皇冠模型中，只是 IN 中的一部分点通过 IN 中的"中继点"[②] 与 OUT 相连，其他点还是得通过 SCC 中的点方可到达 OUT。这是皇冠模型与蝴蝶结模型的不同之处。

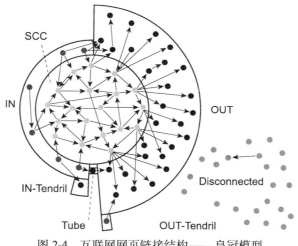

图 2-4　互联网网页链接结构——皇冠模型

　　然而，作者引用网络模型又与这两种基于网页链接的模型不一样。网页之间的链接是一种随时间推移固定不变的链接，即网页 V_1 引用网页 V_2，那么随着时间的改变这种关系不会改变：永远都是引用 1 次且不可能网页 V_2 再引用网页 V_1。但是在作者引用网络中这种情况会改变，即随着时间的推移，作者 V_1 可能会继续引用作者 V_2，两者之间的引用强度会增强，且作者 V_2 还可能引用作者 V_1。所以从理论上来讲，作者引用网络比网页链接网络更加复杂，这

---

① 　Bjorneborn L. Small-world link structures across an academic web space：a library and information science approach［D］. Denmark：Royal School of Library and Information Science，2004：23.
② 　中继点可能为 0，即直接与 OUT 相连，也有可能为 1 个或者更多，但是这些中继点必须在 IN 中。

种复杂性可能主要体现在如下几个方面。

（1）由于相互引用的存在，IN、OUT 及 SCC 的界限可能更为模糊，节点之间的可达性应该能较好地改善，点与点之间的路径应该增多，距离应该缩短。

（2）IN 是引用核心交流圈子的那些作者群，这些 IN 中的作者也在研究某个领域的相关问题，但是却从未被核心交流圈子中的作者引用，那么这些作者很可能是一些学术新人，也可能是其他一些学科领域学者对本学科领域核心交流作者的引用[①]。OUT 是被核心交流圈子引用的作者群，这些作者的组成更为复杂：一些可能是研究时间段中已经不再进行科学研究（可能退休、去世或者暂时不从事研究）的学者；也有一些可能是研究时间段中虽然有发文，但是并不在这个学科领域期刊发文的作者；还有一些是虽然被引用，但是可能交流不够充分，如研究方向比较专深等[②]。OUT 中包含的作者情况比较复杂，占据的比例可能也比较大（因为这部分作者的被引次数可能不会很高，占引用网络的大部分，符合长尾分布）。所以，在一定程度上来讲[③]，IN 中的其他学科领域的作者彰显着这个学科领域对其他学科领域的学术辐射和影响力，而 OUT 中的其他学科领域的作者则体现了这个学科领域对其他学科领域知识的吸收和拓展。

（3）Tube 是 IN 中特殊作者和 OUT 中特殊作者连接起来。Tube 作为一个中介，其作用可能表现在两个方面：一是使得新人通过它与更多的其他学科领域学者联系起来；二是使得其他学科领域学者之间联系起来。由此可见，Tube 中的节点很可能有一些特殊属性，也值得进一步分析。

（4）Tendril（不论皇冠模型中的 IN-Tendril 还是 OUT-Tendril）是一些游离在 SCC、IN 和 OUT 之外的作者，这些作者与核心交流区、IN 和 OUT 相较而言，对于学科的发展所起的作用并不是很大，在具体分析中并不是我们特别关注的对象。

基于以上分析，在作者引用网络中，我们最为关注的其实是四个部分：SCC、IN、OUT 和 Tube。其他部分从理论上来讲并不是我们关注的重点，在实际研究中这些部分也不是很受关注。另外，不论是蝴蝶结模型还是皇冠模型，都是宏观层次上的一个模型。我们的实践是基于宏观模型的再细化和再分解，所以我们在实际的研究中更需要从复杂的网络结构中找到最为关心的

---

① 但是这种情况在限定学科的情况下出现的概率比较小。
② 这三种情况是最为主要的，其他情况并不是主流。
③ 这里只是一种推测，至于是否符合实际需要对具体案例进行分析。

部分来进行深入挖掘。这样，我们可以对皇冠模型进一步简化，具体如图 2-5 所示。

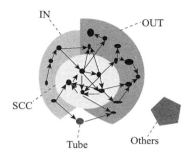

图 2-5　简化的作者引用网络的宏观模式

注：各部分比例未定，在具体分析中确定。

2.3　作者引用网络的现实模式

本书 2.2 节给出的是作者引用网络的理想模式，那么这些模式在现实中是怎样一种分布还值得进一步进行研究，本节从中外图情学作者引用网络入手进行详细分析和比较研究。

2.3.1　数据来源与处理

模式分布可能受学科、语种等影响比较大，我们这里主要是解决同一学科不同国别研究状况的比较。所以选择我国国际图情学这一学科（简称国内外图情学）进行研究。我国图情学的数据来自南京大学的 CSSCI 2009 ～ 2013 年五年间"图书馆、情报与档案管理"学科的所有相关数据。国际图情学的数据来自汤森路透集团的 SSCI 数据库 2009 ～ 2013 年 5 年间图情学（library and information science）学科的所有相关数据。

下载所有数据之后，利用 ArticleDeal 软件进行数据清理和读取，并利用"作者引用 B"功能模块（即只考虑第一作者情况）构建作者之间的互引网络。

国内图情学中涉及 76 056 位作者（含团体作者），国际图情学中涉及 209 112 位作者（含团体作者），分别构建出 76 056×76 056 和 209 112×209 112 的矩阵，并将其转为 Pajek 数据格式 .net。由于存在自引，而这对于研究没有太大意义，用 Pajek 将 loops 都删去。

对于二人引用模式的处理，首先将引用强度都设置为 1，然后将有向边（arcs）转化为无向边（edges），这样引用强度为 2（或者 edges）的就是互引的作者对数，其他为单向引用对数。对于三人模式直接使用 Pajek 的 Info—Triadic Census 功能进行分析。对于网络拓扑视角的多人引用模式在此并不做深入研究，因为这一模式更多是一种理念，模式内人员也不固定，很难针对每种模式都进行实证分析①。这里主要是对出度和入度分布及 k-核的分布分析。对于整体视角的多人引用模式则是使用最新版的 Pajek② 中的 Create Partition—Bow-Tie 功能。

2.3.2　二人引用模式分析

如前文所述，二人引用模式理论上有两种，一种是双向引用，另一种是单向引用。我国图情学和国际图情学二人引用情况具体如图 2-6 和图 2-7 所示。

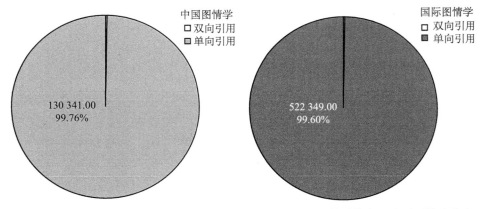

图 2-6　中国图情学作者二人引用模式分布　　图 2-7　国际图情学作者二人引用模式分布

---

① 在后文中将使用相关模式进行交流路径、小群体分析，在此不再进行特别分析。
② 旧版中对于使用者很难掌握其中标号的含义，新版和旧版的区别一是每一标号的含义很清楚，二是新版模型适用于皇冠模型。

从图 2-6 和图 2-7 来看，不论国内还是国际图情学，互引都是很难发生的，不足所有关系对的 1%，其中国内的不足 0.3%，国际的约占 0.4%。而单向引用占据了很大一部分，约 99%。这一结果是出人意料的，由此可见学术上的"相互关注、相互认可"多么困难。知识的单向有序传递是主要的知识交流方式，从现实数据来看，国内外图情学的交流还不够充分和深入。

2.3.3 三人引用模式分析

三人引用模式即社会网络中的三方组，通过计算我们可以得到中外图情学作者引用网络中的三方组分布情况，具体如图 2-8 和图 2-9 所示。其中 Number of triads 为网络中实际出现的三方组个数，Expected 为期望出现的三方组个数，（ni-ei）/ei 为离差，Model 表示的是某类模型，即表 2-1 所给出的归类。一般来讲，对于除了 Forbidden 之外的模式，实际出现的三方组个数大于期望出现的三方组个数，则支持该模型，如果两者相等（或者几乎相等）则不支持该模型。而对于 Forbidden 模式，如果成立，则要求实际出现的三方组个数小于期望出现的三方组个数[①]。在这 16 种模式中，003、102 和 012 中存在孤点，在二人引用模式中已经有研究。这样就排除了 Transitivity（012）和 Clusterability（003）及 Balance 中的一个（102）。需要注意的是，这三种模式在三方组中大量存在，占比达到 99% 以上。在后文的统计中都将这三种三方组排除。

下面首先看国内作者引用网络中的三方组（图 2-8）。我们可以看出，从整体来看，作者引用网络中除了禁现三方组之外所有的模式都是实际值大于期望值，并结合卡方（chi-square）值，我们可以看出这些三方组模式都具有显著的统计学意义。比如，030T 这一模式，期望出现 5.11 次，但实际出现 17 747 次，远远大于期望值，说明这一模式在现实网络中广泛存在。需要注意的是，有 7 个三方组的期望值小于 5（其中 6 个三方组的期望值为 0），这表示卡方的可信度还不是很高。对于禁现三方组而言，实际的三方组个数远远大于预期的个数，由此可见在作者引用网络中"朋友的朋友也很可能是朋友"这样的假设并不成立，现实作者引用网络中存在大量的这样非理想化的三方组

---

① de Nooy W，Mrvar A，Batagelj V. Exploratory Social Network Analysis with Pajek［M］. London：Cambridge University Press，2011：206-212.

关系模式。

Type	Number of triads (ni)	Expected (ei)	(ni-ei)/ei	Model
3 - 102	24222910	112773.77	213.79	Balance
16 - 300	24	0.00	2428269465004892.48	Balance
1 - 003	73311689694712	73311660566648.87	0.00	Clusterability
4 - 021D	2917639	112773.77	24.87	Ranked Clusters
5 - 021U	788862	112773.77	6.00	Ranked Clusters
9 - 030T	17747	5.11	3473.80	Ranked Clusters
12 - 120D	1358	0.00	23484315.30	Ranked Clusters
13 - 120U	1204	0.00	20821145.41	Ranked Clusters
2 - 012	9902380835	9960501185.27	-0.00	Transitivity
14 - 120C	470	0.00	4063927.08	Hierarchical Clusters
15 - 210	269	0.00	102717289565.17	Hierarchical Clusters
6 - 021C	1495801	225547.53	5.63	Forbidden
7 - 111D	39241	5.11	7682.25	Forbidden
8 - 111U	69107	5.11	13529.91	Forbidden
10 - 030C	351	1.70	205.17	Forbidden
11 - 201	1190	0.00	20579039.05	Forbidden

Chi-Square: 5830618800437030.4000***
7 cells (43.75%) have expected frequencies less than 5.
The minimum expected cell frequency is 0.00.

图 2-8 中文图情学作者引用网络三方组分布

其次，我们针对前文 2.2.2 节归纳的 5 种模式进行分析，具体分布如表 2-4 所示。从该表来看，同被引关系模式是广泛存在的一种模式，不仅拥有的三方组种类多（共 9 种），而且占比非常高，达到约 56%。由此可见，国内图情学作者引用网络中，同被引关系最容易建立。其次是单向传递模式，占比约 28%，由此可以看出知识在作者之间的流动很多是通过"中间者"的传递来完成，两个作者之间知识传递的很大一部分是通过一定长度的路径来实现。而直达模式相对来说占据的比例非常小，由此可见交流完全充分的子网络是非常少的。要想从作者引用网络中发现如此紧密的小团体是非常困难的。可达模式相对直达模式个数要多一些，所以在后面小团体的发现中可以从可达模式出发来进行小团体的挖掘。

最后，我们来看国际图情学作者引用网络中的三人引用模式。从图 2-9 来看，国际图情学情况与国内图情学情况大致一样，除了禁现三方组出现异常外，其他三方组的分布都具有显著的统计学意义（卡方值也具有很高的显著性），都符合相对应的模型。在国际图情学作者引用网络中，"朋友的朋友也很可能是朋友"这样的社会学假设也是不成立的。

同国内的分析，表 2-5 给出的是五种三人引用模式在国际图情学作者引用网络中的分布情况。总的来看，国际图情学的五种引用模式的分布与国内图情

表 2-4 五种三人引用模式在国内图情学作者引用网络中的分布情况

模式	三方组	占比/%	模式占比/%
同被引关系模式	300	0.000	55.859
	021D	54.706	
	030T	0.333	
	120D	0.025	
	120U	0.023	
	120C	0.009	
	210	0.005	
	111U	0.736	
	201	0.022	
耦合关系模式	300	0.000	15.922
	030T	0.333	
	120D	0.025	
	120U	0.023	
	120C	0.009	
	210	0.005	
	111D	0.736	
	021U	14.791	
单向传递模式	021C	28.047	28.047
直达模式	300	0.000	0.000
可达模式	201	0.022	0.053
	120C	0.009	
	210	0.022	
	300	0.000	
	030C	0.000	

注：①一些三方组出现在不同模式中，故模式占比之和大于 1。②计算比例时排除了 003、012 和 102 三种模式。

学的五种引用模式的分布基本一致。从占比来看，依次为：同被引关系模式—单向传递模式—耦合关系模式—可达模式—直达模式。其中，同被引关系模式占据绝对优势地位，由此也佐证了作者同被引分析为何如此盛行。但是，在国际图情学中，耦合关系模式的占比有所提升，与单向传递模式占比基本等同。由此可见，对于国际图情学，作者之间耦合关系的建立相对国内图情学领域更容易建立一些。可达模式则相对国内图情学情况有所下降，这可能与其网络规模较大有关①。值得注意的是，直达模式在国际图情学中所占比例有所增强，绝对数更是增加不少（570：24），由此可见国际图情学中交流充分的小团体要比国内图情学多很多。

Type	Number of triads (ni)	Expected (ei)	(ni-ei)/ei	Model
3 - 102	436019102	662840.97	656.80	Balance
16 - 300	570	0.00	122717528026147610.00	Balance
1 - 003	1523870790273480	1523870317824261.12	0.00	Clusterability
4 - 021D	24472835	662840.97	35.92	Ranked Clusters
5 - 021U	6315403	662840.97	8.53	Ranked Clusters
9 - 030T	223300	15.96	13987.76	Ranked Clusters
12 - 120D	13653	0.00	142062239.81	Ranked Clusters
13 - 120U	21066	0.00	219196011.96	Ranked Clusters
2 - 012	109151614331	110095432400.63	-0.00	Transitivity
14 - 120C	4211	0.00	21908154.57	Hierarchical Clusters
15 - 210	3812	0.00	1647037265647.14	Hierarchical Clusters
6 - 021C	6852689	1325681.95	4.17	Forbidden
7 - 111D	199585	15.96	12502.12	Forbidden
8 - 111U	545685	15.96	34183.77	Forbidden
10 - 030C	2121	5.32	397.61	Forbidden
11 - 201	9077	0.00	94448029.46	Forbidden

Chi-Square: 69955277298829952000.0000***
6 cells (37.50%) have expected frequencies less than 5.
The minimum expected cell frequency is 0.00.

图 2-9　英文图情学作者引用网络三方组分布

表 2-5　五种三人引用模式在国际图情学作者引用网络中的分布情况

模式	三方组	占比/%	模式占比/%
同被引关系模式	300	0.001	65.421
	021D	63.296	
	030T	0.578	
	120D	0.035	
	120C	0.011	
	210	0.010	
	111U	1.411	
	201	0.023	
	120U	0.054	

---

① 国内图情学作者引用网络的密度为 0.000 022 64，国际图情学作者引用网络的密度为 0.000 012 04，由此可见由于国际图情学作者的增多，其密度降低，可能出现更多的孤点。

续表

模式	三方组	占比/%	模式占比/%
耦合关系模式	300	0.001	17.540
	030T	0.578	
	120D	0.035	
	120C	0.011	
	210	0.010	
	120U	0.054	
	021U	16.334	
	111D	0.516	
单向传递模式	021C	17.724	17.724
直达模式	300	0.001	0.001
可达模式	300	0.001	0.046
	120C	0.011	
	210	0.010	
	201	0.023	
	030C	0.005	0.051

2.3.4　多人引用模式分析

下面依然依据 2.2.3 节给出的多人引用模式从网络拓扑和整体两个视角进行分析。

2.3.4.1　网络拓扑视角的分析

网络拓扑视角共总结了四种模式, 其中树形主要还是在实际中进行流派、知识路径分析, 其更偏向于应用, 这将在后续章节进行深入应用与分析。这里主要就出度分布（星型权威模式）、入度分布（星型扩散模式）和最大 k-核进行分析。

首先来看出度的分布, 这里的度将引用频次加以考虑, 即 A → B 3 次, 那么 A 的出度为 3, B 的入度为 3。图 2-10 和图 2-11 是国内图情学和国际图情学引用网络中作者出度分布情况。我们可以清楚地看到, 它们的分布情况都符合幂律分布, 即长尾分布。通过拟合我们可以得到相关的参数 $\alpha=2.93$ 和 $\alpha=3.5$, 且都通过 K-S 检验。由此可见, 作者出度分布不均匀, 作者之间扩散知识的能力也是有很大区别的: 只有很小一部分人知识扩散能力较强, 大部分人知识扩散能力比较弱。

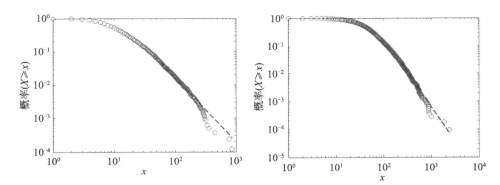

图 2-10　国内图情学引用网络作者出度分布　图 2-11　国际图情学引用网络作者出度分布

　　图 2-12 和图 2-13 是国内和国际图情学引用网络作者入度分布，它们也满足幂律分布，α 的值分别为 2.45 和 2.09 且都通过 K-S 检验。我们知道，入度主要考察的是一个作者的被引次数，即一个作者的影响力。从拟合图来看，国内和国际作者的影响力分布也呈现不均衡分布：很小一部分的作者影响力相对是较大的，大部分作者的影响力都比较小。另外，这也验证了知识的流动是有方向的甚至是有一定目的性的：知识一般都是从高学术地位学者[①]流向一般学术地位学者，而反过来则很难实现。

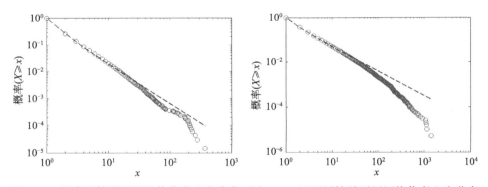

图 2-12　国内图情学引用网络作者入度分布　图 2-13　国际图情学引用网络作者入度分布

　　图 2-14 和图 2-15 是国内和国际图情学作者引用网络中 k-核的分布情况。从国内情况来看，最大的为13-核（具体情况如图 2-16 所示），包括91位作者。而从国际情况来看，最大的为30-核（具体情况如图 2-17 所示[②]），共包括 680 位作者。由此可见，就 k-核模式，国内和国际图情学从规模上来看差异很大。

---

① 这里的学术地位用作者被引次数来衡量。
② 由于包含作者较多，未显示具体名字。

国内相对于国外，图情学内学者的交流不够充分，尚未形成较大规模、较频繁
交流的研究小群体。

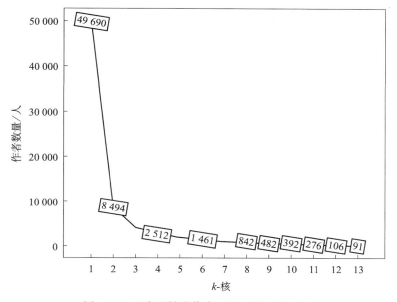

图 2-14　国内图情学作者引用网络 *k*-核分布

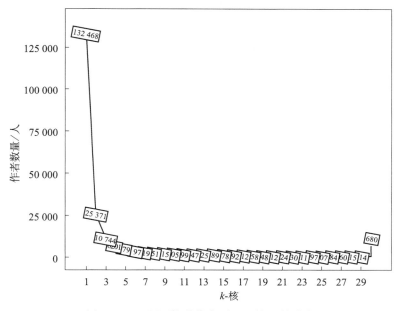

图 2-15　国际图情学作者引用网络 *k*-核分布

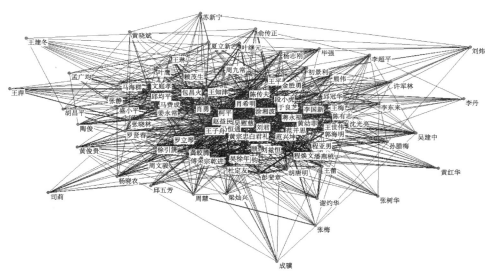

图 2-16　国内图情学作者引用中的最大核情况（13-核）

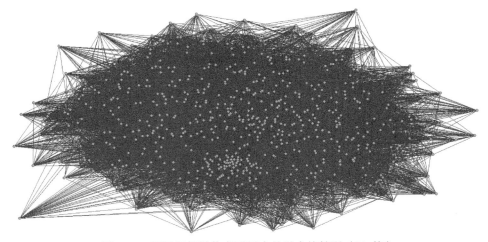

图 2-17　国际图情学作者引用中的最大核情况（30-核）

2.3.4.2　整体视角的分析

　　整体视角即考虑网络中所有作者的交流情况。图 2-18 和图 2-19 分别为国内外图情学作者的交流情况。我们可以看到两者具有很大的相似性。从组成部分所占比例来看，依次为 OUT ＞ Others ＞ SCC ＞ IN ＞ Tube，其中，OUT 和 Others 占据了绝大部分，两者所占比例达到了 90% 以上。从与以往对于互联网结构的研究来看,作者引用网络与其有很大差别。我们知道,互联网结构中,SCC、IN 和 OUT 及 Tube+Others 各占约 1/4,但在国内外图情学作者引用网络中,SCC 和 IN 都只占很小的比例:低于 5%。尤其是具有重要意义的 SCC,所占比例远低于互联网结构中相应部分所占比例。反而 OUT 成了国内外图情学作者引用模式中最为重要的部分,皆占到了 60% 以上。

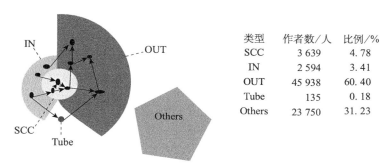

类型	作者数/人	比例/%
SCC	3 639	4. 78
IN	2 594	3. 41
OUT	45 938	60. 40
Tube	135	0. 18
Others	23 750	31. 23

图 2-18　中文图情学作者引用网络整体视角模式

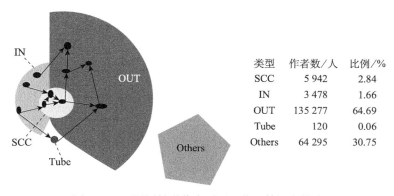

类型	作者数/人	比例/%
SCC	5 942	2.84
IN	3 478	1.66
OUT	135 277	64.69
Tube	120	0.06
Others	64 295	30.75

图 2-19　国际图情学作者引用网络整体视角模式

下面我们以被引次数来衡量每个作者的学术影响力,给出国内外图情学作者整体视角模式下各个类型中作者被引次数的分布情况,具体如表 2-6 和表 2-7 所示。从平均数来看,不论是国内还是国际,SCC 的重要性都凸显出来,远远高于其他组成部分。由此可见,SCC 中作者的影响力普遍比较高,处于交流网络的核心地位。另外,从最大值来看,SCC 包含的最大值也远远大于其他组成部分。但我们从标准差来看,SCC 的标准差是最大的,说明 SCC 中也并不是所有作者都是影响力高的作者,也有被引次数只有 1 次的低影响力作者,作者之间影响力差异比较大，所以 SCC 中的作者虽然处于交流网络的中心，但是并不是所有的作者都是影响力高的作者，这点需要特殊澄清。

除了 SCC 外，最抢眼的就是 OUT，其平均值和最大值都位居五个组成部分的第二位，这说明 OUT 中包含一些相对重要的作者，但这部分作者又不在 SCC 中，我们需要进一步分析这部分作者的情况。而对于 IN 中的作者，他们的平均影响力不大，最大值分别为 6（国内）和 17（国际），且标准差很小，说明作者之间的影响力都不是很大。由于我们这里选取的都是图情学作者，那么很难看出 IN 中作者是否是其他学科作者，所以这里的作者可能绝大多数都是影响力很小甚至没有任何影响力的学术新人。Tube 中人数很少，平均值和最大值都不高且标准差也不大，由此可见 Tube 中的作者可能只是一个中介者，使得 IN 和 OUT 得以联通。由于这些作者的影响力不是很大，所以对其分析的意义也不是很大。

表 2-6　国内图情学作者整体视角模式下各个类型中作者被引次数分布情况

类型	平均值	最大值	最小值	标准差
SCC	7.68	372	1	17.42
IN	0.34	6	0	0.68
OUT	1.83	97	1	2.84
Tube	1.33	5	1	0.67
Others	0.81	8	0	0.56

表 2-7　国际图情学作者整体视角模式下各个类型中作者被引次数分布情况

类型	平均值	最大值	最小值	标准差
SCC	20.30	1391	1	54.60
IN	0.87	17	0	1.59
OUT	3.35	821	1	10.59
Tube	2.18	9	1	1.80
Others	1.02	29	0	0.79

下面我们对高被引作者（分别取国内外图情学作者被引次数排在前 200 的作者为高被引作者）进行分析，观察他们分布在哪些类型中及他们的一些属性，具体分布如图 2-20 和图 2-21 所示。很明显，不论是国内还是国际，这些高被引作者都分布在 SCC 和 OUT 中，在其他部分中没有一个高被引作者。对于国内图情学，SCC 包含高被引作者数大于 OUT，而对于国际图情学，SCC 包含高被引作者数略小于 OUT。

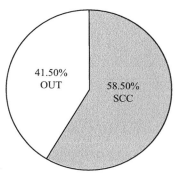

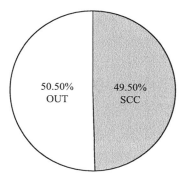

图 2-20　国内高被引作者在不同
　　　　　类型中的分布

图 2-21　国际高被引作者在不同
　　　　　类型中的分布

　　结合以上两个方面的分析，我们可以看出，对于整个作者引用网络，我们应该把关注点更多地放在 SCC 和 OUT 这两个部分的作者。SCC 中的高被引作者基本都是当前比较活跃的图情学学者，OUT 中的高被引作者在前文理论上也分析了，可能是不再进行研究的学者（含本学科和其他学科），还有就是其他一些学科仍活跃但是不在本学科发文的作者。由此，在很多实际研究中（如交流路径的发现），我们可以将模型进一步简化，只保留 SCC 和 OUT 两个部分，其他部分统一为 Others。简化后的模型如图 2-22 所示。

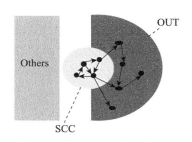

图 2-22　再次简化后的作者引用网络整体模式（相对图 2-4）

2.4　理论模式与现实模式的差别及原因分析

　　从我们的直观认识来讲，每种模式都应该是现实中普遍存在的一种形式，每种模式在现实中都应该较大量地存在。但是从前文的分析来看，理论模式和现实模式存在一定差异。这些差异在二人引用模式、三人引用模式和多人引用模式中都有所体现。

（1）对于二人引用模式，理论上存在着两大类引用模式，即单向引用和相互引用。但从国内外图情学作者的案例研究来看，单向引用占据主要地位，相互引用几乎微不足道。我们可以看到，单向引用占据了 99% 甚至更多，而相互引用只占据了不到 1% 的比例。

（2）对于三人引用模式，从理论上存在 13 种模式，在社会学中，这些模式都能找到较多案例进行对应。结合作者引用网络的特征，对这些模式进行了再次凝练和概括，得到了五种理论模型。但是通过案例研究，我们发现这五种模式在作者引用网络中的分布也是非常不均匀的。同被引模式占据最高比例，耦合模式和单向传递模式其次，而直达模式和可达模式比例非常低，几乎为零。

（3）对于多人引用模式，这里主要从整体视角来看[①]，我们可以看到基于互联网链接结构得到的皇冠模型中的各个成分的组成比例对于作者引用网络来说都有很大的改变。SCC 本应该占据 1/4 的比例，但是在作者引用网络中只占 2% ～ 5% 的比例，反而 OUT 占据了很大比例。基于这些实际情况，只能对皇冠模型进行较大的修正（图 2-20）。

我们模式的分析主要是移植其他一些学科或者领域的既有模式，在初步构想中不应该有这么大的差异，但是现实分析下来的确差异很大。那么是什么原因造成了这样的结果呢？结合已有理论，其主要由以下两个原因造成。

（1）作者之间的引用呈现显著的累积优势现象。在科学界已经有很多案例证明了科学界是有层次的、分层的，既有研究把这一结果的原因归结为累积优势[②]，或者称为马太效应[③]、成功产生成功[④]、光环效应[⑤]、帕累托效应、二八律、最省力法则[⑥]等，在此统一用累积优势来表达，因为这一表达最为直观地解释

① 网络拓扑视角的四个模式很难通过当前的分析得到精确的结果。前文也讲到，这些模式的总结和提出主要是为以后的应用提供指导，这里不再进行进一步分析，特此说明。

② Price D J. A general theory of bibliometric and other cumulative advantage processes［J］. Journal of the American Society for Information Science，1976，27：292-306.

③ Merton R. The Matthew effect in science［J］. Science，1968，159（3810）：56-63.

④ Senge P. The Fifth Discipline：The Art and Practice of the Learning Organization［M］. London：Century Books，1990.

⑤ 乔纳森·科尔，斯蒂芬·科尔. 科学界的社会分层［M］. 赵桂苓，顾昕，黄绍林，译. 北京：华夏出版社，1989：113.

⑥ 邱均平. 信息计量学［M］. 武汉：武汉大学出版社，2007：78.

了科学界成果的分布不均匀现象。我们从以上不同视角的模式分析来看，这种累积优势更是表现得淋漓尽致：作者之间的引用具有非常强的针对性和目标性。在第 1 章就已经提及，有很多作者都分析了作者引用动机问题。Garfield[①] 就曾经总结了 15 种引用动机，如对先行者的敬意、对同行的敬意、与自己当前研究内容相关等。而 Vinkler[②] 则将这些动机分为两大类，并且选择了一定样本进行调研。这两类动机分别为专业动机（professional motivation）和连接动机（connectional motivation）（具体内容见表 2-8），专业动机主要是关于学术相关性的，很难看出累积优势的存在，这里不再赘述。主要来看连接动机，一是自引，作者想通过自引来提升自己的显示度（37%），这一问题普遍存在，并不是这里所关心的。另外一些动机是"想与被引作者建立某种联系，发文作者有权威，论文发在重要杂志上，在一些方面我要依靠被引作者，这篇文章也被其他作者引用"等，这些缘由占据了 61%，除了自引之外（前文的实证中都排除了自引），这 5 种实际占所有引用动机情况的 84%。由此可见，作者的引用具有很强的目的性。在这种强目的性驱动下，我们可以看到作者的引用是"有选择性的"，而被选择的作者往往是和自己密切相关的作者。其实，回到现实，我们在引用中的确可能倾向于引用那些名望高的作者，从而使得这些名望高的作者得到更大的学术影响力[③]。

（2）作者之间的引用关系不仅仅是学术关系，也不仅仅是社会关系，而是两种关系的融合。如果作者之间的引用完全是从学术出发的，也就是如果引用都是基于"引用的肯定是最相关的文献，而不管作者是谁"，那么一个学科的引文分布可能不会像现在这么偏斜。如果作者之间的引用完全是从社会关系出发（如赞赏、支持、学派之争），那么引文又失去了其根本性的东西，这将彻底颠覆引文分析的科学基础。而事实上，引用是两种关系的杂合体，既反映学者之间的学术传承，也在一定程度上反映他们之间的社会关系。对这种情况，我们可以解释以下两个问题：①为什么作者之间的互引所占比例如此低？这是因为互引是相互认可，这种认可不仅仅是学术上的认可，在一定程度上可能还

---

① 转引自 Bornmann L，Danie H D，What do citation counts measure? A review of studies on citing Behavior［J］．Journal of Documentation，2008，64（1）：51.
② 转引自 Bornmann L，Danie H D，What do citation counts measure? A review of studies on citing Behavior［J］．Journal of Documentation，2008，64（1）：59.
③ Moed H F，Garfield E. In basic science the percentage of "authoritative" references decreases as bibliographies become shorter［J］．Scientometrics，2004，60（3）：295-303.

表 2-8　Vinkler 总结的两大类引用动机

引用动机	引用比例
Professional motivations. The particular paper was cited because...	
—in my paper a review of literature is given due to "completeness", "preliminaries"	51
—a minor part of the cited work（application of part of a methodology）is utilized	42
—the cited work confirms, supports the results in the citing paper	16
—a significant part of the cited work（theory, measuring methods）is utilized	15
—my work is based entirely on the cited work	4
—the cited work is criticised in some minor point	3
—the cited work is refused, criticised in one important question	2
—the cited work is fully refused, criticised	0
Connectional motivations. The particular paper was cited because...	
—the paper is my own, and I want to make publicity to it by citing	37
—honour, respect toward the authors caused me to cite the work	17
—professional connection is maintained with the cited author or I wish to build it	15
—the cited paper was written by widely known, respected authors	12
—I want to make pulicity to the cited paper in this way	8
—the cited paper was written by persons on whom I depend in some way	6
—the cited paper was published in an important（respected）journal	6
—the paper was cited by others, too	5
—I expect professional or private benefit from citing	4
—I needed more references（citation was, in fact, unnecessary）	0

资料来源：转引自：Bornmann L, Danie H D. What do citation counts measure? A review of studies on citing Behavior［J］. Journal of Documentation, 2008, 64（1）: 59.

是社会关系上的认可，所以这种双重认可大大降低了两个作者之间相互认可的概率。②为什么禁现三方组在作者引用网络中失效？在社会学中有一个非常重要的假设"朋友的朋友也很可能是朋友"，但是在作者引用网络中却不是这样，按照统计数据，我们可以看到不论国内还是国外图情学，禁现三方组中模式预期应出现的个数远远小于实际出现的个数（图 2-8、图 2-9），表明在 A 和 B 有引用关系、A 和 C 也有引用关系这种情况下，B 和 C 并不一定会有引用关系。这是因为引用不仅仅是社会关系的呈现，B 和 C 引用关系的建立还需要更多的因素去激发。B 和 C 还在茫茫人海中相互寻找，而不像社会关系网中，B 和 C 可能已经对对方有了一定了解，只要寻找到一个合作的机会（切入点）即可。再者，即使 B 发现了 C 或者 C 发现了 B，也不见得他们就会建立联系，他们之间还存在有目的性选择的问题。所以，在这种情况下，对于作者引用网络而言，理论上本来应该很少出现的禁现三方组却大量出现。那么，在解决这两个问题的基础上，我们就可以很好地回答以下问题："在多人引用模式中，相较网页链接网络，为什么 SCC 占据如此小的比例？" SCC 要求任何两个作者之间都可以通过一定的路径彼此到达，而由于引用的复杂性，这种有回路的传递是很难大规模实现的，这和网页之间的链接（纯内容相关）是有很大区别的。

2.5　基本模式所决定的功效

　　本书 2.1 节"模式的基本内涵"已经指出模式决定功效，结合 2.2 节尤其是 2.3 节，我们分析得出作者引用网络中的基本模式可以引出如下几个方面的功效[①]。

　　（1）学科知识结构的研究。从三人引用模式来看，作者同被引模式、作者耦合模式是两种最为常见的隐性关系模式。这也是为什么当前关于学科知识结构的研究主要是集中在这两个方法上面。但是我们可以看到，即使是这两种模式，它们的分布区别也是比较大的。作者同被引占据了很大比例，是作者耦合的近四倍，由此可以看出，作者同被引关系的建立要易于作者耦合关系的建立，那么这就给实证带来了问题：作者耦合之间强度很可能很小，甚至为零。这是需要我们在进一步研究中进行详细探讨的问题（详见第 4 章）。另外，结合二人引用模式和多人引用模式，除了同被引和耦合这两种无向关系模式外，我们还可以建立作者之间的有向网络，即作者之间的直接引用（实质就是作者

---

① 这里只是做一个提纲挈领的概要，具体的内容（如具体的概念、具体的方法、具体的原理和理论等）将在后续章节中详细展开，特此说明。

引用网络最为初始的状态），这种引用模式相对其他两种模式更直接地表现出两个作者之间的相似性，但是从 SCC 来看，真正联通的网络比较少，紧密联通的网络更是少之又少，如何来挖掘作者直引网络的结构是摆在我们面前的一个难题（详见第 5 章）。另外，作者直引、作者同被引和作者耦合在作者学科结构发现中的作用有何异同也是需要系统探索的问题（详见第 4 章和第 5 章）。需要指出的是，即使是作者同被引分析这样相对成熟的方法也存在一些问题，如基本原理的辨析、数据挖掘方法的选择、可视化方法的创新等还需要进一步分析和突破（详见第 3 章）。

（2）作者学术影响力的评价。在 2.3.3 节关于入度分布的拟合研究中，我们可以看到在整个引用网络中作者的被引次数是呈现高度偏斜分布的，都满足幂律分布规律。而作者被引次数是作者学术影响力的典型表征，是当前评价作者学术影响力指标中使用最为广泛的指标[①]。但是，如果我们仅仅是按照传统的方法，即简单相加每一次引用，那么对于作者学术影响力的评价研究早已经走到尽头。但是，近几年来，很多学者都发现施引者的重要性不同，会直接影响每次引用的含金量。基于这样的思想，一些作者在 PageRank 算法的启迪下对加权作者引用进行了研究。这些研究还处于探讨阶段，对于到底如何用引文来评价作者影响力还需要继续深入研究（详见第 6 章）。

（3）潜在合作者发现研究。在二人引用模式理论分析和实证研究中，我们可以看到作者之间的引用其实很微妙，它包含着学术关系也隐匿着社会关系，而这正为潜在合作奠定了基础。当前已经有较多学者利用作者同被引分析和作者耦合分析来发现无形学院，即潜在合作团体，但是还有可拓展的空间。其中之一便是抓住"作者直引"这一要点来进行拓展性研究。如果进一步分析 A 和 B 两个作者之间的关系，可以分解为以下三种：引用、被引和互引。而这三种情况又代表了不同的潜在合作强度，即互引＞被引＞引用，如果能将这三种很好地结合起来，那么我们就有可能找到一个学者的潜在合作者（或群体）。这方面的研究还基本是空白，值得深入研究（详见第 7 章）。

（4）学科领域内（间）知识交流情况分析。我们从多人引用模式可以看出，作者之间通过一定的路径可以达到知识传递的目的。而这里的作者可以

---

① Cronin B，Meho L. Using the *h*-index to rank influential information scientists［J］. Journal of the American Society for Information Science and Technology，2006，57（9），1275-1278.

是一个学科或者一个领域内的作者，也可以是不同学科或者不同领域间的作者，那么作者之间知识传递可以进一步归结为学科或领域内研究分支之间的知识交流和学科或领域间的知识交流两种情况。结合当前知识交流强度度量算法和路径发现算法，那么我们便可以较好地观察学科内研究方向的融合或者分化（如信息组织和传统文献编目），也可以观察学科间或者领域间的交叉融合情况（如情报学与计算机科学及经济学之间的交叉融合）等。在当前科学研究非常重视交叉融合的大背景下，对科学交流强度和路径的研究对于我们认识学科或者领域的演化有着重要的科学意义（详见第 8 章）。

需要指出的是，从作者引用网络出发可能还可以进行其他一些方面的研究，但主要是集中在以上分析的四个方面，后面的章节将具体围绕这些应用展开详细的探讨和分析。

2.6　本章小结

本章主要是对作者引用网络基本模式进行了系统研究，在阐述清楚模式的基本内涵基础上，从二人引用、三人引用和多人引用视角循序渐进地分析了作者引用的理论模式，接着利用中外图情学作者引用网络的具体分析来验证这些理论模式的分布，发现并总结了现实分布和理论分布之间的差异。在此基础上，给出了引起这些差异的原因。最后指出基本模式所决定的功效体现在哪些方面。下面对本章的一些核心观点、发现等进行概括。

（1）模式决定功效。有什么样的模式就会带来什么样的功效，这是后续应用的出发点。

（2）一些理论模式和现实模式差别很大。比如，多人引用模式中的皇冠模型必须经过很大的修正才能满足现实情况。这种差异可以从两个方面加以解释：一是作者之间的引用呈现显著的累积优势；二是作者之间的引用关系不仅仅是学术关系，也不仅仅是社会关系，而是两种关系的融合。

（3）作者之间的引用关系并不容易建立。从现实模式研究中，我们可以发现作者之间的引用尤其是互引关系的建立受到学术关系和社会关系的双重影响,这种引用关系的形成比想象的要复杂。

(4)从作者引用网络出发,我们可以在学科知识结构的研究、作者学术影响力的评价、潜在合作者发现研究、学科领域内(间)知识交流情况分析四个方面进行应用研究。

第 3 章　基于作者同被引关系的学科知识结构研究 [①]

　　在第 2 章我们已经指出在作者引用网络中存在一种特殊的作者学术关系——作者同被引关系，即两个作者被其他文献同时引用的现象。这一现象的提出可以追溯到 1968 年瑞典科学家 Rosengren [②] 提出的同提及（co-mention）现象，但真正引起重视则开始于 1973 年由美国著名情报学家 Small [③] 正式提出文献同被引（document co-citation）之后。在这些前期知识奠定的基础上，1980 年美国德雷克塞尔大学（Drexel University）的两位教授 White 和 Griffith [④] 提出了作者同被引（author co-citation）这一概念，并马上得到了国内外同行的广泛关注。利用这一关系建立矩阵进而进行数据挖掘的方法被称为作者同被引分析（author co-citation analysis），它最为重要的功效体现在两个方面：一是发现一个学科领域的知识结构（intellectual structure）；二是找到潜在的学术合作者。

---

① 本章是在课题阶段性成果 "A study on intellectual structure and the evolution of library and information science in China based on author co-citation analysis. 中国图书馆学报（英文版），2012" 基础上撰写而成的。

② 转引自：Borgman C L. Scholarly communication and bibliometrics［J］. Annual Review of Information Science and Technology，2002，36（1）：89.

③ Small H. Co-citation in the scientific literature：a new measure of the relationship between two documents［J］. Journal of the American Society for Information Science，1973，24（4）：265-269.

④ White H D，Griffith B C. Author cocitation：a literature measure of intellectual structure［J］. Journal of the American Society for Information Science，1980，32（3）：163-171.

本章将主要探讨它的第一个功效，对第二个功效的探讨将放在第 7 章。

当前，基于作者同被引关系的研究主要集中在以下几个方面：一是对于作者同被引的基本原理的探讨。这一探讨自 2003 年集中爆发以来就一直没有停止过，但事实上迄今对于一些基本问题还是没有达成共识。引起讨论的导火索是 Ahlgren 等[①] 对于传统的向量相似性计算方法皮尔逊相关系数的质疑。另外，对于同被引强度计算方式[②③]、对角线如何设置[④]学者也都进行了较多的讨论和实证。总结这么多年的争论焦点，其实主要还是对什么是相似性矩阵和作者同被引矩阵的特殊性思考不到位。笔者在博士学位论文中对这些问题进行了较为深入的探讨，但是经过六年多的发展，需要在这方面进行进一步的思考。二是关于作者同被引关系矩阵的可视化问题。随着计算机技术的发展，越来越多的可视化技术都可以应用在作者同被引矩阵的展示上。比如，Chen 发明的 CiteSpace 软件已经被多个学科的师生拿来做相关的研究。再如，Pajek、SCI2、Network Workbench 等都已经被广泛利用来解决共现矩阵的可视化问题，其中一些软件甚至主要就是图情学领域的专家研发的，如 SCI2、Network Workbench。还有一些学者利用 Google Map 的技术来进行可视化，如 Leydesdorff 及他的合作者[⑤~⑦]就曾多次利用该方法对各种学术关系进行了可视化。与此同时，还有一些对社会网络分析领域算法的科学移植[⑧⑨] 及一些新算

① Ahlgren P，Jarneving B，Rousseau R. Requirements for a cocitation similarity measure，with special reference to Pearson's correlation coefficient［J］. Journal of the American Society for Information Science and Technology，2003，54（6）：550-560.
② Rousseau R，Zuccala A. A classification of author co-citations：definitions and search strategies［J］. Journal of the American Society for Information Science and Technology，2004，55（6）：513-529.
③ Zhao D. Towards all-author co-citation analysis［J］. Information Processing & Management，2006，42（6）：1578-1591.
④ Ma R，Dai Q，Ni C，et al. An author co-citation analysis of information science in China with Chinese Google Scholar search engine，2004-2006［J］. Scientometrics，2009，81（1）：33-46.
⑤ Leydesdorff L，Wagner C，Park H W，et al. International collaboration in science：the global map and the network［J］. El Profesional de la Information，2013，22（1）：87-94.
⑥ Bornmann L，Leydesdorff L. Which cities produce more excellent papers than can be expected? A new mapping approach，using Google Maps，based on statistical significance testing［J］. Journal of the American Society for Information Science and Technology，2011，62（10）：1954-1962.
⑦ Leydesdorff L，Rafols I. How do emerging technologies conquer the world? An exploration of patterns of diffusion and network formation［J］. Journal of the American Society for Information Science and Technology，2011，62（5）：846-860.
⑧ Yan E，Ding Y，Jacob E K. Overlaying communities and topics：an analysis on publication networks［J］. Scientometrics，2011，90（2）：499-513.
⑨ Leydesdorff L，Bornmann L. The operationalization of "fields" as WoS subject categories（WCs）in evaluative bibliometrics：the cases of "library and information science" and "science & technology studies"［J］. Journal of the Association for Information Science and Technology，2016，67（3）：707-714.

法的提出①~③。总之，这方面的研究属于信息可视化的大范畴，我们可以预见随着信息可视化技术的深入及数据挖掘方法的创新，未来越来越多的技术将应用在学术关系矩阵上。但是，我们也发现当前的可视化尤其是作者同被引的可视化还存在一些问题，如图形杂乱、作者之间关系不清晰、外行无法读懂等，所以，我们对"可视化的目的是什么"（也就是"什么是理想的可视化结果"）这一根本性问题还需要进一步考虑。笔者在博士学位论文中也对此进行了思考④，这里主要是进一步深入讨论"什么是理想的可视化结果"并提出一种新的可视化方法，与此同时与其他学者提出的方法（如 Zhao 和 Strotmann 的方法⑤）进行比较研究。三是关于网络环境对作者同被引关系的影响。当前网络环境正在逐步改变着人们获取信息、引用信息和评价信息的方式，这种变化对于作者同被引关系也有着较大的影响。例如，Leydesdorff⑥ 与 Vaughan 曾经利用 Google Scholar 的数据检验了网络环境和传统数据库环境下两者的差异。马瑞敏等⑦ 则用 Chinese Google Scholar 挖掘了中国图情学的知识结构。但是由于 Google Scholar 著录还存在较多不规范之处⑧⑨，这阻碍了大家对它更深层次、更大范围的研究。由于当前利用 Google Scholar 做相关研究还有诸多技术层面问题没有解决，所以这里也不把它作为研究的重点。

　　基于以上的分析，我们可以看出基于作者学术关系的知识结构研究经过这么多年的发展已经相对比较成熟，产生了重要的学术影响，但并不意味着

① Wallace M L, Gingras Y, Duhon R. A new approach for detecting scientific specialties from raw cocitation networks [J]. Journal of the American Society for Information Science and Technology, 2009, 60（2）: 240-246.

② Moya-Anegón F, Vargas-Quesada B, Herrero-Solana V, et al. A new technique for building maps of large scientific domains based on the cocitation of classes and categories [J]. Scientometrics, 2004, 61（1）: 129-145.

③ Jeong Y K, Song M, Ding Y. Content-based author co-citation analysis [J]. Journal of Informetrics, 2014, 8（1）: 197-211.

④ 马瑞敏. 基于作者学术关系的科学交流研究 [D]. 武汉: 武汉大学博士学位论文, 2009: 152.

⑤ Zhao D, Strotmann A. Information science during the first decade of the web: an enriched author cocitation analysis [J]. Journal of the American Society for Information Science and Technology, 2008, 59（6）: 916-937.

⑥ Leydesdorff L, Vaughan L. Co-occurrence matrices and their applications in information science: extending ACA to the web environment [J]. Journal of the American Society for Information Science and Technology, 2006, 57（12）: 1616-1628.

⑦ Ma R, Dai Q, Ni C, et al. An author co-citation analysis of information science in China with Chinese Google Scholar search engine, 2004-2006 [J]. Scientometrics, 2009, 81（1）: 33-46.

⑧ Meho L I, Yang K. Impact of data sources on citation counts and rankings of LIS faculty: Web of Science versus Scopus and Google Scholar [J]. Journal of the American Society for Information Science and Technology, 2007, 58（13）: 2105-2125.

⑨ Aguillo I F. Is Google Scholar useful for bibliometrics? A webometric analysis [J]. Scientometrics, 2011, 91（2）: 343-351.

其就完美了，而实质上还有很多基本问题没有深入探讨，很多学者尤其是非本学科学者大多是直接利用该方法来解决实际问题，尚存在较多问题。所以本章的重点放在三个方面：一是对于基本问题的重新思考和论证，如对角线取值问题、矩阵转化问题、可视化标准问题；二是在思考和论证的基础上，提出一种新的可视化方法，并用小样本数据[①]对这一方法与其他方法进行比较；三是利用提出的方法对我国图情学近五年的知识结构进行分析。所以，本章内容既涉及理论的探讨，也涉及方法的革新，还涉及理论和方法的实证与应用。

3.1 作者同被引关系的基本问题探讨

正如前文所述，学者对于作者同被引关系的分析还存在一些问题，而引起这些问题的根本原因是对作者同被引关系的一些基本问题还认识得不够透彻、不够系统。所以，这里首先对这些基本问题进行厘清，为后续研究奠定良好的理论基础。

3.1.1 作者同被引研究对象的选择方式

作者同被引分析在多数情况下都是选定一定数量的作者进行，而不是选择所有涉及的作者，这是因为：一是并不是所有的作者都有被引，这部分作者必然与其他作者的同被引强度都为零，成为孤点群体，没有任何的研究意义；二是即使有一些作者有被引但是被引次数较低，他们很可能与其他作者频繁同时被引的概率很低，这样对这些作者进行研究也意义不大；三是如果选择过多的作者，结果显示会非常杂乱，不利于进一步解释结果。基于以上的考虑，一些作者提出了同被引研究对象的选择方式。比如，McCain 曾在 1990 年指出可以

① 这里采用小样本数据主要是为了结果的清晰，如果用大样本数据难免因为节点多而屏幕显示有限产生杂乱，这不利于不同方法之间的比较。

通过"综述、文献专著，专家咨询，会议目录"三种方式综合选择[①]，而 White 和 McCain 则在其非常经典的一篇文章中只选择 120 位信息科学界作者来研究该学科的演化[②]。而在当前，很多相关研究都是选择高被引作者来完成。这里需要强调的是，选择高被引作者作为研究对象比较快捷简便，但是需要注意三个问题：一是作者适当补充的问题；二是对于合作论文中每个作者被引次数分配的问题；三是高被引作者之间是否存在过于稀疏的关系的问题。下面分别对这三个问题进行探讨。

（1）高被引作者的选择虽然简单方便，但是最终名单的确认仍然需要综合考虑各种因素，最好辅以专家咨询。高被引作者具有较好的代表性，但是我们在设定阈值的时候可能会落掉一些重要作者。这些重要作者可能在遴选阈值之下，但是也具有较高的被引次数（注意：如果研究时段内被引次数低，即使重要也不可入选）。对于他们的选择应该考虑他们在学科中的声誉（如是否担任杂志主编、在重要协会任职等），如有可能最好进行专家咨询，从而确定初步的研究对象。

（2）合作论文中每个作者被引次数的分配问题，一直都是科学计量学界广泛讨论的问题[③~⑤]。Kalyane 和 Vidyasagar Rao[⑥] 对此进行了较为系统而深入的研究和阐释，他们给出了四种不同的计算作者权重的方式：① normal count（NC）——给予所有作者都为 1 的权重；② fractional count（FC）——每个作者得到 1/N 的权重（N 为作者数）；③ straight count（SC）——只给予第一作者权重 1，其他作者为 0；④第四种方法比较复杂，即用 $W_i = A_i / \sum_{i=1}^{N} A_i$，其中 $A_i = (N+1-i) /N$，i 为作者所处的位置。这种方法被称为 positionwise count（PC）。表 3-1 给出有三个合作者（A、B、C）的一篇论文的作者权重在四种

① McCain K W. Mapping authors in intellectual space：a technical overview［J］. Journal of the American Society for Information Science（1986-1998），1990，41（6）：433.
② White H D，McCain K W. Visualizing a discipline：an author co-citation analysis of information science，1972-1995［J］. Journal of the American society for information science，1998，49（4）：327-355.
③ van Hooydonk G. Fractional counting of multiauthored publications：consequences for the impact of authors［J］. Journal of the American Society for Information Science，1997，48（10）：944-945.
④ Burrell Q，Rousseau R. Fractional counts for authorship attribution：a numerical study［J］. Journal of the American Society for Information Science，1995，46（2）：97-102.
⑤ Egghe L，Rousseau R，van Hooydonk G. Methods for accrediting publications to authors or countries：consequences for evaluation studies［J］. Journal of the American Society for Information Science，2000，51（2）：145-157.
⑥ Kalyane V L，Vidyasagar Rao K. Quantification of credit for authorship［J］. ILA Bulletin，1995，30（3-4）：94-96.

方法下的分配方式。

从表 3-1 来看，不同的计算方式很有可能导致不同的结果。不同的机构或者学者在统计作者对于一篇文章贡献的时候会采取不同的方法。比如，很多机构在评价时只注重第一作者，而有的机构［如美国的基本科学指标数据库（essential science indicators，ESI）］则认为所有作者的重要性等同且都为 1，有不少科学研究则按照 FC 来进行（如 Egghe 的研究[①]），还有一些机构在评价学者业绩时采用 PC 方式。事实上，在大多数学科中一篇文章的作者排序都代表着对于这篇文章的贡献大小。在文科领域，往往第一作者的重要性比较大。在一些理科领域，则是第一作者和通信作者同等重要且重要性大于其他作者。在物理学等学科，则有的按照作者姓氏首字母依次排序。所以这就要求我们对于不同的学科根据具体情况采用不同的计算方式。对于社会科学，我们可以按照 SC 或 PC 进行；对于一些理科学科，我们需要对 PC 进行一些必要改造，即将第三作者（通讯作者）等同于第一作者（i 都为 1），第二作者排序为 3，其余依次加 1，这里把这种方法称为调整的位次方法（adjusted positionwise method，A-PC）（见表 3-1 最后一列）；而对于诸如按照姓氏排序的则适宜按照 NC 和 FC 进行。但是对于 NC 和 FC 来讲，由于 NC 增加了一篇文章总的权重数，所以一般很少采用[②]。

表 3-1　5 种不同的作者荣誉权重分配方法

作者	NC	FC	SC	PC	A-PC
A（第一作者）	1	1/3	1	1/2	3/7
B（第二作者）	1	1/3	0	1/3	1/7
C（第三作者*）	1	1/3	0	1/6	3/7

* 表示通讯作者。

但是，遗憾的是，知网（Web of Knowledge）和我们国内的 CSSCI 在著录引文时只著录第一作者，这为我们开展全作者研究带来了天然的困难。即使有的数据库可以做相关研究（如 Scopus），也存在（或者可能存在）以下两个问题：一是这些数据库的推广性不是很好，很多科研机构很难获取其数据，如对 Scopus 国内只有很少几所高等学校购买；二是有的数据库可能著录的时候并

① Egghe L. Mathematical theory of the *h*-and *g*-index in case of fractional counting of authorship［J］. Journal of the American Society for Information Science and Technology，2008，59（10）：1608-1616.
② Egghe L. Mathematical theory of the *h*-and *g*-index in case of fractional counting of authorship［J］. Journal of the American Society for Information Science and Technology，2008，59（10）：1609.

不一定著录全部作者，而是根据学者们著录的情况来著录，即对参考文献往往只著录前三位作者，其他作者用"等（英文 et al.）"来表示，这样我们无法估量总作者数 N 的大小，甚至有时候无法估量通讯作者的地位。所以，无论使用上述哪种方法都可能无法达到满意的效果。在这种客观事实面前，我们只能采用统一的标准来度量所有学科的学者的贡献：所有学科都按照只计算前三位作者贡献的方式进行。

总而言之，对于作者被引权重的分配是一个较为复杂的问题，要根据研究对象的学科属性尤其是著录规则来选择最为合适的计算方式。但是，总的来看，这里还是倾向于"一篇合作论文中，每个作者的贡献程度是不一样的，他们得到的'奖励'也不应该一样"，所以更加倾向于选择 SC（只考虑第一作者）、PC（给每位作者依次分配不同权重）和 A-PC（给第一作者与通讯作者分配同等权重）三种方式。当然，对于按照名字字母顺序排列的学科，只能按照 FC 来进行。

（3）高被引作者之间构成的作者同被引矩阵稀疏性问题在同被引分析中也经常遇到，White 的提议是"将那些与其他作者同被引关系不够紧密的作者删除掉"[①]。后来这种方式一直沿用下来。其实这一方式的处理主要是考虑到在将矩阵转化为皮尔逊相关系数矩阵后进行聚类分析或者多维尺度分析时，这些稀疏作者可能会干扰到结果的解释。但是，当前有一些方法如 Pathfinder 算法完全可以基于原始同被引数据，这样，我们只要保证这些稀疏作者与其他作者中有一个（至少一个）有较强的同被引频次即可。所以，是否需要删除掉这些作者，需要考虑后续分析的技术方法是什么。

综上，作者的选择是作者同被引分析中最为基础且关键的一步，需要综合考量作者代表性、高被引作者计算方式、稀疏作者取舍等问题，选择好研究对象后方可进一步地进行数据挖掘和结果解释。

3.1.2　作者同被引关系矩阵的构建方式

在确定好研究对象后，我们便可以构建他们之间的同被引关系矩阵。当前，构建这种关系矩阵的方式主要有两种：对称矩阵（表 3-2）和非对称矩阵

---

① White H D. Author cocitation analysis and Pearson's r［J］. Journal of the American Society for Information Science and Technology，2003，54（13）：1250-1259.

（表3-3）。对称矩阵以对角线为轴上下对称，即 $A_{ij}=A_{ji}$（暂不考虑对角线取值的问题）。非对称矩阵则行与列不一样，首先行表示的是被研究的作者，而列表示的引用这些作者的所有论文的集合。非对称矩阵可以转化为对称矩阵，比如，表3-3的矩阵就可以转化为表3-4的对称形式（假定作者 A、B、C 只被论文 D、E 引用），这里如果我们用最小值法（即取两个作者出现在一篇文献中次数的最小值，后文会加以探讨），就可以计算出每对作者之间的同被引强度，如A和B的同被引强度为对于D的 min（1，2）=1 与对于E的 min（3，4）=3 之和，即 1+3=4。表3-3 的好处是让我们能够比较清楚地看到我们要研究的作者被哪些文献共同引用了，并且可以较为方便地转化为对称矩阵，所以它包含的信息比较丰富。而表3-2 表示的对称矩阵的好处则是人们可以一目了然地看出每对作者之间的同被引关系。所以，这里不能说哪种方式优于哪种方式，它们各自有各自的优势。

表 3-2　同被引矩阵（对称）

	A	B	C
A		1	2
B	1		3
C	2	3	

表 3-3　同被引矩阵（非对称）

	A	B	C
D	1	2	3
E	4	3	2
⋮	⋮	⋮	⋮

表 3-4　由表 3-3 转化而来的对称矩阵

	A	B	C
A		4	3
B	4		4
C	3	4	

3.1.3　作者同被引强度的取值问题

同被引矩阵的构建是进行同被引关系研究最为关键的步骤，前文只是说明了形式上的矩阵构成方式，而其中对于同被引强度和对角线取值问题未涉及。我们将就这两个重要问题进行详细探讨。

首先来看同被引强度的计算方式，当前主要有以下几种：一是最小值法，二是最大值法，三是求积法。这在笔者的博士学位论文中已经探讨过[①]。但那时主要探讨的是仅仅考虑第一作者的情况，这里将其扩展到全作者的情况。这里主要是在 Rousseau 和 Zuccala[②]、Zhao[③] 关于全作者同被引的探讨这两篇论文的基础上，加入不同同被引强度计算方式进行系统讨论。首先来看 Rousseau 和 Zuccala 的研究，他们认为作者同被引情况分为以下四种（表 3-5）：纯第一作者同被引（pure first author cocitations）、纯同被引（pure cocitations）、通常性同被引（general cocitations）和合作同被引分数（coauthor/cocitation scores）。纯第一作者同被引是指只考虑第一作者，并且排除这两个作者合作的情况；纯同被引是指考虑合作（即两个作者分别与其他作者合作的情况，下同），但是排除这两个作者合作的情况；通常性同被引是指考虑合作且考虑这两个作者合作的情况，但是要排除仅仅他们两个合作的情况；合作同被引分数则最为宽松，不仅考虑合作，而且考虑仅仅这两个作者的合作。基于以上的分析，我们可以知道它们之间存在一个包含的逻辑关系：纯第一作者同被引 ⊆ 纯同被引 ⊆ 通常性同被引 ⊆ 合作同被引分数。

随后，Zhao 也提出了另一个分析同被引强度的框架，除了第一作者情况外，有两种情况：包含性全作者同被引（inclusive all-author co-citation）和排除性全作者同被引（exclusive all-author co-citation）（表 3-6 是其论文中的一个案例说明），这一框架是对 Rousseau 等思想的进一步总结。包含性全作者同被引指的是如果一篇合作论文（如作者 A、B）被 1 篇论文引用了，那么 A 和 B 就已经形成了同被引关系，且同被引强度记为 1。如表 3-6 所示，Lee 和 Hair 在这种情况下对于三种子案例都产生同被引关系。而排除性全作者同被引则是指排除掉单纯的合作性论文产生的同被引关系，如表 3-6 中的第 3 个子案例：

① 马瑞敏. 基于作者学术关系的科学交流研究［D］. 武汉：武汉大学博士学位论文，2009：137.

② Rousseau R, Zuccala A. A classification of author co-citations: definitions and search strategies［J］. Journal of the American Society for Information Science and Technology, 2004, 55（6）: 513-529.

③ Zhao D. Towards all-author co-citation analysis［J］. Information Processing & Management, 2006, 42（6）: 1578-1591.

表 3-5　不同同被引情况的描述（以 Smith 和 Thomas 为例）

以Smith和Thomas为例	纯第一作者同被引	纯同被引	通常性同被引	合作同被引分数
Smith，K.（1990）. A splendid result. The Alpha Journal. Thomas，T.（1991）. The use of this-and-that：Part I . The Beta Journal.	是	是	是	是
Janssens，J.，& Smith，K.（1996）. The breakthrough. New World：Delta Publishers. Peters，P.，Zhang. W.，& Thomas，T.（1999）. The breakthrough revisited. The Alpha Journal.	否	是	是	是
Smith，K.，& Thomas，T.（1992）. The k-procedure. The Gamma Journal. Thomas. T.，& Smith. K.（1992）. More details about the k-procedure. The Ganma Journal. Rao，S.，& Thomas，T.（1994）. Problems with the k-procedure. The Gamma Journal.	否	否	是	是
Smith，K.，&Thomas，T.（1992）. The k-procedure. The Gamma Journal. Thomas，T.，& Smith，K.（1992）. More details about the k-procedure. The Gamma Journal. Rao，S.，& Thomas，T.（1994）. Problems with the k-procedure. The Gamma Journal. Janssens，J.，& Smith，K.（1996）. The breakthrough. New World：Delta Publishers.	否	是	是	是
Smith，K.，& Thomas，T.（1992）. The k-procedure. The Gamma Journal. Thomas，T.，& Smith，K.（1992）. More details about the k-procedure. The Gamma Journal.	否	否	否	是

Lee 和 Hair 合作的一篇论文单独出现在一篇文章（Citing paper 3）中，在这种情况下他们并不存在同被引关系。表 3-6 给出的案例中，在只考虑第一作者的情况下，Lee 和 Hair 的同被引强度为 1，在包含性全作者情况下，同被引强度为 3，在排除性全作者同被引情况下，同被引强度为 2。他通过实证研究得出：全作者同被引比只记第一作者的同被引在知识结构发现中要有优势，结果要更清晰；排除性全作者同被引分析又比包含性全作者同被引分析在学科领域知识结构发现中有优势，而后者则在发现作者之间的社会关系（合作包含着较强的社会关系）方面比前者有优势。

表 3-6　不同同被引关系计算方式案例说明

参考文献	计算方式		
	第一作者同被引	包含性全作者同被引	排除性全作者同被引
Citing paper 1： … Lee，K.（2000）. XSLT and XML. *XML Journal* Lee，K.，& Hair，S.（1998）. RDF and OWL. *The Semantic Web* …	否	是	是
Citing paper 2： … Lee，K.（2000）. XSLT and XML. *XML Journal* Hair，S.，& Lee，K.（2003）. RDF-Schema. *Ontologia* …	是	是	是
Citing paper 3： … Lee，K.，& Hair，S.（1998）. RDF and OWL. *The Semantic Web* …	否	是	否
Lee和Hair同被引合计	1	3	2

资料来源：Zhao D. Towards all-author co-citation analysis［J］. Information Processing & Management，2006，42（6）：1579.

比较表 3-5 和表 3-6，我们会发现它们之间有一些差别，Rousseau 和 Zuccala 提出的第一作者情况限定非常严格，排除掉两个作者合作的情况，即使出现 A，B；B，A 这样的情况，A 和 B 之间仍然不存在同被引情况，而 Zhao 所说的第一作者情况则包含这种情况。Rousseau 和 Zuccala 提出的纯第一作者同被引和纯同被引都完全排除了两个作者合作的情况，相当于删除掉两个作者合作的论文。Zhao 提出的排除性全作者同被引实质等同于 Rousseau 和 Zuccala 的通常性同被引，包含性全作者同被引则等同于 Rousseau 和 Zuccala 的合作同被引分数。基于以上的分析，我们可以把他们的算法加以合并归纳为两大类，即排除合作和包含合作两种情况，具体如表 3-7 所示。

表 3-7　两大类作者同被引情况

排除合作		包含合作		
纯第一作者同被引	纯同被引	第一作者同被引	包含性全作者同被引	排除性全作者同被引

在弄清楚作者同被引的各种情况下，我们还需要对每种情况如何计算他们的同被引强度进行必要探究。下面我们以作者 A 和作者 B 为例来分别计算他们在五种情况下的同被引强度（表 3-8）。这里我们选择两个作者出现在一篇论文参考文献的最小值作为他们同被引强度的计算方式，这是因为这种方式既不夸大也不缩小他们之间的同被引强度[1]。

表 3-8　五种同被引情况下强度的计算方式

一篇论文的参考文献	1A，B　2B，A　3C，B　4A
纯第一作者同被引	排除所有A和B合作的情况（排除1和2），然后统计A作为第一作者出现的次数（1次）和B作为第一作者出现的次数（0次），最后A和B的同被引强度为min（1，0）=0
纯同被引	排除所有A和B合作的情况（排除1和2），然后统计A出现的次数（1次）和B出现的次数（1次），最后A和B的同被引强度为min（1，1）=1
第一作者同被引	计算A作为第一作者出现的次数（2次）、B作为第一作者出现的次数（1次），最后A和B的同被引强度为min（2，1）=1
包含性全作者同被引	计算A出现的次数（3次）、B出现的次数（3次），最后A和B的同被引强度为min（3，3）=3
排除性全作者同被引	计算A出现的次数（3次）、B出现的次数（3次），减去A和B仅仅是以合作的方式出现的次数（2次），最后A和B的同被引强度为min（3，3）-2=1 为了更好地理解这种情况，再举一个简单例子：一篇文献的参考文献包含1A、B、2B、A、3A、B，C这样三篇参考文献，在这里A和B各出现了3次，但是他们都是以合作的方式出现的，所以要减去这些合作出现的情况，即他们的同被引强度为min（3，3）-3=0

注：参考文献前的数字表示不同参考文献序号，后面字母表示相应文献的作者。

表 3-8 中的五种情况基本概况了当前作者同被引强度的所有情况，在以后的科学研究中我们可以根据自己的具体情况（如所在国家的普遍科研规则、可利用的数据著录形式、研究目的等）选择合适的计算作者同被引强度的算法。比如，对于我国的人文社会科学，更加注重的是第一作者的作用，

[1]　Ma R. Discovering and analyzing the intellectual structure and its evolution of LIS in China, 1998-2007 [J]. Scientometrics, 2012, 93（3）: 645-659.

那么我们便可以使用"只考虑第一作者同被引";对于国际的自然学科的研究,则需要使用"包含性全作者同被引"或者"排除性全作者同被引"来进行;如果要排除掉社会关系的影响,更加"纯净"地研究作者同被引关系,那么就需要考虑使用"纯第一作者同被引""纯同被引"或"排除性全作者同被引"。

3.1.4 相似性算法的选择问题

在传统的作者同被引分析中,首先要对矩阵进行转化,2003 年之前主要都是使用皮尔逊相关系数来进行转化,这是因为皮尔逊相关系数〔具体见式(3-1)〕是最为简单方便的变量间相似性程度的度量方式,那个时候大部分研究者的研究兴趣还主要是集中在作者同被引这一方法本身及其功效方面,对于其一些细节可能还未进行深入讨论。但是 2003 年这一局面被打破,P. Ahlgren 等①对使用皮尔逊相关系数这一方法提出了质疑,并且引起了诸多学者的广泛讨论②~⑧。皮尔逊相关系数在作者同被引矩阵转化过程中有两点不适用:一是皮尔逊相关系数需要满足正态分布,而我们知道引用数据的分布是高度偏斜的(即当前常称为长尾分布);二是对于同被引数据来说,很有可能形成较多的 0 模块,而这些 0 模块对于作者之间相似性的计算是一种干扰,即这些"没有意义的 0 模块"的存在导致皮尔逊相关系数的值改变〔很明显,在式(3-1)中,$\bar{x}$ 和 $\bar{y}$ 都受到 0 模块的影响〕。基于这样的考虑,他们建议用余弦(cosine)〔具

① Ahlgren P, Jarneving B, Rousseau R. Requirements for a cocitation similarity measure, with special reference to Pearson's correlation coefficient〔J〕. Journal of the American Society for Information Science and Technology, 2003, 54(6): 550-560.
② White H D. Author cocitation analysis and Pearson's r〔J〕. Journal of the American Society for Information Science and Technology, 2003, 54(13): 1250-1259.
③ Bensman S J. Pearson's r and author cocitation analysis: a commentary on the controversy〔J〕. Journal of the American Society for Information Science and Technology, 2004, 55(10): 935-936.
④ White H D. Replies and a correction〔J〕. Journal of the American Society for Information Science and Technology, 2004, 55(9): 843-844.
⑤ Waltman L, van Eck N J. Some comments on the question whether co-occurrence data should be normalized〔J〕. Journal of the American Society for Information Science and Technology, 2007, 58(11): 1701-1703.
⑥ Ahlgren P, Jarneving B, Rousseau R. Rejoinder: in defense of formal methods〔J〕. Journal of the American Society for Information Science and Technology, 2004, 55(10): 936.
⑦ van Eck N J, Waltman L. Appropriate similarity measures for author co-citation ananlysis〔J〕. Journal of the American Society for Information Science and Technology, 2008, 59(10): 1653-1661.
⑧ Leydesdorff L, Vaughan L. Co-occurrence matrices and their applications in information science: extending ACA to the web environment〔J〕. Journal of the American Society for Information Science and Technology. 2006, 57(12): 1616-1628.

体如式（3-2）所示］来代替皮尔逊相关系数，并且从现在的趋势来看，这已经成为欧洲科学计量学学者公认的"新标准"（从近期 *Journal of the Association for Information Science and Technology*，*Journal of Informetrics* 和 *Scientometrics* 等信息计量学主流杂志来看，基本都采用余弦来进行相关系数的计算）。

$$r(x, y) = \frac{\sum_{i=1}^{k}(x_i - \overline{x})(y_i - \overline{y})}{\sqrt{\sum_{i=1}^{k}(x_i - \overline{x})^2(y_i - \overline{y})^2}} \tag{3-1}$$

$$\cos(x, y) = \frac{\sum_{i=1}^{k} x_i y_i}{\sqrt{\sum_{i=1}^{k} x_i^2 y_i^2}} \tag{3-2}$$

由于这是一个非常重要的根本性问题，笔者对此进行过一些思考和实践[1][2]，提出使用"如果矩阵需要转化的情况下，使用 Z 分数［式（3-3）］标准化基础上的欧几里得距离的平方［式（3-4）］"这一方法进行矩阵的转化。经过多年的实践，发现其在处理同被引矩阵方面有如下几点优势。

（1）从同被引数据本身原理来看，其存在两大特点：一是不同作者之间尤其是不同研究方向作者之间同被引强度有天然差异。比如，科学计量学学者之间的同被引强度比信息检索学者之间的同被引强度可能普遍要强，不同学科作者之间更是如此。二是偏斜分布，即一个作者只与其中一小部分作者有较强的同被引强度，而与其他作者的同被引强度较低甚至没有。所以，我们在进行关系测度的时候需要考虑：一是要消除天然差异，二是要保持其形态分布。消除天然差异的方法即无量纲化过程，无量纲化的方法有很多，我们这里选择常用的 Z 分数方法，Z 分数并不改变同被引数据原来的分布形态[3]。

$$Z_{ij} = \frac{X_{ij} - \overline{X}_j}{S_j} \tag{3-3}$$

① 邱均平，马瑞敏，李晔君．关于共被引分析方法的再认识和再思考［J］．情报学报，2008，27（1）：69-74.
② 马瑞敏．基于作者学术关系的科学交流研究［D］．武汉：武汉大学博士学位论文，2009：147-150.
③ 徐哲，石晓军，杨继平，等．应用统计学：经济与管理中的数据分析［M］．北京：清华大学出版社，2011：75.

式中，$\overline{X}_j$ 表示该指标的平均值，S_j 表示其标准差。

（2）矩阵如果需要转化，首先要探讨 0 模块的影响。Ahlgren 等在质疑中提出了矩阵转化的两大基本要求："一是对于相似性测度，变量 A 和变量 B 的相关系数 $s(A, B)$ 在加入 0 模块后不能减少（即大于等于）；二是未加入 0 模块前，如果 $s(A, B) > s(C, D)$，那么加入 0 模块后，这种关系也仍要保持。"[①]笔者在博士学位论文中已经对这两点进行了再思考和论证，认为这两个基本要求都具有较强的主观性[②]，随后提出使用"欧几里得距离的平方"[具体见式（3-3）]来进行作者之间"非相似性"的计算方式，并且指出使用这一转化方式有"分布要求不是那么严格，适用面较广（不要求是正态分布）；程序的统一性（主要针对聚类分析、多维尺度分析，这是余弦无法比拟的优势）；与 Ward 聚类方法完美衔接[③]（皮尔逊相关系数和余弦都无法与 Ward 方法匹配使用）"三个方面的优势。另外，我们还可以发现其相对皮尔逊相关系数来说，其值都保持在正数，便于理解也便于使用其他方法（如 Pathfinder 算法）等进行再处理。事实上，皮尔逊相关系数最大的问题不是 0 模块的问题，而是其有严格的分布形态要求——正态分布。而 0 模块的加入难免会导致两个变量之间值的改变（这点 Bensman 也进行了说明[④]）。比如，建立在 Z 分数下的 SED 随着 0 模块的加入，其值也发生了改变：这是因为一个变量中的每个值随着 0 模块的加入其相对位置（即相对于平均值的位置）发生了改变。

$$\text{SED}(x, y) = \sum_{i=1}^{k} (x_i - y_i)^2 \qquad (3\text{-}4)$$

以上的分析是基于相对相似性提出的，即原始 ACA 矩阵需要通过一种算法来转化为相似或者非相似性矩阵。但是当前一些算法并不需要进行这些转化，如当前的一些社团发现算法及在 ACA 中经常使用的 Pathfinder 算法。

① Ahlgren P, Jarneving B, Rousseau R. Requirements for a cocitation similarity measure, with special reference to Pearson's correlation coefficient [J]. Journal of the American Society for Information Science and Technology, 2003, 54（6）: 550-560.

② 具体可参见：马瑞敏. 基于作者学术关系的科学交流研究 [D]. 武汉：武汉大学博士学位论文，2009: 147-148. 这里不再赘述。

③ Ward 方法被证明是一种非常有效的处理 ACA 的方法，具体参见：Jarneving B. A variation of the calculation of the first author cocitation strength in author cocitation analysis [J]. Scientometrics, 2008, 77（3）: 492. 又见吴庆胜. 用欧几里德距离进行系统聚类研究零件成组 [J]. 成组技术与生产现代化，1988，（5）: 33.

④ Bensman S J. Pearson's r and author cocitation analysis: a commentary on the controversy [J]. Journal of the American Society for Information Science and Technology, 2004, 55（10）: 935-936.

所以这里需要强调的是，只有在需要转化为相对相似性矩阵的使用前提下才考虑"使用 Z 分数［式（3-3）］标准化基础上的欧几里得距离的平方"这一方法。

3.1.5 同被引矩阵对角线取值问题

在弄清楚相似性和非相似性算法之后，还有一个问题需要解决，那就是矩阵对角线的设置问题。在所有的相似性算法和非相似性算法的计算中，对角线的取值对于向量之间相似性计算会有一定影响。按照传统的方法来看，很多学者都选择使用默认值来进行[①]，即在 SPSS 中在对角线上不填任何值，由 SPSS 采用系统默认的方式来替代这些缺失值。这是由于传统方法多采用皮尔逊相关系数方法，这一方法在对角线值缺失的情况下仍然可以得到对角线为 1 的相似性矩阵，从表面上看起来并不影响后续的聚类和多维尺度的分析，而这实质上掩盖了对角线到底该如何取值这一根本问题，在实用性主导下，这么多年来人们几乎一直都在使用默认值这一方式。当然，一些学者也对此提出了自己的想法，如 White 及其合作者（主要是 Griffith）曾先后提出使用作者的被引次数[②]、一个作者与其他作者排序前三的同被引强度之和除以 2 和取一个作者与其他作者同被引强度的最大值三种方法来处理对角线[③④]。笔者则一直坚持认为应该使用"一个作者与其他作者同被引强度最大值 +1"作为一个作者对角线的值[⑤~⑦]，原因在于作者同被引强度度量的是作者之间研究的相似性，而很显然，作者与其本人之间的相似性是最大的，这一观点与 White、Mayer 等取最大值基本一致，但是为了突显"最大相似

① McCain K W. Mapping authors in intellectual space：a technical overview［J］. Journal of the American Society for Information Science，1990，41（6）：435.
② White H D. Griffith B C. author cocitation：a literature measure of intellectual structure［J］. Journal of the American Society for Information Science，1980，32（3）：163-171.
③ White H D. Author cocitation analysis and Pearson's r［J］. Journal of the American Society for Information Science and Technology，2003，54（13）：1250-1259.
④ 其他一些作者也认同这一观点，详见：Bayer A E，Smart J C，McLaughlin G W. Mapping intellectual structure of a scientific subfield through author cocitations［J］. Journal of the American Society for Information Science，1990，41（6）：444-452.
⑤ 马瑞敏. 基于作者学术关系的科学交流研究［D］. 武汉：武汉大学博士学位论文，2009：135.
⑥ Ma R. Discovering and analyzing the intellectual structure and its evolution of LIS in China，1998-2007［J］. Scientometrics，2012，93（3）：645-659.
⑦ 马瑞敏，倪超群. 基于作者同被引分析的我国图书情报学知识结构及其演变研究［J］. 中国图书馆学报，2011，37（6）：17-26.

性"，我们取"最大值 +1"（作者同被引强度为整数，所以用 +1 而不是加一个小数表示）。

3.2　两种视角下作者同被引分析结果可视化方法研究

在弄清楚作者同被引关系的基本问题下，那么我们非常关心的另一个问题便是如何使用合适方法和工具来挖掘作者同被引关系网络并合理科学地呈现这一结果。当前，已经有很多学者对可视化进行了研究，发表了大量学术成果，并且研发出了更具推广意义的免费学术软件，大大推动了相关研究的普及化。但是，我们也看到当前的可视化研究存在一些问题亟待解决（详见 3.2.1 节），对可视化研究的根本目的是什么也要进行系统思考，并在此基础上提出新的解决方案。后文的研究正是基于这样的思路而展开的。

3.2.1　可视化方法和工具的进展及存在问题

当前，关于共现矩阵（作者同被引关系矩阵是其中一种）的可视化已经有很多方式，下面对这些方法及涉及的实现工具从远及近进行归纳总结。

（1）聚类冰状图和多维尺度分析二维图。聚类冰状图 [例子如图 3-1 所示] 是聚类分析结果的可视化图，而多维尺度分析（MDS）二维图顾名思义是多维尺度分析这种数据挖掘方法呈现结果的一种方式。这两种方法在传统的作者同被引分析中被广泛使用。聚类分析所得结果"比较绝对"，即 A 作者属于一个群体就不能属于另一个群体，群体界限非常明显。而多维尺度 [例子如图 3-1（b）所示] 则作为降维的一种方法，将作者放在一个二维图中，图中节点的距离表示他们研究兴趣的相似性程度：越相似的在图中距离越近。相对于聚类分析，MDS 所得图形在解读时需要作者对该学科领域有精深理解，这样才能够合理地将图分为几个子群体，而聚类分析则只需要从右到左逐层画线 [如图 3-1 中的虚线] 即可判别出不同的子群，相对要容易一些。

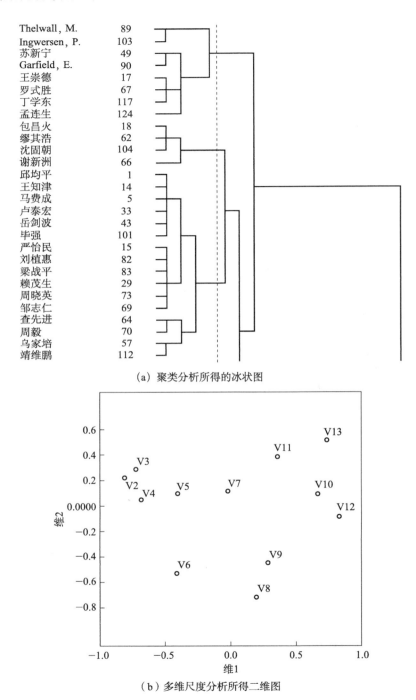

（a）聚类分析所得的冰状图

（b）多维尺度分析所得二维图

图 3-1　聚类冰状图和多维尺度分析二维图

（2）基于因子分析结果的可视化分类图。这一方法主要是由华人学者

Zhao 提出，具体如图 3-2 所示。因子分析在传统的作者同被引分析中也广泛使用，它最为鲜明的特点就是可以找到一个作者在多个方向的研究兴趣，即发现一个作者研究方向的多样性。这点优势得到了学者的青睐，我们可以看到很多研究中都将因子分析和聚类分析搭配使用。但是因子分析也有一定的问题，即它要求数据的分布服从正态分布，处理数据时默认的矩阵转化方法为皮尔逊相关系数且不能加以改变，从原理上来讲这对于作者同被引数据这样的偏斜数据可能不是很适用。但是从实用性出发来看，因子分析的确取得了较好的分析效果。需要说明的是，图 3-2 需要将因子分析得到的载荷矩阵转化为 . net 格式以便能够让可视化软件 Pajek 加以识别。

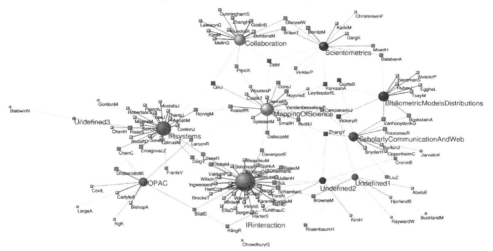

图 3-2　基于因子分析结果的可视化效果图

资料来源：Zhao D，Strotmann A. Evolution of research activities and intellectual influences in information science 1996-2005：introducing author bibliographic-coupling analysis ［ J ］. Journal of the American Society for Information Science and Technology，2008，59（13）：2074

（3）基于 Pathfinder 算法的结果可视化。Pathfinder 算法是简化作者之间关系的一种强有力算法，它能够将那些最相似的作者联系起来且忽略掉那些不重要的关系，使得结果更加清晰且重点突出[1] ［图3-3（a）］。White 将这一方法引入了作者同被引分析[2]，而 Chen 则更为系统地使用了该方法并基于该方法开

① Schvaneveldt R W. Pathfinder associative networks：Studies in knowledge organization ［M］. Ablex Publishing，1990.
② White H D. Pathfinder networks and author cocitation analysis：a remapping of paradigmatic information scientists ［J］. Journal of the American Society for Information Science and Technology，2003，54（5）：423-434.

发了 CiteSpace 可视化系统[1]［图 3-3（b）］，得到了很好的推广，吸引了国内外不同学科研究者来使用这一工具进行相关研究。Pathfinder[2] 适用于大规模网络的数据挖掘，当前多个软件都可以实现，除 CiteSpace 外，还有 Jpathfinder[3]、Network Workbench[4]、SCI2[5]、Pajek[6] 等。

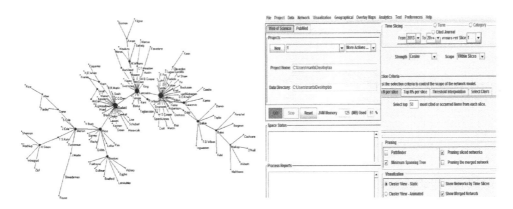

（a）Pathfinder算法得到的可视化结果　　　　　　（b）CiteSpace的运行界面

图 3-3　Pathfinder 算法可视化效果图与 CiteSpace 界面

资料来源：White H D. Pathfinder networks and author cocitation analysis：a remapping of paradigmatic information scientists［J］. Journal of the American Society for Information Science and Technology，2003，54（5）：426；Chen C. CiteSpace［EB/OL］. http：//cluster. cis. drexel. edu/～cchen/citespace［2016-7-8］.

（4）社团发现算法和软件为我们提供了新的可视化途径。当前社团发现算法发展很快，在 *Science* 和 *Nature* 等国际杂志上发表了众多文章。经过多年的发展，一些算法已经比较成熟，并且已经有相关的软件开发出来，大大方便和推动了作者同被引分析的深入发展。比如，Louvain 社团发现算法［图 3-4（a）］、VOS Clustering 社团发现算法［图 3-4（b）］，都比较成熟且在一些软件中已经可自动化实现，如 Pajek 和 VOSviewer[7]。这些新算法的提出和实践，为

① Chen C. CiteSpace II：Detecting and visualizing emerging trends and transient patterns in scientific literature［J］. Journal of the American Society for information Science and Technology，2006，57（3）：359-377.

② Chen C. CiteSpace［EB/OL］. http：//cluster. cis. drexel. edu/～cchen/citespace［2016-7-8］.

③ Schvaneveldt R W. Jpathfinder.［EB/OL］http：//interlinkinc. net/JPathfinder. htm［2016-7-8］.

④ NWB Team. Network Workbench Tool. Indiana University，Northeastern University，and University of Michigan［EB/OL］. http：//nwb. slis. indiana. edu［2016-7-8］.

⑤ Sci2 Team. Science of Science（Sci2）Tool. Indiana University and SciTech Strategies［EB/OL］. https：//sci2. cns. iu. edu［2016-7-8］.

⑥ Batagelj V，Mrvar A. Pajek［EB/OL］. http：//mrvar. fdv. uni-lj. si/pajek［2016-7-8］.

⑦ van Eck N J，Waltman L. VOSviewer http：//www. vosviewer. com/［2016-7-8］.

我们进行大规模研究样本作者同被引分析提供了工具支持。

　　由于作者同被引网络在时间区分方面比较模糊，所以诸如 HistCite[①] 等发现引文轨迹的可视化软件并不适宜。从上面的分析来看，当前的方法和工具为我们科学、形象地挖掘和展示作者同被引关系提供了强有力支撑。但是，我们还是发现一些问题，下面仍然从传统可视化方法和新兴可视化方法两个方面展开。

　　（1）对于传统可视化方法，即聚类分析、因子分析和多维尺度分析，它们最大的缺陷是只能或精确（如聚类分析、因子分析）或粗略（如多维尺度分析）展现每个作者的类别，但是作者之间的精确关系很难形象生动地展现出来，它们更多地偏重于分类，对于作者之间的关系并不关心。但是很多情况下，我们并不只是关心一个学科领域有多少个分支领域，我们还想知道每个分支领域作者的表现（如被引次数）、作者之间的关系等，甚至想知道各分支领域之间的相互关系。这些在传统可视化方法中都不能很好地实现。

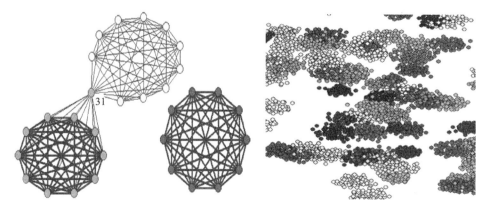

（a）Louvain社团发现算法所得结果　　　　（b）VOS Clustering社团发现算法所得结果

图 3-4　社团发现算法的结果

资料来源：分别为 Batagelj V，Mrvar A. An example of Louvain algorithm［EB/OL］. http：//mrvar. fdv. uni-lj. si/pajek/community/DrawEnergy. htm［2016-12-12］；Batage J V，Mrvar A. An example of VOS viewer［EB/OL］.http：// mrvar. fdv. unilj. si/pajek/community/LouvainVOS2. htm［2016-12-12］.

　　（2）对于新兴可视化方法之一的 Pathfinder 算法，它最大的问题是虽然有一定的分类功能，但是分类功能比较"粗糙"[②]且需要人为判断。而我们知道，作者同被引分析的首要任务应该是很好地分类。社团发现算法虽然能够通过网

---

① 　HistCite 非免费软件，需要购买。
② 　需要说明的是，如果作者之间的同被引强度有较大差异，也能够有较好的集聚。但是现实中作者之间的同被引强度差异很小，甚至很多是相同情况，这就导致了分类的模糊性。

络结构的挖掘得到小群体，但是由于是基于所有关系的挖掘，所以小群体内部关系不是很清晰（只要有连线的都会呈现出来），看起来不是那么重点突出。另外，不论是 Pathfinder 算法还是社团发现算法，在观测不同子群体之间关系时都显得比较乏力。

3.2.2 可视化的基本原则

基于以上对可视化方法的回顾和总结，可以发现即使有了一些新的方法来更快、更好地支撑作者同被引分析，也仍然存在一些问题。我们需要从作者同被引的基本原理、目的等方面出发来对可视化的基本原则进行思考，只有理清楚这些基本原则，我们才能更有针对性地研发出新的、更为合适的方法。经过整理他人成果并结合对作者同被引基本原理的思考，笔者认为作者同被引分析应该有以下几点原则需要加以遵循。

（1）群体分明。这里包含两个具体的要求。一是作者归属的研究领域（即子群体）应该是清楚的，能够让大家一目了然地了解到一个学科有几个分支领域（尤其可以通过不同颜色加以标识）。二是这些群体的名称应该是清楚的，不管是本领域学者还是其他领域学者都能够快速掌握这个学科有哪几个分支方向。所以群体分明就是要很好地解决"有哪些群体"这一关键问题。

（2）重点突出。我们知道作者同被引分析选择的研究对象都是高被引作者，而高被引作者之间发生同被引关系的概率较大，即他们之间存在很多线条（包括不同研究方向的作者之间都可能有较多线条）。在这种情况下，如果我们在可视化结果中都将它们呈现出来，那么就显得很杂乱，在视觉上让人眼花缭乱，需要花费很大的精力来探究那些最为关心的关键关系。所以，可视化结果应该是重点突出、简洁、一目了然的。

（3）作者个体特征突显。这包括两个方面：一是作者研究兴趣的多样性应较好地体现。从当前的研究来看（尤其是从因子分析来看），一个作者很可能在多个研究方向都有所涉及，而这一点也是我们在微观层面非常关心之处（如很多作者在做一个学科知识图谱的时候，往往使用因子分析来分类并分析作者在不同研究方向的表现）。所以，可视化结果应该将这些作者研究兴趣的多向性表现出来。需要强调的是，并不是把一个作者所有的研究兴趣都表现出来，而是将其最为主要的研究兴趣表现出来，否则会导致图形凌乱。二是作者的影响力（或者威望等）应该有所体现。通过对作者影响力等的显现，我们能够对每个分支领域的标志性人物有更为直观的了解，甚至在一定程度上可以通过其研究兴趣的分析来命名该分支领域。

（4）分支领域之间的关系应有所展示。随着大科学的到来，学科之间的交叉融合趋势越来越明显，一个学科内不同领域之间也很有可能发生或多或少的联系，通过这种分析，结合时间段的演化分析，我们便可以看出这些分支领域的交叉和融合情况。这种分析在当前学科背景下具有较强的现实意义。

遵循以上的原则，下面将从相对相似性和绝对相似性两个视角构建不同的可视化方法。

3.2.3　相对相似性视角下可视化方法研究

相对相似性即对原始矩阵进行转化而得到的相似性（非相似性）矩阵，也就是说度量两个作者之间相似性程度并不是原始数据而是经过转化计算后的"相似系数"。前文我们已经阐述了"经过 Z 分数标准化后的欧几里得距离的平方"是一种较好的度量两个作者之间非相似性的方法，这里我们仍然使用这一方法。在本书 3.2.2 节的可视化原则的指导下，下面给出这一可视化方法实现的技术路线（这里对如何构建作者同被引矩阵等基本问题不再探讨，可以参考本书 3.1 节相关内容）。

第一步，利用 SPSS 聚类分析功能进行研究子群挖掘：①将原始的作者同被引矩阵导入 SPSS 中（版本号为 19），如图 3-5 所示。②依次选择 Analyze → Classify → Hierarchical Cluster 进入聚类分析界面；将分析对象选入变量框中，点击 Statistics 从中选中 Proximity matrix，其目的是后续在 Pathfinder 中使用。③点击 Plot 并选择 Dendrogram（冰状图）。④点击 Method 进入最为关键的一步：在 Standardize 中选择标准化方法即 Z scores，在 Interval 中选择矩阵相似性算法即 Squared Euclidean distance，在 Cluster Method 中选择聚类算法 Ward's method。⑤仔细分析得到的冰状图，选择合适的分类数目（从右往左画分割线即可），然后返回②的界面，在 Save 下的 Single Solution 填写分类数目。这样便在原始数据最后一列之后又添加了一列，即每个作者所在类目。通过这一步我们可以实现可视化的基本原则"（1）群体分明"。

label	邱均平	张晓林	吴慰慈
邱均平	90	38	56
张晓林	38	46	35
吴慰慈	56	35	139
黄宗忠	21	20	138
马费成	89	25	62
吴建中	10	42	50
蒋永福	33	36	74

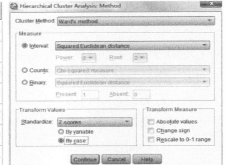

（a）导入到SPSS中的原始数据　　　　（b）聚类分析关键参数选择

图 3-5　利用 SPSS 进行聚类分析示意图

第二步，将第一步②中得到的 Proximity matrix（即 Z 分数标准化后的欧几里得距离的平方非相似性矩阵）作为 Pathfinder 算法的输入矩阵，利用 Pajek 得到 Pathfinder 结果，保存并命名为 p. net。

为了更好地理解 Pathfinder 算法，这里对其原理进行简要的介绍[①]。Pathfinder 算法的目的就是将一个稠密的网络简化为一个主干网。这一算法有两个重要参数——r 和 q，r 用来决定两个非直接相连点之间的距离，其算法是基于闵可夫斯基距离（Minkowski distance），具体见式（3-5）。当 $r=2$ 时即为欧几里得距离［即前文的式（3-4）开根号］；当 $r=\infty$ 的时候，则表示路径中所有边的最大权重，而又由于两点之间的路径不止一条，取每条路径最大权重构成的集合中的最小值作为最终两点的距离［式（3-6）］。而 q 则是决定遍历的深度，当 $q=n-1$ 时即表示遍历所有的点。Schvaneveldt 指出当 $r=\infty$ 且 $q=n-1$ 时得到最小成本的路径搜寻网络（pathfinder network，PFNET）。PFNET 必须满足三角形不平衡原理，对于一个 r- 三角形，需要满足 $w_{ij} \leqslant (\sum_k w_{n_k n_{k+1}}^r)^{1/r}$，如果出现 $w_{ij} > (\sum_k w_{n_k n_{k+1}}^r)^{1/r}$ 的情况，那么我们就要将这两点之间的连线移除。当前，Pathfinder 不仅支持无向网络，也支持有向网络。需要特别说明的是，Pathfinder 算法一开始是只支持输入矩阵为相似性矩阵，后来虽然也支持相似性矩阵作为输入矩阵，但是需要转化为距离矩阵（只有 Pathfinder 软件可以自动实现），所以这里还是提倡直接输入非相似性矩阵。很明显，上一步得到的 Proximity matrix 为典型的非相似性矩阵，满足 Pathfinder 算法条件。

---

① 以下的介绍皆引自：Schvaneveldt R W. Pathfinder Associative Networks：Studies in Knowledge Organization［M］. Ablex Publishing，1990：3-4.

$$W(P) = (\sum_{i=1}^{k} w_i^r)^{1/r} \qquad (3\text{-}5)$$

其中，i 表示一条路径经过的某一条边。

$$D_{ij} = \min\left(W(P_{ij1}), W(P_{ij2}), \cdots, W(P_{ijm})\right) \qquad (3\text{-}6)$$

通过上面原理的介绍，我们可以知道这一步实现了可视化的基本原则"（2）重点突出"。

第三步，将第二步和第一步融合在一个 .net 文件中。具体做法如下：首先打开 p. net，格式如图 3-6（a）所示，在 Vertices 后面加入分类的名称，在 Edges 后面加入作者与分类之间的联系[①]，用 –1 表示（即显示效果为虚线），格式如图 3-6（b）所示，然后保存文档。在将聚类分析和 Pathfinder 融合的过程中，虽然两者都有分类功能，但是毕竟算法是有差异的，必然导致有的作者的分类有一定差异，而这种差异正是我们所需要的，即这种差异体现了作者研究方向的多样性。这样，我们便实现了可视化的基本原则"（3）作者个体特征突显"中的第一点：作者研究兴趣的多样性应较好地体现。与此同时，Pathfinder 算法可以将所有作者连成一个联通图（即每个作者之间都是可

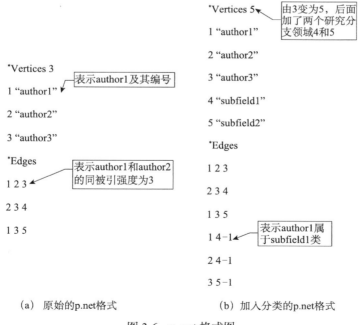

(a) 原始的p.net格式　　　　(b) 加入分类的p.net格式

图 3-6　p. net 格式图

① 只需要将聚类结果和作者在 p. net 中的标号进行一个简单的匹配即可。

达的），附加上两种分类结果，我们便可以看出不同分支领域之间共享的作者数等情况，由此可以看出两个分支领域的融合情况。这样，我们又实现了可视化的基本原则"（4）分支领域之间的关系应有所展示"。

第四步，在 Pajek 中通过 Partition（分类）分别设置分类、字体颜色、字体大小（都是 . clu 格式）；通过 Vector（矢量）设定作者的被引次数。与此同时导入第三步导入的 p. net。然后利用 Pajek 的可视化方法（在菜单 Draw 中）将结果可视化（包括合理的拖动等美化工作）。这是最后的可视化步骤，在这一步中使得作者的个性加以突显 [1]［实现可视化的基本原则"（3）作者个体特征突显"中的第二点"作者的影响力（或者威望等）应该有所体现"］，另外也使得其他几步算法实现的结果更加生动化显示。

综上，通过这种新方法的构建，我们实现了本书 3.2.2 节提出的各项可视化的基本原则，从理论上来讲是科学的，从实践来讲（如软件工具的支撑）是可行的。

3.2.4　绝对相似性视角下可视化方法研究

相对相似性是传统 ACA 一直比较坚持的方法（如传统的皮尔逊相关系数和当前欧洲主流的余弦），它们都是全局性指标 [2]。随后由于 Pathfinder 和社团发现算法的提出，尤其是社团发现算法的不断改进和推广 [3][4]，人们开始直接使用原始数据来进行相关的研究。在加权算法中，Blondel 等提出的一种层次化社团检测方法得到了广泛关注 [5]（简称 Louvain 算法），被认为是当前性能最佳的模块性优化算法 [6]。Pathfinder 算法和 Louvain 算法都可以直接基于原始数据，且输出的仍然是原始的同被引强度（而相对相似性则是转化后的同被引强度系数），这里我们把这种情况称为绝对相似性情况。下面，我们试图把这两种方

---

① 如果为了更加美观，可以将现有的标准化的欧几里得距离的平方得到的结果求倒数然后放大一定的倍数（如 10 000 倍），这样可以更好地观察两个作者之间的相似性。

② Ahlgren P，Jarneving B，Rousseau R. Requirements for a cocitation similarity measure，with special reference to Pearson's correlation coefficient［J］. Journal of the American Society for Information Science and Technology，2003，54（6）：551.

③ Waltman L，van Eck N J，Noyons E C M. A unified approach to mapping and clustering of bibliometric networks［J］. Journal of Informetrics，2010，4（4）：629-635.

④ Rotta R，Noack A. Multilevel local search algorithms for modularity clustering［J］. Journal of Experimental Algorithmics（JEA），2011，16：2-3.

⑤ Blondel V D，Guillaume J L，Lambiotte R，et al. Fast unfolding of communities in large networks［J］. Journal of Statistical Mechanics Theory and Experiment，2008，2008（10）：155-168.

⑥ Lancichinetti A，Fortunato S. Community detection algorithms：a comparative analysis［J］. Physical Review E，2009，80（5）：056117.

法结合起来完善单一方法存在的问题并形成一种新的可视化方法。首先，我们了解一下 Louvain 算法的基本原理。社团检测算法有多种形式，而 Louvain 算法是典型的基于模块度的社团检测算法。该算法的实现分为两个阶段[①]：①初始时假设网络中的每个节点都是一个独立的社团。对任意向量的节点 i 和节点 j，计算将节点 i 加入 j 算法社团（C 社团）时对应模块度 [Q，见式（3-7）] 的增量 [ΔQ，见式（3-8）]，依次计算点 i 与所有临点的模块度增量，然后选出其中最大的一个。当该值为正时，把节点 i 加入相应的临点所在社团，否则保留在原社团。然后这样反复合并直到不出现合并为止，这样便形成了第一个社团。②构造一个新网络，其节点为前一阶段划分出的社团，节点之间连边的权重是两个社团之间所有连边的权重和。然后再利用①中的方法对新网络进行社团划分，得到第二层社团结构。以此类推直到不再能够划分出更高层次的社团。

$$Q_w = \sum_{C=1}^{n_c} \left[\frac{W_C}{W} - \left(\frac{S_C}{2W} \right)^2 \right] \tag{3-7}$$

其中，W 是网络中所有边的权值之和，W_C 为社团 C 内部所有边的权重和，S_C 是所有与社团 C 内部的点相关联的边的权重和。

$$\Delta Q = \left[\frac{W_C + 2s_{i,in}}{2W} - \left(\frac{S_C + s_j}{2W} \right)^2 \right] - \left[\frac{W_C}{2W} - \left(\frac{S_C}{2W} \right)^2 - \left(\frac{s_i}{2W} \right)^2 \right] \tag{3-8}$$

其中 $s_{i,in}$ 是节点 i 与社团 C 内其他 2 节点所有连边的权重和。

下面给出 Pathfinder 算法与 Louvain 算法相结合得到的一种新的可视化的步骤。

第一步，在 Pajek 中选择第一步得到的原始数据矩阵，然后利用 Blondel 算法（沿着 Network → Create Partition → Communities → Louvain Method → Mutilevel coarsening+Singe Refinement）得到结果。这步需要注意的是，该算法在实际计算的时候需要注意两个问题：一是分类的选择应该有一个合适的主观判断，不能仅仅靠 Q 值来取舍。二是对于同一分辨率系数（resolution parameter，这一参数主要用来控制社团的多少，值越大社团越多，默认值为 1）可能会得到不同的分类结果，这时可以测定不同结果之间的 Cramer's V、Rajski 及 Adjusted Rand Index 值，如果这些值比较大则表明结果相对稳定，可以采用。通过这种社团的划分，可以实现可视化的基本原则"（1）群体分明"。

第二步，将作者同被引矩阵原始数据导入 Pajek，通过求倒数得到非相

① 汪小帆，李翔，陈关荣. 网络科学导论 [M]. 北京：高等教育出版社，2012：131-138.

似性矩阵，然后通过 Pathfinder 算法（沿着 Network—Create New Network—Transform—Reduction—Pathfinder）得到 PFNET。为了更好地观察结果，PFNET 中的边权值再次求倒数，得到原始的节点之间的同被引强度[①]。实施这步的目的同本书 3.2.3 节，都是为了更好地简化网络，使得网络清晰明了，实现可视化的基本原则"（2）重点突出"。与此同时，由于 Pathfinder 与 Louvain 这两种算法属于不同的分类算法，必然会导致不同的分类结果，这种差别可以观察出作者在不同方向上的表现。也就是说，与第一步结合起来，实现了可视化的基本原则"（4）分支领域之间的关系应有所展示"。

第三步，精细化结果。首先，为了更好地呈现社团的名称，需要在 Pathfinder 网络中（.net 格式）加入各个社团的名称（附在 Vertices 的后面），并建立各个作者与所属社团之间的对应关系（用 -1 表示他们之间的强度），这样强化原则"（1）群体分明"。另外，同本书 3.2.3 节，在 Pajek 中通过 Partition（分类）分别设置分类、字体颜色、字体大小（都是 .clu 格式）；通过 Vector（矢量）设定作者的被引次数。然后利用 Draw 功能及其相关布局算法来输出可视化结果。在此同时也实现了可视化的基本原则"（3）作者个体特征突显"中的第二点"作者的影响力（或者威望等）应该有所体现"。

需要强调的是，从上面的步骤课可以看出这种方法有一个优势，即提及的所有功能可以在 Pajek 中全部实现，实施效率比较高。

3.3 与其他方法的比较

为了更好地观察 3.2 节中提出的两种方法与其他方法的区别，这里选择聚类分析、多维尺度分析、因子分析、Pathfinder、Louvain 这五种当前较为常用的方法进行比较分析。数据来源为 P. Ahlgren 等给出的科学计量学 12 位作者之间的同被引数据[②]（简称 AJR 数据），这里只是将对角线设定为"最大值 +1"，

---

① 这些都可以很方便地在 Pajek 中得到。
② Ahlgren P, Jarneving B, Rousseau R. Requirements for a cocitation similarity measure, with special reference to Pearson's correlation coefficient [J]. Journal of the American Society for Information Science and Technology, 2003, 54 (6): 555.

其他值未变。对于聚类分析，在 SPSS 中选择 Z 分数为标准化方法，矩阵转化
方法为欧几里得距离的平方，聚类方法为 Ward 算法（图 3-7）；对于多维尺度
分析则在 SPSS 中选用 MDS 分析的 Multidimensional Scaling（PROXSCAL），选
择 Create proximities from data，然后选择 Z 分数标准化的欧几里得距离的平方作
为转化方法，数据类型选择 Ordinal 并同时勾选 Untie tied observations（图 3-8）；
因子分析在 SPSS 中选择 Varimax 作为因子旋转的方法，载荷大于 0.2 的显示
（表 3-7[①]）；Pathfinder（基于相对和基于绝对）和 Louvain 则在 Pajek 中实现，只要
按照本书 3.2 节中的介绍点击相应的命令即可，结果分别呈现在图 3-9、图 3-10
和图 3-11。而基于相对相似性和基于绝对相似性的可视化结果则如图 3-12 和
图 3-13 所示。

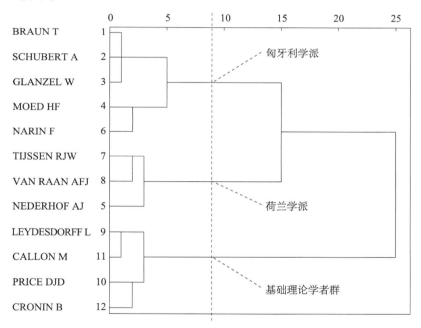

图 3-7　基于 AJR 数据的聚类图

　　首先我们从传统的聚类分析出发来看，图 3-7 将 12 位作者分为三大类（如
图 3-7 中虚线划分）：第一大类包括《科学计量学》（*Scientometrics*）杂志的三
位编辑 Moed 和 Narin，我们把这一类称为匈牙利学派；第二类包括三位荷兰
莱顿大学的学者，我们把这一类称为荷兰学派；还有四位在科学计量理论方面
有重要贡献的学者，我们把这一类称为基础理论学者群。这一分类与 White 给

---

① 　这里为了简便，未像 Zhao 那样进行最后的可视化，但不影响比较分析。

出的分类（基于皮尔逊相关系数的）完全一致，他也解释了这一分类结果的科学性。这从侧面说明本书提出的基于 Z 分数的欧几里得距离的平方的方法也是科学的。但是，我们在图 3-7 中也发现一个非常重要的问题：每个作者只能归属于一类，如 Narin 只能属于匈牙利学派，其他研究属性无法获知。换句话说，聚类分析所得结果过于绝对。另外，我们除了可以手动加入分类名称（图 3-7）外，作者的个性无法突显，不同方向之间的关系也很难观察出来。

而对于多维尺度分析的结果，我们可以看出其在分类中需要研究者具有非常好的鉴别力，要对研究对象有较为系统的了解。从节点距离来看，我们可以把这 12 位作者仍然分为三大类，如图 3-8 所示。MDS 有两个优势：一是作者和作者之间的相似性能够较好地表现出来。比如，Braun 和 Schubert 的距离非常近，说明他们两个的研究兴趣最为相似；另外，我们还可以看出 Narin 位居匈牙利学派和基础理论学者群中间，这说明其具有两个研究群体的属性，即他的研究方向是相对多样的。但是，MDS 也有问题，一是其分类对主观判断依赖太大，甚至有时导致不同的人有不同的划分；二是节点的一些个性无法显现。

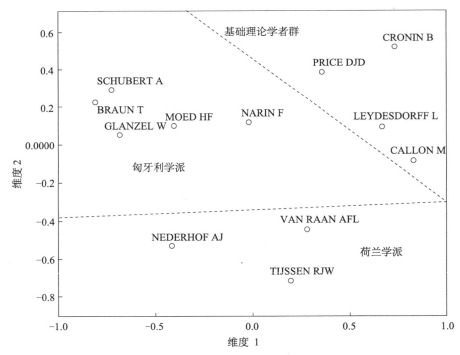

图 3-8　基于 AJR 数据的多维尺度分析图

注：标准化压力系数 =0.001 41，DAF=0.998 59

　　表 3-9 给出的因子分析结果按照在各个成分上的载荷，也可以分为三类
（见表 3-9 表头和虚线划分），因子分析有一个最大的特点就是能够一目了然地
了解每个学者在不同成分（研究方向）上的不同表现。比如，我们可以清楚地
看到 Narin 在匈牙利学派和基础理论学者群都有较大载荷，说明他在这两个方
向都有建树（这在 MDS 中也观察了出来）。但是，他也存在一些问题：一是
作者之间的相关关系很难看出来（如我们很难看出 Moed 与 Braun 的相似性），
更不用提不同研究方向直接的关系；二是其使用前提——满足正态分布可能会
引起学者的争议。

表 3-9　基于 AJR 数据的因子分析结果

作者	研究方向		
	1（匈牙利学派）	2（基础理论学者群）	3（荷兰学派）
SCHUBERT A	0.946		
GLANZEL W	0.930		
BRAUN T	0.913	-0.302	
MOED HF	0.876		0.284
NARIN F	0.688	0.601	0.324
PRICE DJD	0.320	0.920	
LEYDESDORFF L		0.914	0.255
CRONIN B	-0.300	0.849	
CALLON M	-0.410	0.732	0.322
TIJSSEN RJW			0.896
VAN RAAN AFJ		0.369	0.861
NEDERHOF AJ	0.473	-0.245	0.761

　　图 3-9 和图 3-10 分别是基于相对数据和基于绝对数据得到的 PFNET 图，
它们最大的优势是能够简化网络，只呈现作者之间最为关键的关系，看起来非
常清晰。但是他们的分类需要有较高的"技巧"：一是要对这些作者有很好的
了解，并且可按照线的粗细（作者之间的相似性）辅助进行群类鉴别。比如，
图 3-9 中对于 Narin，他与 Moed 之间的连线较与 Price 的连线粗，所以将其归
入匈牙利学派。这也在一定程度上反映出，Pathfinder 算法在分类方面还不够
"智能"。另外，我们从两幅图中也可以看出一些作者在多个研究方面的表现：
图 3-9 中的 Narin 在匈牙利学派和基础理论学者群两个方面都有连线；图 3-10
中 Narin 则在三个方面都有连线。因此，Pathfinder 已经比较贴近前文提及的

几个原则，但是还是不太完美。

图 3-11 是 Louvain 算法得到的分类结果，可以很明显地看到结果可以分为三类，与聚类分析等的结果是一致的。这种快速算法可以较好、较快地进行分类，但是我们可以看到这个图中连线过多，作者之间的关系被这些连线遮盖起来，很难辨清。所以，这种方法主要还是分类，其他一些方面的功能（主要针对前文提出的几个原则）要弱一些。

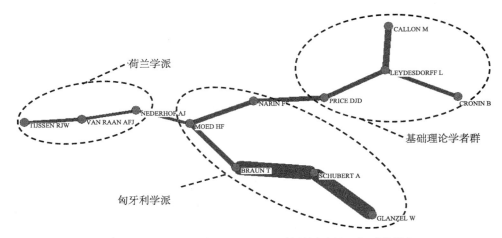

图 3-9　基于 AJR 数据的 Pathfinder 结果图（基于相对数据）

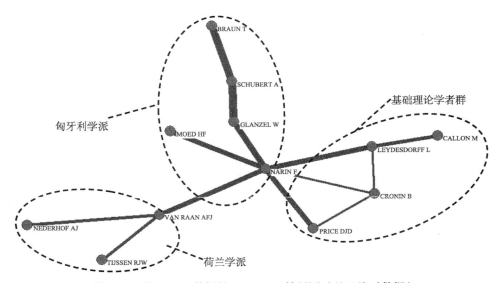

图 3-10　基于 AJR 数据的 Pathfinder 结果图（基于绝对数据）

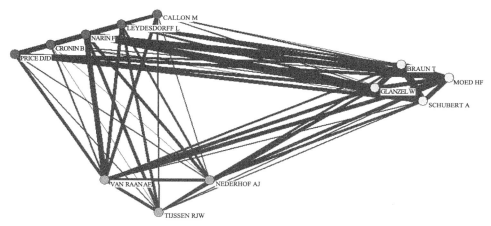

图 3-11　基于 AJR 数据的 Louvain 结果图（Res=1.2，Q=0.011，NC=3）

　　图 3-12 是基于相对相似性和聚类分析得到的结果，即本书 3.2.3 节中提出的方法，在这个图中，暂且不谈作者的被引次数（AJR 数据中未给出），我们可以看到结果分为三大类，这与其他方法是一致的。但是，这一方法较其他方法（除 Pathfinder 外），能够清晰地观测学者之间的主要关系，使得整个图看起来很清晰。而相较 Pathfinder，这个图又能够非常清晰、精准地进行分类，我们可以通过虚线及颜色知道每个学者的研究方向归类（圆圈表示方向名称）。另外，我们可以看到，Narin 和 Moed 这两位同属于匈牙利学派的学者分别与基础理论学派学者和荷兰学派学者有连线，这说明他们在两个方向都有所建树，事实上，Moed 本人就是荷兰莱顿大学的教授，与其他荷兰学者都是同一大学的同事，而Narin 则如前面因子分析和 MDS 分析中显示的，其的确是一位多面手。需要指出的是，由于这里学者人数较少，对于研究方向之间的关系观察得不是很全面。

图 3-12　基于 AJR 数据的基于相对相似性可视化结果图

　　图 3-13 是基于绝对相似性和 Louvain 算法得到的结果，这一结果具有图 3-12 的基本优点，不同之处在于这里只能观测出 Narin 在三个方面有所建树：也就是对 Narin 加以突显，而对于其他作者（如图 3-12 提及的 Moed）的

多样性没有体现出来。

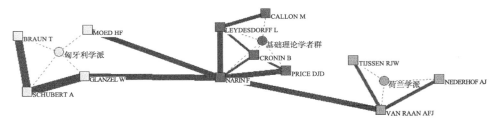

图 3-13　基于 AJR 数据的基于绝对相似性可视化结果图

从上面的比较来看，我们能够看到这里提出的两种方法相较其他方法更为全面、精准地反映了作者同被引的关系：吸取了一些方法的优点，解决了它们存在的问题，能够较好地实现本书 3.2.2 节中提出的各个原则，是较为理想的作者同被引可视化方法。

3.4　应用研究

我国图情学最近几年发展迅速，得到了更多的关注，为了更好地分析图情学的知识结构，掌握当前图情学研究的主要框架，下面利用前文提出的方法对其进行详细分析。

3.4.1　数据来源、处理与研究对象

数据来自中国社会科学引文索引数据库（CSSCI）中图书馆、情报与文献学 2009 ～ 2013 年这五年的数据。首先将这些数据下载下来，利用自编软件统计作者在这五年间的参考文献中出现的次数从而计算出每位作者的被引次数。由于 CSSCI 对于引文的著录只著录第一作者，所以这里将一篇文献的被引次数都集于第一作者。这里选择被引次数在 60 次以上的作者为高被引作者，共124 位，排除了一些机构作者（如中国图书馆协会等），并排除了档案学和文献学的一些作者，经过仔细核查后共有 93 位作者入围最后的研究对象。

利用程序为这 93 位高被引作者建立同被引矩阵，将对角线设置为"最大值 +1"。需要强调的是，这里只是考虑第一作者的情况。仍然从相对相似性和绝对相似性两个方面出发进行知识图谱的绘制。至于 Pathfinder、聚类分析及 Louvain 的设置可参见前文的相关章节，这里不再赘述。需要强调的是，对于 Louvain，一开始识别出九个分支领域，但是有一个分支领域只有一位作者（叶继元），根据对这位作者的了解，将其归入了最为相近的一个类别（即图书馆学基本理论 1，详见图 3-15）。

3.4.2　我国图情学知识结构分析

从图 3-14 可以看出，我国图情学这五年的研究主要集中在以下几个方面（从左到右）。

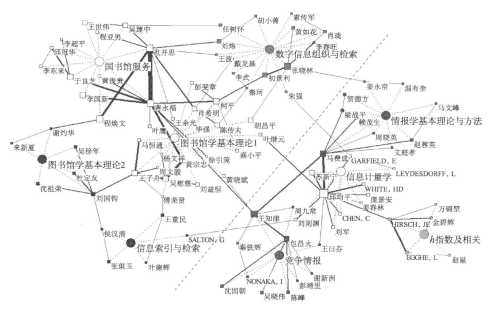

图 3-14　基于相对相似性的我国图情学知识结构（2009 ～ 2013 年）

（1）图书馆学基本理论 2。我们可以看到这里有六位学者，当前基本都不再活跃，但是他们的很多著作都广泛流传下来，影响了众多的图书馆学基本理论研究学者。我们也可以看到这个群体对图书馆服务、图书馆学基本理论 1、信息索引与检索都有一定的影响。从他们的论著来看，主要集中在图书馆基本构架、图书馆书目分类、图书馆发展等方面，是一个比较综合的研究群体。

（2）图书馆服务。这里集中了多位学者，其中多位都在图书馆担任领导职务，他们更多关注的是如何更好地实现图书馆的根本功能：服务大众知识汲取。他们发表了很多相关的文章，倡导学者更加关注图书馆如何服务大众这一根本性的问题。这些学者在图书馆基本理论方面也颇有建树，我们可以看到这一群体与图书馆学基本理论1有较大交集（图书馆学基本理论有多位学者与蒋永福、范并思有连线）。这一群体当前非常活跃，产出了众多成果，且多位学者通过多个渠道来宣传"服务为本"的理念，取得了良好的社会反响。

（3）信息索引与检索。这一方向学者并不是很多，他们的研究集中在传统的编目学和较为现代的信息索引方面，都是通过对信息（偏重于文献）的组织，使得人们更为方便地利用信息。这里有一位国外学者即在信息检索方面赫赫有名的Salton，信息检索界最高奖即以他命名。信息索引与检索在国外是图情学研究的重中之重（McCain和White曾指出其为图情学两大研究方向之一，占据半壁江山），但我们看到这一方向并未与数字信息组织与检索有过多交集，主要是其研究还是比较偏向于文献方面。

（4）图书馆学基本理论1。这是一个比较庞大的群体，这些作者在当前大多数都是非常活跃的知名学者。他们在图书馆学理论方面论著颇丰：既有多本专著，也有众多的学术论文。另外，我们可以看到这一方向学者与图书馆学其他几个方向的学者有较多交集，可见其研究具有综合性和辐射性。总的来看，这一方向与前面三个方向构成了图情学中图书馆学研究的主要阵营，在图3-14中用虚线将其与偏向于情报学的学者群分隔开。

（5）竞争情报。这一方向集中了较多作者，并且与企业知识管理紧密结合，如Nokaka是世界著名的企业知识管理研究专家。另外，这一领域的大多数作者也相对较独立，与其他领域有很少的交叉。这一领域是富有中国特色的情报学研究领域，在国外图情学领域几乎找不到相关研究，国外大多将其归于企业管理。

（6）数字信息组织与检索。随着联机共享尤其是互联网的发展，越来越多的数据服务是基于网络的。我国图情学界有很多学者投入到了数字信息组织与检索的研究中，他们的研究尤其集中在数字图书馆这方面。比如，对元数据、数字图书馆系统流程再造等，既有理论研究也有实践研究，在2000年左右逐渐兴盛起来，承担了多项相关国家项目，迄今仍然是研究热点之一。需要特别指出的是，数字信息组织与检索和信息组织与检索之间几乎没有任何联系，没有出现我们期待的继承和发展的关系，说明数字信息组织与检索和信息组织与检索研究的对象不同（一个是数字信息，另一个是纸质信息），研究方法可能也有较大差别。

（7）信息计量学。这一方向集中了较多科研人员，并且涉及的国外学者比较多，可以看出这是比较国际化的一个研究方向。信息计量在国外图情学中同样占据着重要比例，并且每两年都要举办具有广泛影响力的国际会议，在学术界得到了越来越多的关注。该方向的应用性较强，在知识图谱、学术评价、信息检索等方面都发挥着重要的作用。

（8）h 指数及相关。h 指数自 2003 年提出后便得到了广泛的认可，许多学者都投入了相关的研究，尤其是信息计量学学界的国内外学者提出了自己的见解并进行了改进（从图 3-14 中可以看到该方向与信息计量学研究方向最为相似），形成了较为庞大的 h 指数家族。h 指数既考虑了一个作者论文的数量，也考虑了其论文的质量，简单易懂，得到了较好的应用。当前 SCI 系统已经可以提供每个作者、机构等的 h 指数，大大促进了这一指数的推广，其已经成为与被引次数一样衡量作者影响力的重要指标。另外，从其发展来看，给我们的研究一个启示：信息计量的指标应该是简单科学的，而不应该是复杂难以理解的。虽然提出了各种指数，但是经过这么多年的发展，只有为数很少的指数被学术界广泛接受。这一现象值得我们深思。

（9）情报学基本理论与方法。一个学科的发展必须有理论和方法的支撑，并且这种理论和方法应该是该学科所独有的，所以该方面的研究是非常重要的。我国有一批学者坚持这方面的研究，获得了较多成果，进一步凝练了情报学的基本框架、规律、定理等，为情报学的科学发展奠定了扎实的理论基础。但是，在现实中，我们发现这方面的研究也有所淡化，很多学者尤其是年轻学者偏爱于做定量化研究，对于现象背后的原因一般涉及的较少，这实质上不利于学科发展，需要学术界给予重视。

从以上分析来看，我国图情学主要由九个方向构成，这九个方向又可以分为两大阵营，偏向图书馆学的研究（图 3-14 中虚线左边）和偏向情报学的研究（图 3-14 中虚线右边）。

图 3-15 是基于绝对相似性得出的我国图情学知识结构，和图 3-14 相似之处在于：一是整个学科可以分为两大研究阵营——偏向图书馆学的阵营和偏向情报学的阵营；二是在大部分分类中两者都可以对应。但是两者也有一些差

别，①图 3-15 中出现了知识管理这一单独的研究方向，虽然只包括四位作者（柯平、陈传夫、肖希明、盛小平）。②传统的信息组织与检索没有像图 3-14 中那样单独出现，而是归并到情报学基本理论与方法（如侯汉清、张琪玉）和图书馆基本理论与方法（如叶德辉和王重民）。③图 3-14 中的 h 指数及相关与信息计量合并，归结到图 3-15 中的科学计量学这一大的研究方向。④一些学者的分类有所差别，导致一些类别中包含的作者个数发生了一定的改变，但是变化不是很大（表 3-10[①]）。由此可见，这两种所得的结果还是有一定的差别，从总体趋势来看，基于绝对相似性所得分类较为综合（除了知识管理这一方向），而基于相对相似性得到的分类较为精细。

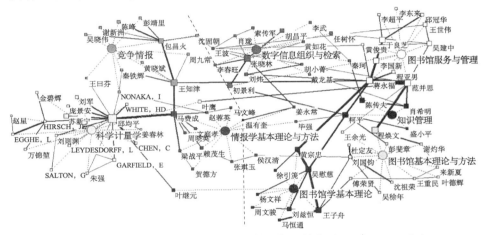

图 3-15　基于绝对相似性的我国图情学知识结构（2009～2013 年）

表 3-10　两种方法所得分支研究领域作者个数分布情况

研究方向	相对相似性	绝对相似性
图书馆服务与管理	12	11
图书馆基本理论与方法	26	21
信息组织与检索	<u>5</u>	0
数字信息组织与检索	14	14
知识管理	0	<u>4</u>
情报学基本理论与方法	10	13
竞争情报	11	12
科学计量学	15	18

注：数字下面有横线表示每种方法所独有的分支领域。

———————

① 对于一些方向进行了合理归并，如图书馆学基本理论的几个方向统一为图书馆基本理论与方法。

3.5　本章小结

作者同被引关系的研究一直是信息计量学领域的研究热点，得到了广泛关注。本章较为系统地研究了作者同被引这一特殊的作者之间的隐性关系，主要从"基本问题""新可视化方法原理""信息可视化方法与传统方法的比较""应用研究"四大方面进行探讨，并得出了一些有益结论与启示。

（1）作者同被引研究对象当前主要还是利用作者的被引次数来确定，但是可以通过咨询专家并结合自身对学科领域专家的了解适当增加或减少入选作者。这步看似简单，但实质上是最为基础和关键的一步，只有选择合适的研究对象才能进行进一步深入挖掘和分析。

（2）作者同被引关系矩阵的建立有对称和非对称两种，非对称形式可以转化为对称形式，一般情况下我们采用对称形式来构建作者之间的同被引关系矩阵。

（3）作者同被引强度的计算有"纯第一作者同被引""纯同被引""只考虑第一作者同被引""包含性全作者同被引""排除性全作者同被引"五种情况，使用何种方式要考虑数据的可获取性（如 SCI 只能做前三种情况）及研究背景（如中国更注重第一作者）等。

（4）相似性算法的选择是一个有较大争议的问题，本章建议使用"基于 Z 分数的欧几里得距离的平方"作为作者之间相似性的计算方式。这一算法可以在聚类分析、多维尺度分析中方便实现，从而实现程序的统一性。另外，这一转化可以直接应用在 Pathfinder 算法中，实现了两者的无缝对接。

（5）本章提出了两种新的可视化方法：一种是基于相对相似性的方法（聚类分析 +Pathfinder，基于 Z 分数的欧几里得距离的平方），另一种是基于绝对相似性的方法（Louvain+Pathfiner，基于原始数据）。两种方法从不同的视角构建了学科知识结构挖掘和可视化的新途径。我们对其基本原理和流程进行了阐述，并与当前常用的其他学科知识结构挖掘与可视化方法进行了比较，既证明了本章提出方法的可行性也证明了它们的科学性。

（6）本章最后利用新方法对我国图情学学科的知识结构进行了分析，详细阐述了我国图情学的主要研究方向。与此同时，分析了两种方法的共同性和差异性。初步来看，基于相对相似性的方法所得结果比较精细，基于绝对相似性的方法所得结果比较综合。当然，这一结论还需要更多不同学科数据的检验。

第4章 基于作者耦合关系的学科知识结构研究

作者耦合关系建立在文献耦合关系基础上，是两位作者同时引用相同文献（一篇或者多篇）的一种现象。文献耦合自 1963 年被正式提出后 [1] 便得到了广泛关注，已经在分析学科前沿、信息检索方面发挥了重要作用 [2][3]。但是，不如作者同被引分析和文献同被引在实践中的发展，作者耦合关系的研究相对滞后很多。在很长一段时间内，作者耦合关系还停留在一些文献计量学或者科学计量学专著中的理论探讨上 [4]，实证和应用研究缺乏。第一次对作者耦合关系进行系统化研究的是 Zhao 和 Strotmann [5]，他们通过实证研究证实作者耦合分析能够发现一个学科的知识结构。随后，Rousseau [6] 则初步探讨了作者

① Kessler M M. Bibliographic coupling between scientific papers ［J］. American Documentation，1963，14（1）：10-25.
② Jarneving B. Bibliographic coupling and its application to research-front and other core documents ［J］. Journal of Informetrics，2007，1：287-307.
③ Morris S A，Yen G，Wu Z，et al. Time line visualization of research fronts ［J］. Journal of the American Society for Information Science and Technology，2003，54（5）：413-422.
④ 邱均平. 信息计量学 ［M］. 武汉：武汉大学出版社，2007：406-407.
⑤ Zhao D，Strotmann A. Evolution of research activities and intellectual influences in information science 1996-2005：Introducing author bibliographic-coupling analysis ［J］. Journal of the American Society for Information Science and Technology，2008，59（13）：2070-2086.
⑥ Rousseau R. Bibliographic coupling and co-citation as dual notions ［A］// Larsen B. The Janus Faced Scholar. A Festschrift in Honour of Peter Ingwersen ［C］. Special Volume of the e-Zine of the ISSI，2010：173-183.

耦合强度的计算方式，提出了简单耦合强度和相对简单耦合强度两种算法。而 Leydesdorff 也在个人网站上发布了一个关于作者耦合分析的软件，使用了乘积算法来计算作者耦合强度[①]。笔者也就这一问题进行了深入研究[②]，首次探讨了全作者情况下作者耦合分析在学科知识结构挖掘中的应用，比较了不同耦合强度的优劣势，证实最小值是最佳的作者耦合强度计算方式；与此同时，指出作者耦合分析相对作者同被引分析在学科结构挖掘中更具"综合性和具体性"且"能够发现一个学科的前沿知识结构"。随后，很多应用涌现出来，对不同学科或者领域进行应用研究[③~⑥]，推动了作者耦合分析的深入发展。

作者耦合分析逐渐成为信息计量学领域的一个热点，但是仍然有不少问题需要解决——当前该方面不像作者同被引分析那么成熟，还处于起步阶段。本章就是在国内外研究的基础上，继续系统化探讨作者耦合关系在学科知识结构发现中的系列问题，如基本原理、不同数据库下耦合强度算法选择、不同数据挖掘方法在作者耦合分析中的优势与劣势、作者耦合分析相对作者同被引分析到底揭示的是什么样的知识结构、作者耦合分析应用中存在的问题及如何解决等。需要强调的是，当前虽然已有一些相关研究，但是基本都是基于 Web of Science，而利用中文数据来源进行的实证研究还很欠缺，我们将利用 CSSCI 对作者耦合进行系统性探究。

4.1　作者耦合分析的基本问题

作者耦合关系并不是一种的新的关系，早已存在，然而我们对其并没有太

① Leydesdorff L. Bibcouple [EB/OL]. http://www.leydesdorff.net/software/bibcoupl/index.htm [2015-6-2].
② Ma R. Author bibliographic coupling analysis: a test based on a Chinese academic database [J]. Journal of Informetrics, 2012, 6 (4): 532-542.
③ Wang Q, Sandström U. Defining the role of cognitive distance in the peer review process with an explorative study of a grant scheme in infection biology [J]. Research Evaluation, 2015, 24 (3): 271.
④ Ni C, Sugimoto C R, Cronin B. Visualizing and comparing four facets of scholarly communication: producers, artifacts, concepts, and gatekeepers [J]. Scientometrics, 2013, 94 (3): 1161-1173.
⑤ 李国俊, 肖明, 邱小花, 等. 作者引文耦合分析可视化研究 [J]. 图书情报工作, 2012, 56 (12): 81-84.
⑥ 王知津, 周鹏, 谢丽娜. 用 ABCA 方法识别和阐释我国当代情报学研究领域 [J]. 情报学报, 2013, 32 (1): 4-12.

多系统的研究。即使有一些研究，也主要是从应用角度来进行，对其原理还没有进行系统思考与研究。为了更好地理解这一关系，我们从五个方面对其进行系统阐述。

4.1.1　作者耦合分析的技术路线

由于作者耦合分析和作者同被引分析都是基于相似性矩阵，所以它们的技术路线是基本相同的，即"选择研究对象→构建作者耦合关系矩阵→进行数据挖掘和可视化→结果解释"四个基本步骤。对于"选择研究对象"，我们知道作者耦合关系是基于发文视角而建立的一种作者之间的研究方向相似性关系，这与作者同被引关系这种完全基于引文视角的关系有很大区别，具体的选择方式将在本书 4.1.2 节中详细展开。构建作者耦合关系矩阵看似简单，但是我们知道当前几乎所有的数据库（中外文）对于发文都对所有作者进行了著录，而这为我们进行全作者研究提供了可能，所以相对作者同被引，作者耦合考虑全部作者的情况变得更为现实，具体算法将在本书 4.1.3 节中展开。数据挖掘和可视化方法从理论上来讲可以借鉴作者同被引方法，即采用第 3 章中提出的两种数据挖掘和可视化方法进行，但是由于作者耦合受到比作者同被引更多的影响（详见本书 4.1.4 节），所以到底选择什么样的方法还需要进一步探讨和检验。

4.1.2　研究对象的选择方式

作者耦合分析研究对象的选择要从作者耦合关系的基本原理出发，作者耦合关系的定义为"两个作者同时引用其他文献的现象"，所以，其研究对象的选择就要考虑作者的影响力，也要考虑作者的发文数（作者的活跃性）。首先，拟选定的作者应该是当前仍在活跃的学者，如果发文量很少，那么他与其他作者发生耦合关系的可能性非常小，即与其他作者的耦合强度很有可能都为零（或者很小的数字），这样对其进行研究的意义便不是很大。但是，发文毕竟只能代表一个作者的活跃程度，还无法代表其影响力。所以，还需要考量这些作者的影响力。实质上，顺着这样的思路，我们可以利用 h 指数这一计量指标来实现作者的遴选。但是，当前的很多研究 [1]~[4] 都表明，对于人文社会科学，h 指数对作者的区分度不是很高：一是作者的 h 指数比较小；二是很多作者之间的 h 指数都相同。所以，基于这样的考虑，我们这里采用以下两步来确定：首先筛选在一定时间段（研究时段）一定发文阈值以上的作者作为初步入选者（阈值确定可以根据不同学科设定不同的绝对值，也可以根据比例设定，如发文排在前 1% 等）。在此基础上，计算这些初步入选作者的被引次数，设定一定的阈值，将阈值以下的作者去除，保留满足条件的作者，即既有一定的发文又有一定的被引次数，这种方式很类似于 h 指数但是又具有一定的灵活性。

在这种思路下，我们需要计算作者的发文数和作者的被引次数两个指标数据。结合当前的主流数据库——国外的 Web of Science 和国内的 CSSCI，对发文的全部作者都进行了著录，而在引文中则只著录第一作者。基于这样的现实，对于发文我们可以用第 3 章表 3-1 给出的计算方式来进行荣誉分配，从而计算出每个作者的发文数（具体在本书 4.1.3 节中阐述）。而被引次数则只能计算他们以第一作者身份出现在参考文献中的次数。

4.1.3　作者耦合强度的算法

作者耦合强度的计算涉及两个方面的问题：一是是否考虑多作者；二是对于参考文献中重复文献的取值方式。结合 Zhao 和 Strotmann、Rousseau、Leydesdorff 等的研究，也为了便于理解，下面就第二个问题进行讨论。表 4-1 给出一个例子，这里涉及两个作者 A 和 B，以及这两位作者引用的参考文献。其中 a_1、a_2……代表参考文献，括号内为这些参考文献出现的次数。比如，a_1（3 次）表示作者 A 引用了 a_1 这篇文献三次。与同被引相似，这里也采用"最小值作为两篇文献相似度的度量方式，因为这种方式既不夸大也不缩小他们

① Bornmann L，Daniel H D. Does the h-index for ranking of scientists really work? ［J］. Scientometrics，2005，65（3）：391-392.

② Costas R，Bordons M. The h-index：advantages，limitations and its relation with other bibliometric indicators at the micro level ［J］. Journal of Informetrics，2007，1（3）：193-203.

③ Alonso S，Cabrerizo F J，Herrera-Viedma E，et al. h-index：a review focused in its variants，computation and standardization for different scientific fields ［J］. Journal of Informetrics，2009，3（4）：273-289.

④ 朱惠，邓三鸿，杨建林. 我国图书情报学领域博士生导师 H 指数分析 ［J］. 图书与情报，2013，153（5）：57-66.

之间的相似性，是一种比较科学的度量方式[①②]。那么，对于作者 A 和 B，他们之间共有 3 篇共同参考文献——a_1、a_2、a_3，我们取它们分别出现在 A 和 B 之间次数的最小值并求和便得到 A 和 B 的耦合强度：min（3，4）+min（2，2）+min（3，1）=3+2+1=6。

表 4-1　作者耦合关系示例

作者	参考文献
A	a_1（3次）、a_2（2次）、a_3（3次）、a_4（2次）、a_5（1次）
B	a_1（4次）、a_2（2次）、a_3（1次）、a_6（1次）

弄清楚耦合强度取值算法的情况后，下面讨论多作者情况。当前处理方式主要集中在如下几个方面：一是考虑所有作者；二是只考虑前几位作者；三是只考虑第一作者。

对于所有作者，我们乍一看可能会使用第 3 章表 3-1 的荣誉分配进行。在此方案中，前两种 NC 和 FC 都是考虑所有作者贡献相同的情况，一种是每人都赋予 1 的权重，另一种是每人都赋予 1/N 的权重，PC 和 A-PC 则是考虑作者贡献不同的情况，前者使用" $W_i = A_i / \sum_{i=1}^{N} A_i$ ，其中 $A_i =$ （N+1-i）/N，i 为作者所处的位置"来计算，后者则又进行修正，将第一作者和通讯作者同等对待。但事实上我们这里可能会陷入一种误区，即用表 3-1 中的荣誉分配来进行作者耦合强度的计算。之所以称其为误区是因为作者耦合强调的是两个作者共同引用参考文献的这种现象，度量的是两个作者之间研究兴趣的亲密性或者一致性，而作者在一篇合作论文中的位次对于他们共同引用参考文献来说没有任何影响。比如 A 和 B 合作一篇文献（参考文献为 a_1、a_2、a_3），C 和 D 也合作一篇文献（参考文献为 a_1、a_2、a_3、a_4），那么 A 和 C、B 和 C 的耦合强度都是 3，而不会按照表 3-1 给出的荣誉分配方式进行计算。但是，由于存在合作，那么在计算耦合强度的时候会面临这样一个现实问题："两个作者合写论文的

---

① Ma R. Discovering and analyzing the intellectual structure and its evolution of LIS in China，1998-2007［J］. Scientometrics，2012，93（3）：645-659.

② 还有其他两种算法：一种是传统算法，即不考虑参考文献出现几次，都视为 1 次，并取两个作者参考文献的交集为他们之间的耦合强度。比如，表 4-1 中，A 和 B 的耦合强度为 1+1+1=3，很显然这种算法缩小了他们之间的相似性。还有一种算法是，考虑参考文献出现次数，取它们之间的乘积作为最终的耦合强度，Loet Leydesdorff 开发的软件中使用的就是这一算法（参见：Leydesdorff L. Bibcouple［EB/OL］. http：//www. leydesdorff. net/software/bibcoupl/index. htm［2015-6-2］）。比如，表 4-1 中，A 和 B 的耦合强度为 3×4+2×2+3×1=19。很明显，这一强度夸大了两个作者之间的相似性。对于他们之间的比较实证研究可参见：Ma R. Author bibliographic coupling analysis：a test based on a Chinese academic database［J］. Journal of Informetrics，2012，6（4）：532-542.

参考文献是否计入他们的耦合强度中去？"比如，两个作者合写了一篇综述，参考了 50 篇论文，那么他们的耦合强度最少是 50。事实上，如果考虑这种情况，毫无疑问会夸大他们之间的相似性，即 50 并不能确切度量他们之间的相似性，这一数值很容易"人为控制"，所以基于这样的考虑，对合写论文的参考文献要排除在外。

所以，我们这里只能用到 NC 和 SC 两种情况，NC 用来处理多作者合作情况，而 SC 用来处理只考虑第一作者情况。这里需要强调的是，对于 SC，不存在考虑合作论文的情况，算法相对简单。下面给出一个案例对这两种算法进行简单演示，以期对它们有更好的理解，具体如表 4-2 所示。

表 4-2 多作者和只考虑第一作者情况下作者耦合强度示例

作者	参考文献
A，B	a_1、a_2、a_3、a_4
B，C	a_1、a_2、a_3
A	a_1、a_2

在表 4-2 中，对于作者对 A 和 B，他们有合作论文，也有独立撰写论文（包括与其他作者的合作）。为了方便程序的统一性，首先计算 A 和 B 的参考文献情况。首先考虑全作者情况，对于 A，其参考文献集合为 $\{a_1(2)，a_2(2)，a_3(1)，a_4(1)\}$；对于 B，其参考文献集合为 $\{a_1(2)，a_2(2)，a_3(2)，a_4(1)\}$。那么根据最小值算法，A 和 B 初步的耦合强度应该为 2+2+1+1=6，但是考虑到他们有合作的情况，所以这种情况要排除，即需要减去 A 和 B 合作论文的参考文献数量，这里为 4，那么最终 A 和 B 的耦合强度为 6-4=2。其次，我们考虑第一作者情况，对于 A，其参考文献集合为 $\{a_1(2)，a_2(2)，a_3(1)，a_4(1)\}$；对于 B，其参考文献集合为 $\{a_1(1)，a_2(1)，a_3(1)\}$。同样根据最小值算法，A 和 B 的耦合强度为 1+1+1=3。

4.1.4 作者耦合与作者同被引的差异

作者耦合与作者同被引不仅仅是概念上的差别，而且包含更深层次的不同，主要表现在以下几点。

（1）反映的作者之间的关系不同。作者同被引反映的是两个作者同时被引用的关系，这种关系是由其他作者决定的，表示的是两个作者之间一种被动、间接关系。而作者耦合反映的则是两个作者同时引用其他文献的关系，这种关系由这两个作者决定，表示的是两个作者之间的主动、间接关系。需要注意的是，这里的间接是指这两种关系并不是直接发生在两个作者之间，而是通过其他纽带建立的。

（2）关系建立的容易性不同。作者同被引受第三方选择，很明显，第三方有很多。在这种情况下，作者之间建立同被引的概率比较大。举个极端情况，如果两个作者都是一个领域的权威，那么他们两个可能被领域所有其他论文都同时引用，我们可以想象他们之间同被引强度之大。而耦合关系的建立不一样，它们之间的建立完全靠两个作者的高度默契：要在大量的文献中找到同样的文献加以引用，这样大大降低了两者之间关系建立的概率。所以，从理论上来讲，作者同被引关系的建立要比作者耦合关系的建立容易，甚至容易很多。

（3）强度的变化程度不同。首先，作者同被引与作者耦合都会随着时间的变化而改变，也就是说他们的关系是动态的，这与文献同被引和文献耦合是不一样的（两者关系一旦确立，都不会随时间发生改变）。作者同被引可能随着时间的增长逐渐增长，甚至有可能有较大的增长。而作者耦合一旦两个作者都不再活跃，那么他们的关系也就固定下来不会再改变。即使一个作者仍旧活跃，而另一个作者不太活跃，他们之间的耦合强度可能也不会有很大幅度的增长。

（4）前面三者的不同导致对它们研究方法选择上的不同。从理论上来讲，作者耦合关系矩阵可能相较作者同被引矩阵要稀疏，可能存在大量的 0 模块，即使有数值，可能不是很大，并且有可能与很多作者的耦合强度都是相同的，在这种情况下，可能就要在研究对象选择、数据挖掘和可视化方面另辟蹊径。比如，要把那些区分度不够的（含关系特别稀疏的，如只与一个作者有关系）这些作者排除掉。所以，相较于作者同被引，在对作者耦合关系进行挖掘的时候需要更为谨慎。

4.1.5　作者耦合影响因素分析

正如前文所讲，作者耦合这个概念并不是一个新概念，但是为什么一直没有很多的关注，这值得我们深思。而要回答清楚这个问题，需要仔细考虑影响作者耦合形成的因素。下面从四个方面展开分析 ①。

（1）定义的严格。这一影响因素可能是负面的影响，会从根本上拉低两个作者的耦合强度。我们知道，"两个作者耦合是指同时引用文献的现象"，这一定义包含两个要素：一个是发文，另一个是参考文献交集。一方面，一个作者如果没有一定数量的发文，那么很可能这些论文的参考文献集合就很小，这样与其他作者参考文献集合发生交集的可能性就变低。另一方面，即使一个作者发文较多，参考文献也较多，但是其参考文献大多数都比较特殊，这样也很难与其他作者的参考文献发生交集。在这种背景下，两个作者必须同时满足两个条件才可能有较高的耦合强度：一是两人都有较高的发文量（更准确地说是，两人都有较大的参考文献集）；二是两人必须有较为一致的研究兴趣，参考文献集合中也要有一定数量的共同文献。由此可见，作者耦合并不是很容易实现的。

（2）作者个人引用行为的影响。前面已经讲到参考文献集合在确定两个作者耦合强度时至关重要，而参考文献集合主要是由作者个人引用行为决定的。有的作者功底深厚，对文献掌握很全面，那么就可能引用大量的相关文献，而有的作者则只是引用一些手头文献，那么其引用量就有一定局限。有的作者偏爱于经典文献，有的作者则对新文献感兴趣，那么他们之间参考文献集合有"时间差"，也很难有较大交集。我们知道，引用行为是很难控制的，甚至有时候带有一定的随机性和主观性，而这些都会很大程度地影响两个作者之间的耦合强度。

（3）外部环境的影响。除了原理和个人引用行为这些内在因素的影响外，两个作者之间的耦合强度还受到外部环境的影响。主要表现在：一是获取文献资源的难易性方面。虽然当前数字信息资源普及程度大大提升，开放存取也逐渐兴旺，但是受到经济条件的限制，每个学者所处的科研环境还是大不一样的，一些学者获得资源比较方便，另一些学者则较难获得各种学术资料，这也会影响参考文献的分布情况。二是学科环境的影响。有的学科比较大，期刊众多，作者参考选择的余地较大。而有的学科比较小，期刊较少，作者参考选择的余地就小。这种学科的影响也直接导致不同学科的作者耦合强度有差别。

---

① 马瑞敏，倪超群. 作者耦合分析：一种新学科知识结构发现方法的探索性研究［J］. 中国图书馆学报，2012，（2）：4-11.

4.2　两种不同情况下作者耦合强度算法比较研究

本书 4.1.3 节给出了两种不同情况——考虑多作者和只考虑第一作者的算法原理。事实上，多作者和单作者的算法必然会对作者的遴选、作者之间的耦合频次产生影响，这是显而易见的也是经过充分论证的[①~③]。那么，我们现在考虑更多的是，不同算法对于结果解释到底有多大的影响，即这两种算法是否会导致结果有很大的异同。针对不同结果，我们下一步应该怎样来合理科学地运用这两种算法？

4.2.1　数据说明

为了回答上面的问题，根据被引次数和发文篇数挑选出 27 位当前活跃着且影响力大的图情学者（在 2009 ~ 2013 年这五年间，发文在五篇以上且被引次数在 100 次以上的作者），这样能够更为清晰地观察结果的变化。需要强调是，作者遴选的时候只是考虑了作者作为第一作者发表论文和被引次数情况，否则，不同遴选标准导致研究对象不一致，这样，结果解释起来会非常困难。所以，在这里需要强调的是，我们关注的是两种算法对耦合关系的影响，并不考虑对研究对象遴选的影响。

对于数据处理，一是对这 27 位作者进行耦合关系矩阵的建立，即建立全作者情况下耦合关系矩阵和第一作者情况下耦合关系矩阵。二是利用 Pathfinder 算法对它们进行挖掘并利用 Pajek 进行可视化。需要注意的是，由于 Pathfinder 算法要求输入数据为非相似性数据，所以要对耦合数据——相似性数据进行求倒数运算，当然，为了观察方便，在得到 PFNET（∞，$n-1$）后（即利用 Pathfinder 得到的简化网络），我们可以再次反向求倒数得到原本的耦

① Persson O. All author citations versus first author citations [J]. Scientometrics, 2001, 50 (2): 339-344.
② Eom S. All author cocitation analysis and first author cocitation analysis: a comparative empirical investigation [J]. Journal of Informetrics, 2008, 2 (1): 53-64.
③ Tscharntke T, Hochberg M E, Rand T A, et al. Author sequence and credit for contributions in multiauthored publications [J]. PLoS Biology, 2007, 5 (1): e18.

合关系简化网络。三是适当手动拖动度数为 0 的作者，以便更清晰地观察结果。在结果中，线的粗细表示耦合强度的强弱——线越粗表示两个作者之间的耦合强度越高，反之亦然。

4.2.2 不同算法的比较分析

图 4-1 和图 4-2 分别给出了全作者情况下和第一作者情况下的可视化结果。从这一结果来看，他们之间有以下一些联系和区别：①首先从统计学意义来看，通过 QAP 检验，两个矩阵之间的相关性为 0.883（$p=0.000$），这表明两种情况下作者之间的耦合强度是高度相关的，具有显著的统计学意义。②作者之间的耦合强度的确有了一定改变，我们可以看到，全作者情况下作者耦合强度比第一作者情况下明显增强（作者之间的线更粗），这是由本身算法所决定的，这里只是通过可视化将这一差别凸显。尤其，我们可以看到，在全作者情况下孤点有 8 个，而在第一作者情况下孤点增加至 9 个，也就是说，全作者情况下不仅仅增加了作者之间的既有耦合强度，而且增强了网络的联通性。③作者之间的关系也发生了一定的改变，在全作者情况下，刘兹恒是一个重要的联结者，即把他去掉以后，整个结果网络会被分割成两个网络，而在单一作者情况下，他不再担任这一角色（很明显，他不再与陈传夫有连线）。④不论是全作者情况下还是第一作者情况下，整个网络都可以分为三个部分——偏向情报学研究的群体、偏向图书馆学研究的群体和偏向竞争情报研究的群体，并且每个群体的成员都没有变化，只是群体内部个别作者之间的关系有了一些改变。

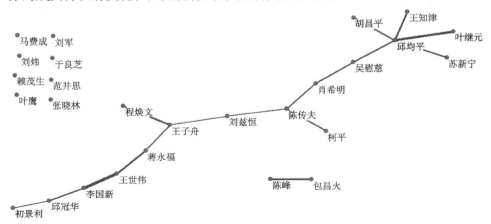

图 4-1 全作者情况下的 PFNET（∞，n-1）结果

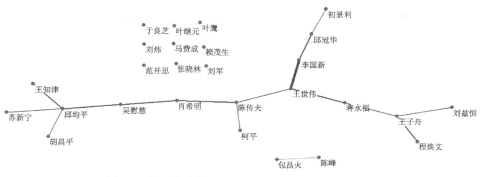

图 4-2　第一作者情况下的 PFNET（∞, n-1）结果

所以，我们在利用作者耦合关系进行学科知识结构分析时，在数据来源允许的情况下，尽量使用全作者情况，这样得到的结果更为合理和科学。但是，在数据来源不允许的情况下，也可以使用第一作者情况，因为从结构来看，这两种算法得到的结构并没有太大的变化，只是每个分支内部个别作者的位置有了改变。这里需要强调的是，当前，我国尚没有向研究者充分开放的数据库可以方便地进行全作者情况下的分析：都是仿照 SCI 和 SSCI 著录格式，在索引参考文献时只著录第一作者。但是，这种情况是建立在"当前活跃的重要作者"这一遴选研究对象的准则基础上，如果放宽这一条件，只是研究"当前活跃作者"，那么几乎所有的学术数据库都可以满足全作者情况：所有学术数据库对来源文献的全部作者都进行了著录。

4.3　实证与应用研究

本书 4.2 节中我们利用小样本对两种算法进行了比较分析，下面我们利用作者耦合分析对我国图情学知识结构进行分析。一个学科的知识结构可以由不同的方法得出，这里主要是与最为经典的——作者同被引分析进行比较。所以，在后文中，我们既借助作者耦合关系来分析图情学的知识结构，也试图来比较分析作者耦合与作者同被引在发现学科知识结构方面的异同点。

4.3.1　数据来源与研究对象

数据仍然来自 2009 ～ 2013 年这五年间 CSSCI 中图情学数据，仍然是从被引次数和发文数两个方面进行了考量，即突出"当前活跃的重要作者"这一原则。这里设定的遴选条件为：发文多于 10 篇且被引次数多于 20 次，或者发文在 5 ～ 10 篇且被引次数多于 50 次，只要符合其中一条便可入选。共有 105 名作者符合条件。

需要注意的是，这里只是使用第一作者情况进行分析，这是因为：一是在计算作者被引次数的时候就是利用的第一作者，而不是全作者。二是在本书 4.3.4 节中要与作者同被引分析进行比较分析，而作者同被引分析作者的遴选最佳选择是只考虑作者的被引次数，而对于 CSSCI，被引次数只能按照第一作者计算。所以，为了更好地比较两种不同的方法，这里只考虑第一作者情况。最后需要强调的是，既然被引次数只考虑第一作者，在发文方面也只考虑第一作者。但是，我们在进行作者耦合关系建立时，采用的是全作者情况，即考虑这些当前活跃作者作为非第一作者的情况。这两者并不冲突，前者只是为了遴选作者（在前面章节我们也讲到，遴选作者的方式很多，其中还包括通过专家咨询附加一些作者，比较灵活），而后者是为了建立他们之间的耦合关系。

4.3.2　数据处理方式

在得到研究对象后，利用程序进行作者耦合关系矩阵的建立，即建立了 105×105 的矩阵，删去那些与其他作者没有任何联系的作者，以及与其他作者虽有联系但是最大耦合值只有 2 的作者，共 33 名，最后形成 72×72 的矩阵。由于作者耦合分析是一个比较有探索性的领域，我们并没有使用第 3 章提出的新可视化方法，而是使用几种较常用方法进行分析，这里关注的重点放在结果分析和比较上。基于这样的考量，后文既使用聚类分析、因子分析、MDS 三种处理共现比较传统方法，也使用 Pathfinder 这一数据缩减方法和社团发现中比较成熟的方法——Louvain 社团发现算法。这样，我们便可以从方法层次对作者耦合分析所得结果进行比较分析，以期对一些更为细节的方面（如前面所述，我们对于方法的选择应该更为谨慎）进行整体的把握。

对于聚类分析，聚类方法这里使用 Ward 方法，距离转化方法为欧几里得距离的平方，标准化方法为 Z 分数；因子分析使用主成分抽取的方式，旋转方式为最大方差法，成分确定的方式为特征根大于 1 的所有因子，载荷因子只显示大于 0.3 的值；对于 MDS，距离测度方式仍然为欧几里得距离的平方，标准化方法也仍为 Z 分数，数据的属性设置为次序变量，且勾选 Untied observations 选项。对于上述三种方法，对角线都设置为"每一行最大值 +1"来突显自己与自己的相似性（理由在第 3 章已经进行了论述，此处类同）。而对于 Pathfinder 和 Louvain 则不考虑对角线的数值（对于该算法，对角线的值没有意义），但是对于 Pathfinder 还是首先要将矩阵中的数据进行求倒数处理，使其符合该算法对初始数据属性的要求，而 Louvain 则不需要这样的转化。

4.3.3　我国图情学知识结构的具体分析

首先按照聚类分析结果来看（图 4-3），从最外面一条分割线来看，整个图情学学者被分为两个大的群体，即偏向图书馆学基本理论研究的群体和偏向情报学基本理论与方法研究的群体。结合实际情况，总的来看，这种划分是符合实际的，界限也是非常清晰的。可能有人发现个别作者的归属似乎不是很符合实际，但通过原始数据来看，这些作者往往是横跨图书、情报研究领域的重要作者，如吴慰慈先生，图 4-3 划分其在情报学领域，主要是因为他在信息资源管理方面也颇有建树。以虚线这一分割线来看，可以分为六个大的分支领域，分别为图书馆基本理论、图书馆服务、图书馆知识管理、情报学理论与方法、竞争情报、信息组织与服务。但是，我们发现这样一个问题：根据作者耦合分析，每个大的分支领域内部并不能特别清楚地划分：有些作者的划分可能并不是很符合"实际"，比如包昌火和彭靖里按照我们的认知，应该划分到竞争情报类别，但是图 4-3 将他们划分在不同群体中。这可能是聚类分析算法的问题，还需要进一步观察。

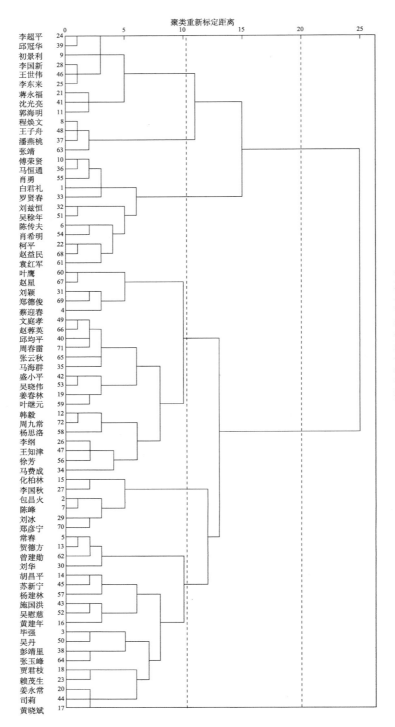

图 4-3　我国图情学作者耦合关系聚类图

使用因子分析时，为了与聚类分析的结果更好地比照，这里设定因子个数也为 6。但是需要指出的是，累积解释方差只达到 42.995%，从这一指标来看，图情学的研究方向并不是很集中（虽然这里强制分为六类），作者之间的差异比较大，尚未形成较大的研究群体，相对比较分散。因子分析得到的六个方向分别为（表 4-3）：情报学基本理论与方法、图书馆知识管理、图书馆服务、图书馆学基本理论与服务、信息计量、信息组织。很明显，通过因子分析，我们可以很好地观察到一些作者研究的多面性。比如，邱均平在情报学基本理论与方法和信息计量两个群体上都有较大的因子载荷，说明他在这两个方面都有建树。

但是，我们也观察到有些作者在一些因子上的分布有些异常，分为两种情况：一是有些作者在其他因子载荷有较小的载荷，在归属因子上是负载荷。比如，包昌火在图书馆学基本理论与服务的载荷为 −0.552（归到此类），在图书馆知识管理的载荷为 0.151。二是有些作者在所有因子载荷上都是负载荷，比如，陈峰虽然划分在信息组织内，但是其载荷为 −0.442，在其他因子上载荷也为负。这两类作者的分类按照当前的划分不是很科学，应该归属到其他类。通过与图 4-3 比较，表 4-3 中缺少一个类别"竞争情报"，而这些分布异常作者大多数都可以归到此类中，如化柏林、李国秋、刘冰、郑彦宁、陈峰、包昌火甚至杨建林。

另外，表 4-3 中有"信息计量"这样一个分支领域，而在图 4-3 中却没有专门这样一个分支领域。这部分作者大多包含在图 4-3 中的"情报学基本理论与方法"这一大类中，实质上图 4-3 的"情报学基本理论与方法"基本包括表 4-3 的"情报学基本理论与方法"和"信息计量"，并且我们发现这些情报学基本理论与方法的作者当前的很多研究都借助于"信息计量"领域的一些特殊方法，尤其是引文分析及热门的共现分析等。所以，虽然聚类分析和因子分析都可以分为六类，但是有一定的差别，主要体现在竞争情报和信息计量这两大方面：聚类分析包含竞争情报却没有明显体现信息计量，而因子分析明确体现信息计量但是却未给出竞争情报这一分支领域。

结合两种方法，当前我国图情学的研究主要集中在"情报学基本理论与方法""图书馆学基本理论""知识管理与信息服务""信息组织与检索""信息计量""竞争情报"这六大方面。

表 4-3　基于作者耦合关系的因子分析结果

作者	研究方向					
	情报学基本理论与方法	图书馆知识管理	图书馆服务	图书馆学基本理论与服务	信息计量	信息组织
邱均平	0.818		−0.137		0.272	
赵蓉英	0.744				0.211	0.133
姜春林	0.685					
吴晓伟	0.652	−0.140		−0.124		−0.217
胡昌平	0.632	−0.107	−0.134	0.122		
叶继元	0.623	0.116		0.108		
盛小平	0.622	0.132			−0.141	
文庭孝	0.598	0.117			0.323	0.410
李　纲	0.539	−0.142	−0.125		0.246	−0.167
马海群	0.400	0.191		−0.152	0.127	−0.158
苏新宁	0.373		−0.144		−0.185	0.182
张玉峰	0.275	−0.144	−0.144			
马费成	0.115	−0.114				
赵益民		0.829		0.146		
韩　毅		0.807		−0.135	0.307	
马恒通		0.806		0.144	−0.107	
肖　勇		0.727		−0.153	0.124	−0.166
柯　平		0.717			0.105	
傅荣贤		0.674		0.268	−0.182	
陈传夫	0.118	0.509	0.111	0.307	−0.211	
袁红军		0.482	0.181	−0.240		
罗贤春	0.426	0.436				0.175
吴稌年	−0.109	0.432		0.425	−0.222	−0.146
周九常	0.143	0.377		−0.218	0.304	−0.184
彭靖里	−0.121	0.252	−0.153	−0.122		
邱冠华	−0.110	−0.143	0.863			
李国新			0.820			
李超平			0.814			
王世伟		0.269	0.764		−0.188	
李东来		0.171	0.731	0.104	−0.172	
初景利			0.672		−0.155	−0.100
蒋永福	−0.167	0.504	0.596	0.212		−0.134

续表

作者	研究方向					
	情报学基本理论与方法	图书馆知识管理	图书馆服务	图书馆学基本理论与服务	信息计量	信息组织
沈光亮	-0.160		0.565	0.265		-0.134
潘燕桃	-0.243	-0.168	0.503	0.451	0.114	-0.182
郭海明		0.147	0.367	0.155	-0.192	-0.156
王子舟	-0.228			0.651		-0.214
程焕文	-0.230	-0.150		0.623	0.171	-0.224
包昌火		0.151	-0.270	-0.552		-0.500
刘兹恒	-0.153	0.401		0.542	-0.171	-0.203
吴慰慈	0.294			0.539	-0.170	
张　靖	-0.162			0.527	0.135	-0.212
郑彦宁	0.172		-0.273	-0.512	-0.122	-0.150
白君礼		0.194	-0.105	0.469	-0.242	
刘　冰		-0.120	-0.272	-0.458		-0.334
李国秋	-0.148	0.174	-0.192	-0.433		-0.335
肖希明		0.128		0.409	-0.162	
化柏林	-0.141	0.272	-0.170	-0.386	0.230	
黄建年	0.274			0.331	-0.225	
杨建林	0.208	-0.145	-0.172	-0.212		-0.131
施国洪				0.199	-0.172	
杨思洛		0.219			0.698	
周春雷	0.483		-0.108		0.691	
赵　星	0.155				0.637	
郑德俊			-0.109	-0.106	0.614	
刘颖			-0.102		0.601	
王知津	0.422		-0.155	-0.198	0.586	
叶　鹰					0.461	
徐　芳	0.203	-0.128			0.318	
蔡迎春	-0.180	-0.132			0.217	
曾建勋			-0.117	-0.266		0.742
贾君枝			-0.140			0.612
常　春	-0.159		-0.136	-0.269	-0.111	0.556
贺德方	-0.168	0.119	-0.113	-0.308	-0.150	0.519
司　莉				0.131		0.504
张云秋	0.285				0.294	0.499

续表

作者	研究方向					
	情报学基本理论与方法	图书馆知识管理	图书馆服务	图书馆学基本理论与服务	信息计量	信息组织
姜永常	0.360	0.286			0.300	0.430
陈　峰			−0.240	−0.350	−0.240	−0.422
刘　华	−0.170			−0.200	−0.158	0.328
黄晓斌	0.190					0.327
毕　强	−0.119				−0.116	0.326
赖茂生	−0.108	−0.113				0.214
吴　丹	−0.112	−0.108				0.204

　　图 4-4 给出的 MDS 结果，从参数标准化压力系数 =0.075 81、DAF= 0.924 19 来看，聚合效果是比较好的。总的来看，图 4-4 从上到下可以划分为信息组织与检索、竞争情报、情报学基本理论与方法（偏信息计量）、图书馆服务、图书馆基本理论与方法五个分支。根据以往的实践，MDS 最大的问题就是在划分群体时对作者的归属存在较大的人为因素，尤其是在作者较多的情况下，我们往往是看作者大致的分布。比如，White 和 McCain 在 1998 年的经典论文[①]中就是使用 MDS 来看情报学两大分支领域的演变情况：120 位作者在领域分析、信息检索两大领域各自包含的人员的变化情况，而不是观察更为细致的分支领域划分，后者是由因子分析得到的。

　　但是，相对于聚类分析和因子分析，MDS 也有很直观的优点：形象地表现作者之间的相对位置。在图 4-4 中，我们可以看到彭靖里和黄晓斌位于较为中心的位置，也就是说这两位作者离各个群体的距离都不是很远，由此可见，他们的研究方向具有综合性。马海群、周九常、肖勇、韩毅、叶继元、柯平、赵益民、吴慰慈等基本位于图书馆学基本理论与方法和情报学基本理论与方法的交界上，这说明他们在图情学基本理论和方法方面都有交叉研究，涉猎面较广。再如，在因子分析中各个因子载荷都为负的陈峰，在这里我们可以对其进行重新定位，即划分到信息组织与检索领域。所以，MDS 在现实应用中，主要集中在两个方面：一是观察较大分支领域的划分和演变；二是看一些特殊作者的位置。

① White H D，McCain K W. Visualizing a discipline：an author co-citation analysis of information science，1972-1995 ［J］. Journal of the American Society for Information Science，1998，49（4）：327-355.

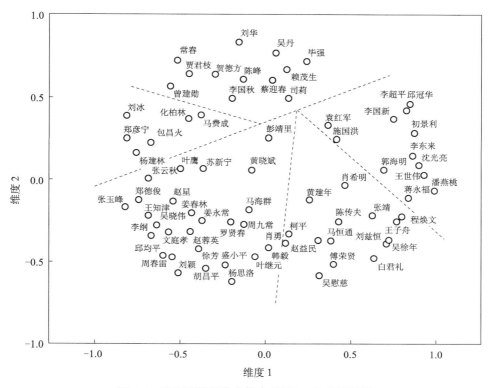

图 4-4　我国图情学作者耦合关系 MDS 分析结果

图 4-5 给出的是 Pathfinder 算法得到的结果。从这一结果来看，图情学中图书馆学和情报学的界限相对比较清晰（以中间比较密集的虚线为界限）。另外，根据这一结果，图情学也可以大致划分为图书馆学基本理论与方法（包含图书馆服务）、竞争情报、情报学基本理论与方法、信息计量、信息组织与检索。但是，我们也发现一些问题，最主要的是有些枢纽型作者的存在使得一些作者的群体划分发生了偏移。比如，吴慰慈先生更多偏向于图书馆学基本理论与方法、信息资源管理方面的研究，邱均平教授也在这两个方面做了较多研究，这就导致了他们两位有着最为相似的研究兴趣。而黄建年和施国洪主要也是进行图书馆基本理论方面的研究，如果不是对这一领域有所认知，很有可能把他们划分在信息计量领域，而这显然是不符合实际的。以毕强为代表的信息组织与检索群体也存在这样的问题。所以，在解释 Pathfinder 结果时需要格外谨慎。

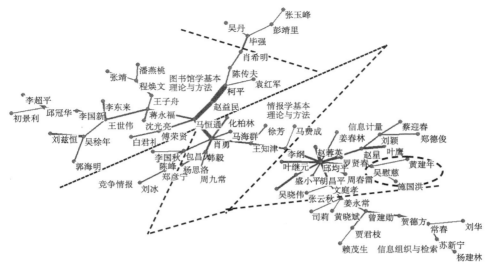

图 4-5　我国图情学作者耦合关系 Pathfinder 分析结果

　　另外，Pathfinder 相对其他几种方法来看，群体之间的划分尤其是情报学内群体的划分是非常清晰的，即当前情报学可以清晰地分出情报学基本理论与方法、竞争情报、信息计量和信息组织与检索四个领域。并且，与此同时，我们对每个群体内作者与作者之间的关系有了清晰的了解，如柯平与赵益民、赵星与叶鹰有着最为相似的学术研究兴趣。

　　但是，我们也发现对于耦合得到的结果相对同被引得到的结果存在一定差异（这里先不讨论划分类别的差别，将在本书 4.3.4 节中详细讨论）。一是作者的影响力在同被引中体现得更加充分，而在耦合分析中，主要体现的是作者的生产力，也就是说形成中心节点的作者都是那些产量较高的作者，如邱均平、肖勇等。在图 3-14 中，王子舟、吴慰慈、程焕文等图书馆学家的影响力都很大，并且以他们为中心都形成了一定的研究小群体，而在这里他们都没有成为中心（度数最大的为 3）。二是我们可以看到，图 4-5 中形成的中心节点相对图 3-14 要多，这揭示了作者之间的研究兴趣比较分散，这可能导致我们在划分子群时有一定困难，如对于竞争情报的探测就需要仔细辨识。三是在前面已经有所提及的，相对同被引，作者耦合结果中枢纽型作者在结构分析中作用过大，这导致了即使有一些小群体，也因为和这一作者有高度相似而很难鉴别出他们，比如，胡昌平、罗贤春在信息服务方面有较多研究，但是由于他们各自与邱均平有最为相似的关系我们只能将其划分在"信息计量"领域内。

对于 Louvain 结果来看，为了对应于聚类分析和因子分析结果的六类，我们通过调节分辨率（resolution）值，使得 Louvain 的结果也成为六类，具体如图 4-6 所示，分别对应于图书馆基本理论、图书馆知识管理、信息资源管理、信息计量、竞争情报、信息组织与检索。并且，总的来看，Louvain 算法将图情学仍然可以划分为两个清晰的部分：图书馆学（图 4-6 虚线左侧）和情报学（图 4-6 虚线右侧）。和其他方法相比，这里主要是图书馆学内几位作者的分类有些"特别"，即位于虚线左侧右下角的 6 位作者，对于这 6 位作者，这里把他们划分为"信息资源管理"，而这 6 位作者在 Pathfinder 中的划分也有一些"特别"。

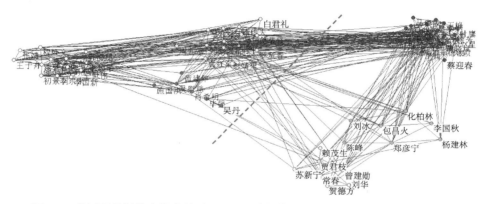

图 4-6　我国图情学作者耦合关系 Louvain 分析结果（Res=1，Q=0.3761，NC=6）

通过上面各种方法的比较，在进行分类时可以使用聚类分析、因子分析和 Louvain 算法，作者的跨学科性可以从因子分析来观察，而作者之间的详细关系可以从 MDS 中进行观察。从 Pathfinder 结果来看，效果并不是很好。基于这样的考虑，这里建议使用因子分析和 Louvain 算法（或者聚类分析）来综合考量作者的分类，而使用 MDS 来考察作者之间的详细关系及大群体之间的演变。

4.3.4　与作者同被引结果的比较分析

下面从两个视角与作者同被引结果进行比较：一是与第 3 章所得的同被引结果进行比较；二是只是比较这 72 位作者的耦合和同被引分类。需要强调的是，这里只是进行分类的比较，而不是对作者之间关系的深究。

首先是与作者同被引结果进行分析。对于作者耦合分析得到的结果，我们综合因子分析和 Louvain 算法的分类；对于作者同被引则使用图 3-14 中的结果。它们之间的具体比较如表 4-4 所示。从该表来看，两种方法得到的分类结果大体上是一致的，但作者耦合分析得到的结果看起来更加综合。比如，耦合分析分类中"信息计量"包含同被引分析分类中"信息计量"和"h 指数"两个分支；"信息组织与检索"则包含"数字信息组织与检索"和"信息索引与检索"两个分支。这种综合性在作者前期研究数据（图情学 1998 ~ 2007 年）中也观察到[①]。但是，需要强调的是，1998 ~ 2007 年的数据中观察到的前沿性在这里并没有得到很好的体现。这可能是因为这次分析的数据使用的是五年数据，这样研究对象相对 1998 ~ 2007 年十年间的数量要少，无法很好地识别一些前沿分支领域如"本体检索""信息政策""信息经济学"。所以，关于前沿性需要进一步深入观察。

表 4-4　作者耦合与作者同被引分析分类结果比较

作者耦合分析分类结果	作者同被引分析分类结果
情报学基本理论与方法	情报学基本理论与方法
图书馆学基本理论	图书馆学基本理论
图书馆服务	图书馆服务
信息计量	信息计量
	h 指数
信息组织与检索	数字信息组织与检索
	信息索引与检索
竞争情报	竞争情报

另外，对 72 人建立同被引关系矩阵，利用因子分析进行数据挖掘，得到了表 4-5 中的分类结果（六个因子解释了 62.588% 的方差）。总的来看，这些作者可以分为图书馆学基本理论与方法、信息计量、竞争情报、情报学基本理论与方法、图书馆服务和信息服务六类。在表 4-5 中，竞争情报群体突显出来，并且形成了一定的规模，这在 72 人的 Pathfinder 结果（图 4-7）中也有突出显示（圆框中）；但是信息组织与检索却包含在情报学基本理论与方法和图书馆学基本理论与方法中，并没有明显成为一类。所以，这样看来，作者耦合关系得到的结果更加具体一些。这与我们以前的研究结论是非常吻合的。

---

① Ma R. Author bibliographic coupling analysis: a test based on a Chinese academic database [J]. Journal of Informetrics, 2012, 6 (4): 532-542.

表 4-5　基于 72 人的作者同被引关系因子分析结果

作者	研究方向					
	图书馆学基本理论与方法	信息计量	竞争情报	情报学基本理论与方法	图书馆服务	信息服务
吴慰慈	0.931				0.193	
王子舟	0.929				0.185	
刘兹恒	0.875			-0.100	0.305	
柯　平	0.871	0.153		0.111	0.202	0.318
蒋永福	0.868				0.403	
傅荣贤	0.854				0.121	
马恒通	0.847					-0.109
肖希明	0.840				0.411	0.222
赵益民	0.805	-0.101			-0.172	
白君礼	0.764				0.304	
程焕文	0.746				0.587	
陈传夫	0.741	0.106		0.101	0.365	0.369
叶　鹰	0.708	0.536				
盛小平	0.686	0.305		0.143		0.249
潘燕桃	0.661				0.268	0.124
李超平	0.650		-0.117		0.598	
王世伟	0.628				0.609	0.114
吴稌年	0.623				0.428	
毕　强	0.594	0.217		0.358	0.116	0.464
叶继元	0.556	0.509		0.265	0.231	
周九常	0.550		0.460		0.106	0.288
施国洪	0.535			-0.106	-0.125	0.333
司　莉	0.521			0.304	0.108	0.388
沈光亮	0.515				0.317	
罗贤春	0.402			0.109		
贾君枝	0.277	0.175		0.238	0.257	0.265
苏新宁		0.800				0.167
邱均平	0.194	0.769	0.229	0.453		0.152
姜春林		0.758	-0.113			
赵　星		0.736	-0.123		-0.109	
周春雷		0.715	-0.103			
杨建林		0.645	0.197			
郑德俊	-0.100	0.613	0.140	-0.130		

续表

作者	研究方向					
	图书馆学基本理论与方法	信息计量	竞争情报	情报学基本理论与方法	图书馆服务	信息服务
李 纲		0.598	0.239	0.238	−0.136	
杨思洛		0.565		0.136	0.105	0.160
化柏林		0.527	0.237	0.464		
包昌火		0.244	0.921	0.167		
彭靖里			0.902			
刘 冰			0.871			
陈 峰	−0.106		0.849			
吴晓伟		0.115	0.815			
张玉峰	−0.176		0.745		−0.132	
李国秋	0.143		0.663		−0.141	
王知津	0.512	0.347	0.617	0.359		0.114
吴 丹	−0.158	−0.128	0.517		−0.120	0.210
郑彦宁	−0.187	−0.170	0.451	0.165		
黄晓斌	0.156	0.369	0.445	0.276	0.161	0.149
肖 勇	0.204	0.333	0.445	0.368	−0.155	0.178
徐 芳	0.149		0.438			−0.101
刘 华		−0.167	−0.219	0.207		0.159
曾建勋			−0.118	0.868		−0.102
贺德方			0.175	0.836		
姜永常		0.126		0.783		
赵蓉英		0.493		0.747	−0.113	
马费成	0.250	0.612	0.211	0.661		0.115
文庭孝	0.242	0.524	0.200	0.615		
赖茂生	0.219	0.374	0.299	0.566		0.203
常 春	−0.139	−0.229	−0.131	0.452		
张云秋		0.357	0.110	0.423	−0.103	
邱冠华	0.194			−0.108	0.811	
李国新	0.545				0.729	
李东来				−0.111	0.729	
张 靖	0.394				0.515	
郭海明	0.235	−0.133			0.477	
黄建年	0.351			−0.102	0.389	0.130
初景利	0.550				0.242	0.731

续表

作者	研究方向					
	图书馆学基本理论与方法	信息计量	竞争情报	情报学基本理论与方法	图书馆服务	信息服务
刘　颖	-0.176	0.179	-0.108	-0.140		0.664
袁红军						0.637
蔡迎春	0.273	0.321			0.134	0.592
马海群	0.246	0.423		0.353		0.493
韩　毅	0.390				-0.216	0.473
胡昌平	0.250	0.327		0.386	0.304	0.398

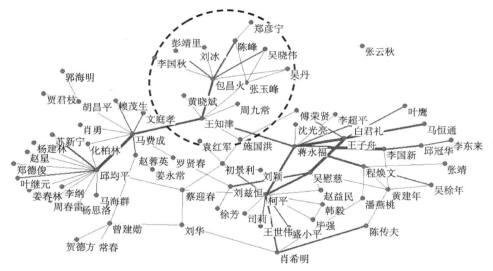

图 4-7　基于 72 人的作者同被引关系的 Pathfinder 结果

4.3.5　讨论

通过上面的实证和比较分析，我们可以知道作者耦合分析可以分析一个学科的知识结构，并且相较于同被引分析结果更综合、具体。另外，笔者结合以前的研究还发现，作者耦合分析能够探测一个学科的前沿结构。那么，在此进一步讨论引起这些差异的原因。除了本书 4.1.4 节讨论的原理上两者的差异及本书 4.1.5 节分析的作者耦合影响因素外，在具体分析中，还有其他一些方面的因素可能引起这些差异。

（1）从作者耦合原理本身来看，其在体现前沿性方面有着独特优势。由于在选择研究对象时我们选的标准是既有一定的影响力（被引次数）又需要有一定的发文次数，即有影响力的活跃学者，这些作者的研究应该能够代表学科最前沿。但是，这五年间 CSSCI 图情学科发表 20 436 篇论文，年均 4 000 多篇，这一数量也是比较大的，整个国际图情学发文只有 16 918 篇。在这种背景下，有的作者发文量是比较大的，从数量上来说并不逊于国外作者，但是深入探究他们的研究方向，发现他们在多个方面都有研究，这样很难保证每个研究领域都站在最前沿。并且我们发现，有些作者的非主流研究方向发文却与其他作者有较强的耦合关系，这样导致在确定作者归属方面产生了偏差，掩盖了其本质属性。这种偏差的修正有两种可行的方式：一是根据作者的实际研究情况，删除掉那些数量很少且非其主要研究方向的论文（甚至排除一些综述性论文），达到精简和挑选的目的；二是扩大研究的时间段，通过更大的样本数量使得作者的主要研究方向更加突显出来并得以稳定。通过这样的数据修正，我们便可能得到更为精确的结果。

（2）相较作者同被引，作者耦合中的关键作者似乎在学科知识结构中并没有发挥出枢纽作用。在同被引分析中，可以清晰地观察到，一是枢纽型作者的影响力都比较大，基本上每个研究分支内最有影响力的作者都起着枢纽作用——他们的度数都是分支内最大的；二是枢纽型作者的数量少，几乎每个分支只有 1 ~ 2 个枢纽型作者。这样的简化大大方便了我们快速精准把握整个学科的知识结构。但是，在耦合分析中，一是枢纽型作者比较多，有的分支领域有多个枢纽型作者，二是有些枢纽型作者的影响力相对分支内其他作者的影响力并不是很突出。这种"扭曲"在很大程度上是由于以下几点：一是很多有影响力的作者最近几年很少有文章发表，我们可以看到 72 位作者中，多位影响力较大的作者都没有入选。二是入选的作者发文主题比较分散，参考文献也比较分散，与其他作者耦合频次比较小且均匀，那么作者之间的关系就相对扁平化。前文多次强调，枢纽型作者在识别和解释知识结构中有重要作用，而在作者耦合分析中出现的这一扭曲现象将为解释知识结构带来一定困难。

（3）正如前文分析的影响因素，作者耦合强度的建立比作者同被引强度的建立要困难。以 72 位作者建立的耦合矩阵和同被引矩阵为例，在耦合矩阵中，每位作者与他人的平均耦合强度只有 0. 32，最大值为 13，而在同被引矩阵中，每位作者与他人的平均同被引强度为 2. 07，最大值为 62；两个矩阵的相关性为 0. 294（p=0. 000），虽然通过了显著性检验，但是它们之间的相关性系数比较低，为低度相关（小于 0. 3）。这些统计数据一是说明耦合关系和同被引关系相关性很低：作者耦合强度强并不意味着同被引强度强，反之亦然。二是说明耦合关系和同被引关系差异较大：平均同被引强度是平均耦合强度的 6 倍多，同被引最大值是耦合最大值的 5 倍多。所以，基于这样的统计分析，作者之间的耦合强度是普遍比较弱的，再结合实际数据，许多作者与其他作者之间的耦合强度是相同的，这样便导致了图中作者比较分散，难以形成大的群体。

（4）最后，结合实际的分析结果和前文讨论的影响因素，在这里再次集中讨论如何在当前中文环境下进行作者耦合的科学分析。我们知道，中文学术环境和外文学术环境有很大的不同，尤其是人文社会科学有着更大的不同。在图情学领域，国外不少作者一直笔耕不辍。比如，引文分析的重要奠基人 Garfield 80 多岁仍然撰写论文，另一位普赖斯奖获得者 White（1936 年出生），在 2015 年（近 80 岁）仍然独立撰写论文，并一直参加国际信息计量与科学计量大会，而国内这样的作者相对较少。另外，国外大部分作者的研究方向比较明确，研究比较深入，就一个方面的问题进行坚持不懈的努力。所有这些都为我们进行耦合分析提供了天然便利。当然，这样的研究氛围不是一朝一夕形成的，需要制度等方面的保障。在当前，我们利用作者耦合分析进行国内学科的知识结构分析时，应该从以下几个方面加以注意或改进：一是在研究对象选取方面要更加严格，遴选出真正活跃着的影响力作者。二是非常关键的一步——进行数据清理。①筛选掉发文多但是方向过于分散的作者，这些作者有一些是学术新秀但是没有固定的研究方向，尚不具备进入研究对象的行列。②追加高质量发文的作者。有一些作者可能发文数量不是很多，但是在一些重要期刊上有发文，需要把这些作者追加上。③删除掉入选作者的部分零散论文甚至综述性论文，这需要较大的工作量（第一条已经提到，为了系统性，这里再次强调）。④适度增加初选对象，降低被引次数要求，首先建立好作者耦合关系矩阵，然后删除掉与其他作者最大耦合强度过小的那些作者。通过以上的数据处理可能能够更好地适应当前的中文学术环境。

4.4 本章小结

　　本章主要系统研究了作者耦合关系在学科知识结构发现中的应用。作者耦合关系并不是一个新概念，但是相关应用和实证（尤其是中文环境下）却很少，另外对于基本原理的探讨也不够系统深入。基于这些考虑，本章研究了作者耦合分析的基本问题，包括其技术路线、研究对象的选择方式、耦合强度的算法、在原理上作者耦合与作者同被引的差异和影响因素，比较了耦合强度的计算方式，利用作者耦合分析挖掘了我国图情学知识结构，比较了各种数据挖掘方法在知识结构挖掘的特点及优劣性，并比较了与作者同被引所得结果的异同性，最后讨论了作者耦合分析中出现的问题的成因和对策。

　　（1）作者耦合分析的技术路线与作者同被引一样，都遵循作者共现分析的技术路线。但是在研究对象的选择上，作者耦合需要格外谨慎，需要选择那些真正的"当前活跃的重要作者"。但是根据后面的实证分析，需要采取一些必要的措施来调整遴选作者的方式（具体见本书4.3.5节的讨论）。

　　（2）作者耦合强度主要集中在两个方面，一是考虑多作者情况，二是考虑共同参考文献的取值方式。对于前者，要根据选择的数据库的著录格式来决定，对于参考文献只著录第一作者的数据库，发文也只需要考虑第一作者，否则可以考虑多作者情况。从后面的实证来看，两种情况引起的结果差异并不是很大。而对于耦合强度算法中共同参考文献的计数方式，从原理上来讲最为科学的仍然是取最小值。

　　（3）从原理上来讲，作者耦合的影响因素有三个：作者耦合的自身原理、个人引用行为、外部环境。这些影响因素使得作者耦合关系的建立相对作者同被引关系的建立更加困难，这在后面的实证与应用研究中也有了充分体现，这些影响因素使得作者耦合在学科知识结构发现中需要更细致的分析工作。

　　（4）利用作者耦合分析对我国图情学知识结构进行了分析，并与作者同被引分析所得结果进行了比较分析，建议在以后的研究中一是使用因子分析和Louvain算法（或聚类分析）相结合的方式来进行子群体挖掘，二是使用MDS来观察作者之间的相对位置。从实际来看，不建议使用Pathfinder算法进行群体挖掘。另外，作者耦合分析结果相对作者同被引分析结果更具有综合性和具体性。另外结合其基本原理，作者耦合分析结果应该更具有前沿性。

（5）最后还讨论了作者耦合分析在具体应用中存在的问题并提出了相应的对策。着重探讨了"为何没有体现出前沿性""为何枢纽型作者过多""作者耦合强度在现实中到底表现如何""在中文环境下如何更好地应用作者耦合分析"等问题。第一个问题的解决根本还在研究对象的精选上。第二个问题产生的原因则一是有影响力的作者近些年发文少，二是不少作者的研究过于分散。第三个问题则通过统计分析发现，作者耦合强度的确比作者同被引要小很多。对第四个问题给出的解决方案：一是在研究对象选取方面要更加严格，遴选出真正活跃着的高影响力作者；二是进行科学的数据清理；三是删除掉入选作者的部分零散论文甚至综述性论文；四是适度增加初选对象。

第5章 基于作者直引关系的学科知识结构研究

在作者引用网络中，除了作者耦合和作者同被引这两种间接关系外，还有一种更为直接的关系，即作者直引（author direct citation）。实质上，作者直引的应用在引文分析中非常普遍，如被引次数的计算，作者影像（citation image）、作者认同（citation identity）的分析[1]~[4]，作者引用与社会关系（如合作）的分析[5]，作者拓扑分布的统计[6]等都是基于作者直引。早在1990年，Borgman曾明确指出"从作者引用关系出发，可以研究一个学科领域的科学交流结构"[7]。但是，学者们主要将研究聚焦到作者同被引研究上，对于作者直引的"新"功能却显得不够关注——鲜有系统性的论述产生。学者们对于直引在学科知识结构发现的研究主要还是集中在论文直引上，如Persson曾经利

① White H D. Authors as citers over time [J]. Journal of the American Society for Information Science and Technology，2001，52（2）：87-108.
② Cronin B，Shaw D. Identity-creators and image-makers：using citation analysis and thick description to put authors in their place [J]. Scientometrics，2002，54（1）：31-49.
③ 马凤，武夷山. 引用认同——一个值得注意的概念 [J]. 图书情报工作，2009，53（16）：27-30.
④ 苏芳荔，孙建军. 引用认同分析：引文分析的新视角 [J]. 情报理论与实践，2010，（10）：1-3.
⑤ White H D，Wellman B，Nazer N. Does citation reflect social structure? [J]. Journal of the American Society for Information Science and Technology，2004，55（2）：111-126.
⑥ 马瑞敏. 基于作者学术关系的科学交流研究 [D]. 武汉：武汉大学博士学位论文，2009.
⑦ Borgman C L. Scholarly Communication and Bibliometrics [M]. Newbury Park：Sage Publications，1990：18.

用"加权直引"（即在直引基础上考虑了耦合和同被引）来发现一个学科的知识结构，他发现加权直引相较单一的文献耦合或者同被引效果更好[①]。最近几年，人们才开始关注作者直引在知识结构发现中的作用，并产生了一些成果。比如，刘蓓等构建了情报学领域作者引用网络，但是主要是从结构出发分析情报学领域作者的引用习惯及判断作者影响力大小[②]；张勤和马费成利用作者引用网络分析了知识管理领域的交流结构，主要使用的是社会网络分析的方法[③]；Yang 和 Wang 则从作者直引出发对如何进行学科知识结构进行了较为系统的阐述，他们从引用方视角利用因子分析对国际图情学结构进行了分析[④]。

从上面的分析来看，当前对于基于直引关系的学科知识结构研究还很少，即使有些研究，也不是很系统，绝大多数还是以文献为研究对象，因此研究的视角还可以更宽广一些。基于这样的考量，本章主要解决以下几个问题：①作者直引关系如何构建，强度如何测量？②作者直引关系与作者同被引、作者耦合从原理上来看有何差别？③作者直引分析能否揭示一个学科领域的知识结构？与作者同被引和作者耦合所得结果（分别为第 3 章和第 4 章所示）有何差别？④是否可以将作者直引与作者同被引及作者耦合有机融合（即加权直引）来更好地发现一个学科的知识结构？

5.1 作者直引的概念和类型

作者直引从字面理解来看并不复杂，即两个作者之间直接引用的行为，也就是两个作者不通过其他作者中继的交流行为，对应于本书 2.2.1 节提出

---

① Persson O. Identifying research themes with weighted direct citation links [J]. Journal of Informetrics, 2010, 4（3）: 415-422.
② 刘蓓，袁毅，Eric B. 社会网络分析法在论文合作网中的应用研究 [J]. 情报学报，2008，27（3）: 407-417.
③ 张勤，马费成. 国内知识管理领域知识交流结构研究——基于核心作者互引网络的分析 [J]. 情报学报，2012，31（9）: 925-933.
④ Yang S, Wang F. Visualizing information science: author direct citation analysis in China and around the world [J]. Journal of Informetrics, 2015, 9（1）: 208-225.

的二人引用模式，其分为两种形式：A 与 B 互引（A↔B）；A 与 B 之间单向引用（A→B，A←B）。前面已经证实，互引发生的概率是非常低的，不论国内还是国外，在所有引用类型中不足 1%，大部分都是单向引用（占到99% 之多）。

但是，2010 年，Persson 提出了加权直接引用的概念[①]，这导致了这一概念的进一步扩展。他提出的加权直引是基于文献的，我们也可以扩展到作者之间。文献加权直引是指综合考虑两个作者之间的引用、耦合和同被引三种情况，耦合和同被引用来加强作者之间的引用强度。比如，图 5-1 中，文献 A 引用 B（传统意义上的直引），A 和 B 同时引用 C（耦合关系），A 和 B 同时被D 引用（同被引关系），这样 A 和 B 的加权直引次数变为 3，而非 1。需要强调的是，作者引用网络和文献引用网络不一样：在文献网络中，节点之间按照时序分布，即 A 引用 B 和 B 引用 A 不可能同时发生——这为这种叠加提供了便利，否则耦合和同被引到底是加在 A→B 还是加在 A←B 上需要慎重考虑。而很明显，作者引用则可能同时出现 A→B 和 A←B 的情况，那么这时如何科学度量两个作者之间的直引强度需要进一步探讨（详见本书5.2 节相关部分）。这里先暂且搁置如何计算强度的问题，对于作者引用来说，加权作者直引是指考虑"作者直引、作者同被引、作者耦合"三种现象的综合引用行为。

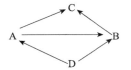

图 5-1　基于文献引用网络的加权直引案例

由此，作者直引的概念分为狭义和广义两个层次。一般情况下，不做特殊说明皆指狭义的概念。综合来看，作者直引分为三种类型：单引、互引和加权引用。

5.2　作者直引关系矩阵的构建与分析方法

在弄清楚作者直引概念的基础上，这里来探讨作者直引关系如何构建。对

---

① Persson O. Identifying research themes with weighted direct citation links [J] . Journal of Informetrics，2010，4（3）：415-422.

于狭义的作者直引，可以直接构建两个作者之间的引用关系及其强度，该矩阵 Q 如表 5-1 所示。很明显，在此矩阵中，$Q_{ij} \neq Q_{ji}$，即该矩阵所对应的图为有向加权图。而对于广义的作者直引，这里只能对其进行无向处理：同被引（CC）和耦合（BC）是无向加权的，它们对于作者直引是"加强的作用"[①]，传统作者直引有可能是双向引用的（这与文献直引是不一样的），这里我们用求和的方式将作者之间的互引转化为相似性度量值 $Q'_{ij} = Q_{ij} + Q_{ji} = Q'_{ji}$[②~④]，结合同被引和耦合，最终作者之间的相似性为 $S = Q' + CC + BC$。

首先来分析狭义直引矩阵，其有三种不同的视角可以考虑。一是从引用角度进行考虑，即将表 5-1、表 5-2 中横行作为研究对象，考察作者引用行为的相似性（即引用了哪些共同作者及强度）。二是从被引用的角度，考察作者同时被引用的情况。这两点在 Leydesdorff 及其合作者的多项研究中都有涉及[⑤⑥]。三是将矩阵转化为对称矩阵，常用的方法有取最大值、求和等[⑦~⑩]。由此可见，作者直引关系的建立需要综合考虑多个方面，在 5.4 节中也会对这些不同的转化方法进行比较。

表 5-1	狭义直引矩阵		
	A	B	C	D
A	—	1	2	3
B	4	—	5	6
C	7	6	—	5
D	6	5	4	—

表 5-2	广义直引矩阵		
	A	B	C	D
A	—	4	5	6
B	4	—	7	8
C	5	7	—	9
D	6	8	9	—

① Persson O. Identifying research themes with weighted direct citation links [J]. Journal of Informetrics, 2010, 4（3）: 415-422.
② de Nooy W, Mrvar A, Batagelj V. Exploratory Social Network Analysis with Pajek [M]. London: Cambridge University Press, 2011: 64.
③ Leicht E A, Newman M E J. Community structure in directed networks [J]. Physical Review Letters, 2008, 100（11）: 2339-2340.
④ Qin J, Gao H, Zheng W X. Second-order consensus for multi-agent systems with switching topology and communication delay [J]. Systems & Control Letters, 2011, 60（6）: 390-397.
⑤ Leydesdorff L, Probst C. The delineation of an interdisciplinary specialty in terms of a journal set: the case of communication studies [J]. Journal of the American Society for Information Science and Technology, 2009, 60（8）: 1709-1718.
⑥ Leydesdorff L, Rafols I. A global map of science based on the ISI subject categories [J]. Journal of the American Society for Information Science and Technology, 2009, 60（2）: 348-362.
⑦ Leicht E A, Newman M E. Community structure in directed networks [J]. Physical Review Letters, 2008, 100（11）, 118703.
⑧ de Nooy W, Mrvar A, Batagelj V. Exploratory Social Network Analysis with Pajek [M]. London: Cambridge University Press, 2011: 64.
⑨ Yu W, Chen G, Cao M, et al. Second-order consensus for multiagent systems with directed topologies and nonlinear dynamics [J]. Systems, Man, and Cybernetics, Part B: Cybernetics, IEEE Transactions on, 2010, 40（3）: 881-891.
⑩ 后文主要使用求和的方式。

而对于作者直引关系的挖掘方法，基本与同被引和耦合相差不多，这里不再过多赘述，后面将在具体的应用中做相应的说明。这里主要是强调以下两种方法——它们对于如何分析有向加权网络比较有效。

（1）阈值限定分析（阈值法）。这主要是针对狭义直引关系而言。其步骤如下：首先将矩阵进行编码（如 Pajek 的 . net 格式）；设定一定阈值，只保留阈值以上的连线；抽取各个成分（即弱联通图），每个成分即可代表一个分支领域。这种方法在 Persson 的论文中得以使用[①]，并且从结果来看也简单有效。

（2）因子分析。这一方法在第 3 章已经介绍过，这里简要地对其步骤进行说明：首先将原始矩阵（实质上，不论是狭义还是广义都适用）从行出发或者从列出发进行余弦转化[②]；将转化后的矩阵作为输入矩阵进行因子分析；抽取因子，每个因子即是一个分支领域。这一方法在 Leydesdorff 和他合作团队的多篇文章中得以应用[③④]。

5.3 作者直引与作者同被引、作者耦合的区别

在学科知识结构挖掘中，最常用的方法是作者同被引，其次是最近几年兴起的作者耦合，对于直引分析的研究还非常少。那么作者直引与其他两种引用关系有何差别？这亦是我们关心的问题。

首先，从原理来看，作者直引涉及一个作者的引用和被引用情况，体现的是作者之间直接、主动的关系——他们之间关系的建立取决于两人的

① Persson O. Identifying research themes with weighted direct citation links [J]. Journal of Informetrics, 2010, 4（3）: 415-422.
② 这点在前面的章节中未使用，原因有两点：一是对于特定数据，如果 0 模块少，没有必要进行转化；二是不同的学者对于矩阵转化的方法也有一定的异议，具体参见同被引分析章节的讨论。
③ Leydesdorff L, Probst C. The delineation of an interdisciplinary specialty in terms of a journal set: the case of communication studies [J]. Journal of the American Society for Information Science and Technology, 2009, 60（8）: 1709-1718.
④ Leydesdorff L, Rafols I. A global map of science based on the ISI subject categories [J]. Journal of the American Society for Information Science and Technology, 2009, 60（2）: 348-362.

行为，不受其他作者的影响；作者同被引只涉及作者的被引情况，体现的是作者之间间接、被动的关系——他们之间关系的建立不受一对作者的控制；作者耦合则涉及作者的发文和被引情况，体现的是作者之间间接、主动的关系——他们之间的关系的建立需要高度协同，即需要通过第三方建立。由此可见，这三种关系在原理上有很大的差别，这种差别尤其体现在"是否受第三方影响"这一方面。在这三种关系中，只有作者直引不受第三方影响。

其次，从发生的概率来看，前文已经分析到作者耦合由于多种原因，发生的概率要小于作者同被引，尤其是对于分支领域比较多、作者研究比较分散的学科更是这样。下面主要探讨作者直引和作者同被引在这方面的差别。作者直引发生的概率相对比较高：一个作者可能很频繁地引用特定的几位作者，这点在作者认同的研究中已经被较好地证明[①]。但是，一个作者的引用对象除了一些特定的作者外，也会包含其他一些作者，也就是说一个作者的引用对象可能既广泛又重点突出。而作者同被引由于受到第三方施引者的影响，两个作者之间的同被引关系建立的概率则很难估量：即使他们两个的研究兴趣比较一致，也不一定被第三方作者引用；当然，由于第三方作者很多，他们之间同被引关系建立的概率也相对比较大。

再次，从研究对象的选择来看，作者引用比其他两者都要复杂。作者耦合分析选择的是当前活跃的重要作者，而作者同被引的遴选标准是高被引作者。而作者引用，则需要考虑研究的视角。如果从引用角度来研究，则需要将作者界定在"当前活跃的重要作者"；如果从被引用角度来研究，则需要将作者界定在"高被引作者"。所以，研究时需要将两个方面的作者进行综合，然后根据不同的视角筛选出不同的研究对象（尤其是涉及因子分析的时候）。另外，这里需要再次强调的是，"当前活跃的重要作者"的选定往往带有一定的主观性，这是因为当前对这一概念还没有清晰的界定。所以，一般情况，需要结合实际情况尤其是学科特征、数据实际情况来选择合适数量的研究对象。因此，作者引用研究对象的选取相较起来更加复杂。

最后，从分析的难易性和复杂性来看，作者直引是唯一一种基于有向

---

① White H D. Authors as citers over time ［J］. Journal of the American Society for Information Science and Technology，2001，52（2）：87-108.

加权网络的关系——其他两种都是无向加权网络。这种有向加权网络的处理相对无向加权来说更加复杂。所以，对于作者直引关系的分析是最为复杂的。

5.4 实证与应用研究

下面的实证与应用主要解决三个问题：一是狭义的三个视角能否探测一个学科的知识结构，在实践中有何差别，哪种更具有说服力？二是狭义和广义直引有何差别，哪种更有优势？三是作者直引与作者同被引、作者耦合在实践中有何差别？

数据仍然来自 2009～2013 年这五年间 CSSCI 中图情学数据，并且只考虑第一作者的情况。首先筛选出"当前活跃的重要作者"，这与第 4 章中涉及的作者耦合分析的研究对象一致，即发文多于 10 篇且被引次数多于 20 次，或者发文 5～10 篇且被引次数多于 50 次，只要符合其中一条便可入选。共有 105 名作者符合条件。其次筛选出"高被引作者"，这与第 3 章涉及的作者同被引的研究对象一致，即那些被引次数在 60 次以上的作者[①]，共 93 位。两个标准综合考虑的话，总共有 145 位作者，两个标准重叠作者 53 位。需要注意的是，这里的对角线的值为自引次数。

5.4.1 基于狭义直引的我国图情学知识结构分析

作者之间狭义直引的关系可以从三个角度进行分析：一是从施引者角度，二是从被引者角度，三是转化为相似性角度。这里尝试使用阈值法和因子分析法对这三种方法进行分析并比较它们的差异。

首先使用阈值法来进行分析，这里设定阈值为大于或等于 4。由于对于阈值法来说，引用和被引在图上表现的结果是一样的，所以这里只给出了

---

① 实际有 124 位，其中有 31 位作者属于档案学、历史文献学（如敦煌学），这些作者加以排除。

基于有向加权的狭义作者直引结构图（图 5-2）和基于无向加权的狭义作者直引结构图（图 5-3）。图 5-2 中最大的成分包含 67 位作者（左面），另外还有 5 个规模大于 2 的小成分（右面）。共涉及 80 位作者，占所有 145 位作者的 55%，这说明我国图情学的研究相对来说比较分散，尚未形成大的、交流频繁的小团体。右面的几个小的成分代表了五个研究方向，从上到下分别为数字参考咨询、学术规范与学术道德研究、信息服务、本体检索、h 指数。对左面最大的成分，我们可以进一步划分，这里仍然使用同被引分析中的 Louvain 算法来进行挖掘，可以得到六个子群，知识组织与检索（左上），信息计量（左中），情报学基本理论与方法（中间，分两块，上半部分为情报学基本理论，下半部分为竞争情报），其他作者纠缠在一起比较难区分，总的来看，可以定义为图书馆学基本理论与方法，细分为图书馆服务和图书馆基本理论。还需要注意的，一是本体检索很可能和知识组织与检索相关，可以将两者合并为知识组织与检索；二是情报学基本理论与方法中的部分学者（位于图 5-2 中正中，如肖勇等）充当着"桥梁"——将图书馆学和情报学有机结合起来，我们亦可以将他们的研究称为信息资源管理分支；三是秦珂离信息计量较远，只与马海群有关联，实质上他们的研究方向是信息法学（知识产权）。综上，我们可以从图 5-1 来看，我国图情学的研究结构主要体现在十个方面：知识组织与检索（含本体检索）、信息计量、情报学基本理论（信息资源管理）、图书馆学基本理论与方法、竞争情报、数字参考咨询、学术规范与学术道德研究、信息服务、h 指数、信息法学（知识产权）。

基于阈值法的无向加权狭义直引网络中，最大成分为 71 位，还有 5 个小的成分，共 85 位，占总人数的 58.6%，虽然比有向加权比例略高，但绝对百分比还是比较低，再次说明我国图情学的研究还比较分散。5 个小的成分分别为数字参考咨询、学术规范与学术道德研究、信息服务、信息检索（本体构建）、h 指数。对于最大成分，继续使用 Louvain 算法来进行区分，结果显示也划分为六个分支领域，根据实际情况，将偏向图书馆学研究的三个分支命名为"图书馆学基本理论与方法"（图 5-3 中左面），其他三个分支分别为：情报学基本理论与方法（同有向加权，上方为情报学基本理论，下方为竞争情报），信息计量与知识组织（左面为信息计量，右面为知识组织），信息组织与检索。但是我们也看到秦珂有一定的特殊性，与马海群、陈传夫构成了信息法学（知识产权）研究小团体；另外，图5-3中正中间的情报学基本理论与方法中的几位作者将图书馆学和情报学研究连接起来，所以亦体现他们研究的综合性，结合实际，这部分作者亦可称为信息资源管理分支。综上，基于阈值法的狭义无向加权网络得到的我国图情学研究方向，与基于阈值法的狭义有向加权网络得到的研究方向完全一致。但是，需要强调的是，由于两种情况研究对象数量上有一些差别，所以，每个研究方向包含的作者略有不同，但是并不影响大的研究方向的划分。由此，我们可以看出，利用阈值法来对狭义作者直引进行分析，可以较好地分析出当前研究的主要领域，结合其原理，这些主要领域既包括前沿领域（如 h 指数、知识组织等），也包括基础领域（如图书馆基本理论、情报学基本理论）。

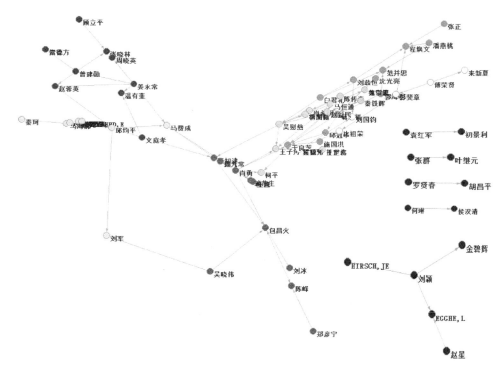

图 5-2　基于阈值法的狭义作者直引结构图（有向加权）

注：Res=1，Q=0.652 748，NC=6

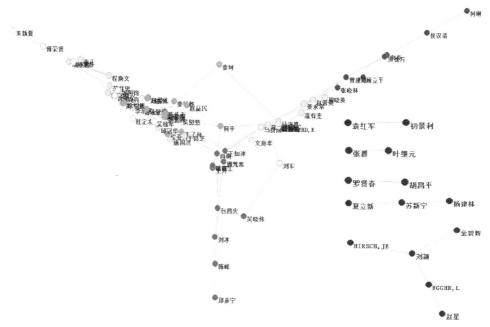

图 5-3　基于阈值法的狭义作者直引结构图（转化为无向加权）

注：Res=1，Q=0.634 471，NC=6

　　下面我们通过因子分析法来看三个视角的差别，正如前文所述，因子分析已经在研究学科知识交流结构中被广泛使用。在因子分析中，因子抽取的方法都选择主成分分析法，因子旋转的方法为正交旋转下的最大方差法。

　　从引用角度来看，由于有不少作者并不引用其他任何作者，如一些国外的作者，还有一部分作者与其他作者的联系很松散，研究的意义并不是很大。这样便需要将他们排除掉。这里排除那些与其他作者引用次数最大值小于 3 或者与其他作者的引用关系少于 3 的作者后，保留 69 位（表 5-3）。根据碎石图（图 5-4），抽取出 8 个公共因子，占所有方差的 43.18%，这与耦合分析的结果很相似。整体来看，我国图情学的研究比较分散。单纯地从旋转后的因子来看，共有 8 个研究方向，但是我们知道信息组织和信息检索密不可分，图书馆学基本理论与图书馆服务也有很大的交叉，那么实际上主要集中在四大方面：信息计量、信息组织与检索、竞争情报和图书馆学基本理论与方法（含图书馆服务）。

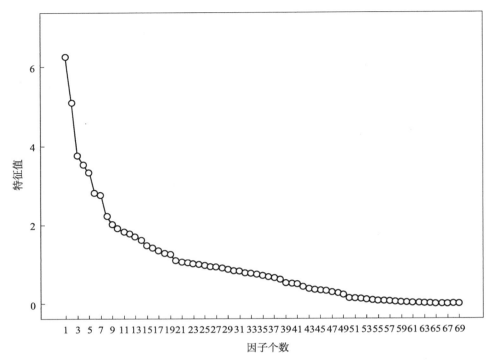

图 5-4　引用视角的狭义作者直引因子分析碎石图

表 5-3　引用视角的狭义作者直引因子分析结果

作者	信息计量	研究方向						
		图书馆基本理论1	图书馆服务1	竞争情报	图书馆基本理论2	图书馆服务2	信息检索	信息组织
邱均平	0.970							
赵蓉英	0.952							
杨思洛	0.872	0.230						
马海群	0.720			0.231			0.147	
吴建华	0.660							
文庭孝	0.637						0.248	
盛小平	0.597				0.303		-0.113	
张云秋	0.490							
周春雷	0.482				-0.135			
赵 星	0.262				-0.115			
罗贤春	0.227		0.169		0.105	-0.109		
胡昌平	0.123							
张 靖		0.954						

续表

作者	研究方向							
	信息计量	图书馆基本理论1	图书馆服务1	竞争情报	图书馆基本理论2	图书馆服务2	信息检索	信息组织
程焕文		0.904	0.261					
彭斐章		0.885	-0.105		0.167			
张　正		0.882						
潘燕桃		0.819	0.402					
刘兹恒		0.646	0.360		0.121	-0.138		
吴稌年		0.207	0.125					
范并思		0.233	0.875					
郭海明		0.144	0.862			0.112		
沈光亮		0.309	0.753			0.173		
蒋永福			0.632			0.598		
白君礼			0.620	-0.107	0.205	-0.152		-0.147
程亚男		0.155	0.402		0.307	0.377		
包昌火				0.829				
李　纲				0.776			0.137	
刘　冰				0.747			0.107	
郑彦宁				0.638			-0.179	
陈　峰				0.560			-0.162	
肖　勇			0.154	0.539	0.339		0.158	
化柏林				0.369				0.185
吴晓伟				0.341			0.120	
彭靖里				0.338				
赵益民	0.142				0.788		-0.121	
柯　平					0.772		-0.132	
吴慰慈	-0.118			-0.177	0.698		0.148	-0.233
马恒通		-0.116	0.251	-0.101	0.557	-0.190		
沈固朝		0.246	-0.269		0.368			
司　莉				-0.109	0.319		-0.168	0.242
陈传夫		0.104			0.302		0.130	
傅荣贤					0.158			
姜春林					-0.143			-0.103
顾立平								
秦　珂								
张　群								

续表

作者	研究方向							
	信息计量	图书馆基本理论1	图书馆服务1	竞争情报	图书馆基本理论2	图书馆服务2	信息检索	信息组织
邱冠华		0.183				0.872		
初景利						0.815		-0.121
李超平			0.176			0.805		
王世伟					0.273	0.349		
施国洪			-0.125	-0.120		0.255		-0.214
王余光						0.134		
夏立新							0.794	
王知津				0.164	0.288		0.714	
徐 芳				0.198	0.170		0.658	
杨建林	0.174			-0.149	-0.164		0.639	
苏新宁					-0.205		0.586	
周九常			0.153	0.171	0.297		0.427	
张玉峰					-0.162		0.164	
滕广青							0.120	
曾建勋							-0.116	0.838
常 春								0.809
贺德方							-0.138	0.702
侯汉清				-0.108				0.531
何 琳			-0.114	-0.153	-0.105		0.167	0.435
姜永常			0.117				-0.110	0.276
刘 颖			-0.167	-0.136		0.191	-0.117	-0.205
袁红军								-0.112
杨文祥								

从被引角度来看，仍然按照上面的标准清理数据，筛选出 72 位符合条件的作者，然后进行因子分析。根据碎石图[①]，仍然保留 8 个公共因子，共解释方差 57.969%。从因子分析的结果并结合前文对于分支领域之间的关系描述来看，我国图情学的研究方向是信息计量、信息资源管理、信息组织与检索、竞争情报、目录学、图书馆学基本理论与方法（含图书馆服务）这六个方面（表 5-4）。与从引用视角不同的是，信息资源管理、目录学作为单独的研究方向突显出来。另外，还需要强调的是，由于两个视角选择的研究对象是

---

① 由于篇幅原因，这里未具体给出。

有差别的，所以即使是相同的分支，包含的作者也不尽相同。

表 5-4　被引视角的狭义作者直引因子分析结果

作者	研究方向							
	信息计量	图书馆学基本理论	信息资源管理	信息组织	目录学	图书馆服务	竞争情报	信息检索
邱均平	0.985							
GARFIELD，E	0.962							
WHITE，HD	0.956							
刘　军	0.931							
CHEN，C	0.930							
HIRSCH，JE	0.915							
庞景安	0.911							
刘则渊	0.826							
杨思洛	0.747						-0.111	
张琪玉	0.666			0.112				0.504
马海群	0.584		0.451					
文庭孝	0.398			0.371	0.135			
黄宗忠		0.928						
吴慰慈		0.924				0.201	-0.111	
马恒通		0.920					0.116	
周文骏		0.880	0.153			-0.126	-0.143	
赵益民		0.849				0.200	0.160	
徐引篪		0.790	0.375			-0.155	-0.157	0.101
王子舟		0.779	0.428				-0.171	
盛小平	0.291	0.563	-0.133	0.160			0.250	
柯　平	0.162	0.500	0.168			0.304	0.294	
蒋永福		0.444		0.379		0.244	-0.126	0.222
肖　勇			0.947					
王　芳			0.870					
李　纲	0.440		0.785					
赖茂生	0.308		0.735					
沈固朝	-0.109		0.663				0.426	
叶　鹰	0.191	0.278	0.660		0.119			
范并思	-0.110		0.552	0.128	0.279	0.291	-0.258	
叶继元	0.263		0.371					
陈传夫		0.279	0.284				-0.203	-0.175

续表

作者	研究方向							
	信息计量	图书馆学基本理论	信息资源管理	信息组织	目录学	图书馆服务	竞争情报	信息检索
包昌火			0.268			-0.105	0.197	
王知津			0.222	0.107			0.199	
秦 珂			0.178				-0.109	-0.128
姜永常				0.936				
赵蓉英	0.307			0.902				0.118
马文峰	0.125			0.857			0.132	
温有奎				0.803				-0.135
曾建勋				0.783		-0.125		0.455
周晓英			0.275	0.777				
马费成	0.591		0.393	0.618	0.154			
张晓林				0.506				
傅荣贤					0.959			
王重民					0.948			
来新夏					0.904	0.108		
彭斐章					0.723		-0.150	-0.101
黄俊贵		0.239	0.503		0.575			
李国新						0.795	-0.264	
邱冠华		-0.139				0.696	-0.112	0.139
李东来						0.629	0.156	
于良芝			0.302			0.616		0.220
吴建中						0.575		-0.139
王世伟						0.565		
初景利		0.140				0.401		-0.132
施国洪		0.176				0.317	-0.217	
梁战平		0.183	0.374			0.274	0.535	
秦铁辉	0.209	0.271				0.376	0.487	
郑彦宁				-0.116		-0.122	0.446	0.214
刘兹恒		0.315	0.118		0.167	0.203	-0.443	0.265
陈 峰				-0.138		-0.130	0.428	0.133
彭靖里			0.120				0.416	
谢新洲	0.336			-0.131		-0.129	0.416	0.128
NONAKA, I		0.146	-0.155	0.251		0.109	0.407	
程焕文							-0.389	0.104

续表

作者	研究方向							
	信息计量	图书馆学基本理论	信息资源管理	信息组织	目录学	图书馆服务	竞争情报	信息检索
沈祖荣					0.126		-0.280	
肖希明			0.152			0.215	-0.272	
常　春				0.160		-0.132	0.122	0.712
侯汉清	0.121							0.705
杜定友						0.190	-0.422	0.587
贺德方			0.299	0.205		-0.133	0.277	0.538
刘国钧		0.330		-0.117	0.357		-0.361	0.496
SALTON, G	0.143					-0.107		0.210

接着，我们将 145×145 的有向加权矩阵进行转化——通过求和方式将其转化为无向加权矩阵，仍然按照前面筛选作者的标准进行，满足条件的作者共 112 名。根据碎石图并结合前两种情况抽取主因子的个数，这里仍然抽取 8 个主因子，占所有方差的 40.837%。从解释的方差来看，随着作者的增多，作者的研究方向更加分散，这里的 8 个因子解释的方差是三种情况下最低的。总的来看，我国图情学的研究方向集中在信息计量、信息资源管理、图书馆学基本理论、竞争情报、信息组织与检索、知识管理与服务六个研究方向。

表 5-5　对称转化视角的狭义作者直引因子分析结果

作者	研究方向							
	信息计量	信息资源管理	图书馆学基本理论	竞争情报	图书馆学基本理论	信息组织与检索	图书馆学基本理论	知识管理与服务
周春雷	0.929							
GARFIELD, E	0.911							
WHITE, HD	0.902							
CHEN, C	0.901							
吴建华	0.901							
杨思洛	0.890				0.150			
庞景安	0.820							
马海群	0.772			0.249				
刘　军	0.761							
刘则渊	0.707					0.114		

续表

作者	研究方向							
	信息计量	信息资源管理	图书馆学基本理论	竞争情报	图书馆学基本理论	信息组织与检索	图书馆学基本理论	知识管理与服务
文庭孝	0.685			0.234		0.221		
赵蓉英	0.654					0.572		
盛小平	0.642	0.228	0.176					0.185
张琪玉	0.638					0.252		
马费成	0.615	0.382	-0.133	0.161		0.470		0.132
胡昌平	0.500			0.121		0.129		
姜春林	0.465				-0.155			
HIRSCH，JE	0.435		-0.111	-0.213	-0.188		-0.139	0.166
赵　星	0.378				-0.110	-0.136		
张云秋	0.277							
谢新洲	0.268		-0.135	0.246		-0.127		
张　群	0.211							
张玉峰	0.211			0.150				-0.108
顾立平	0.191							
何　琳	0.181							
叶　鹰	0.209	0.720		0.159				
徐引篪		0.712	0.319		-0.109			
王　芳		0.710		0.258			-0.102	
黄俊贵	-0.104	0.703	-0.103		0.326			
王子舟		0.697	0.478				0.279	
周文骏		0.583	0.537	-0.138	-0.138			
赖茂生	0.352	0.555	-0.119	0.332				
黄宗忠		0.550	0.474	-0.195	-0.117		0.249	
叶继元	0.284	0.383					-0.115	
沈固朝		0.383		0.377				
吴慰慈		0.372	0.320		0.103		0.323	0.251
杨文祥		0.747						
白君礼		0.604			0.354			
赵益民		0.250	0.601					0.104
肖希明		0.595			0.294			0.107
罗贤春	0.418	0.551			0.128			
傅荣贤		0.537					0.176	-0.102

续表

作者	研究方向							
	信息计量	信息资源管理	图书馆学基本理论	竞争情报	图书馆学基本理论	信息组织与检索	图书馆学基本理论	知识管理与服务
马恒通		0.101	0.519					0.335
陈传夫		0.356	0.491		0.156			
肖　珑			0.430					
施国洪			0.425		0.241			
王世伟			0.369	-0.126	0.166			0.366
秦　珂		0.139	0.237					0.101
刘　冰	0.245	0.192		0.736				
吴晓伟				0.657				
徐　芳				0.643		0.162		0.136
彭靖里				0.578				
周九常		0.355		0.557	0.145	0.114		0.235
肖　勇			0.293	0.535				
陈　峰				0.509		-0.125		
包昌火		0.378	-0.156	0.500				
李　纲	0.319	0.382		0.491		-0.102		
化柏林	0.239			0.491			-0.123	
黄晓斌	0.221			0.477		0.427		
王知津	0.251	0.254	0.335	0.414				
郑彦宁			-0.104	0.365		-0.122		
夏立新				0.356				
EGGHE，L	0.150		-0.119	-0.224	-0.180	-0.113	-0.145	0.152
杨建林	0.196			0.212				
滕广青				0.171	-0.105	0.161		
苏新宁				0.142	-0.104			
刘　颖				-0.133	-0.130			
潘燕桃			0.123		0.707			
沈光亮					0.694			0.197
范并思		0.266			0.651		0.124	
郭海明		-0.156	0.151		0.633			0.145
张　正			0.119		0.598			
刘兹恒		0.104	0.451		0.519			-0.148
张　靖					0.503			-0.166

续表

作者	研究方向							
	信息计量	信息资源管理	图书馆学基本理论	竞争情报	图书馆学基本理论	信息组织与检索	图书馆学基本理论	知识管理与服务
邱冠华		-0.128			0.502			0.300
于良芝	-0.103	0.199			0.455			0.424
李国新		-0.138	0.410		0.415			0.411
蒋永福			0.149		0.409			0.281
彭斐章					0.399			-0.179
程亚男			0.215		0.339		0.130	0.330
王重民		0.220	-0.188	-0.120	0.308		0.170	
邱均平	0.138			0.105	-0.291	0.114	-0.109	
金碧辉			-0.107	-0.186	-0.226		-0.148	0.153
马文峰	0.140			0.146		0.782		0.211
周晓英		0.224				0.752		
曾建勋						0.662		-0.127
温有奎						0.643		
张晓林			0.124	-0.161		0.472		
毕 强	0.102	0.132			0.172	0.209	0.341	
常 春						0.328		-0.188
姜永常	0.106	-0.160	0.125			0.327		-0.143
贺德方		0.120		0.108		0.326		-0.144
司 莉		-0.129	0.255			0.311		
SALTON, G						0.301		-0.110
刘国钧							0.905	
杜定友							0.889	
沈祖荣							0.882	
谢灼华							0.860	0.104
来新夏		0.194	-0.182	-0.135	0.204		0.363	
程焕文			0.198		0.248		0.334	
李东来					0.187			0.636
柯 平	0.130	0.385	0.264			0.115		0.562
秦铁辉	0.121	0.132		0.104	-0.178	0.129		0.562
初景利			0.237	-0.137			-0.131	0.484
吴建中				-0.123	0.278			0.446
李超平	0.346	-0.111			0.231	-0.105		0.361

续表

作者	研究方向							
	信息计量	信息资源管理	图书馆学基本理论	竞争情报	图书馆学基本理论	信息组织与检索	图书馆学基本理论	知识管理与服务
梁战平		0.291		0.345	-0.129	0.140		0.346
NONAKA，I					-0.159	0.298		0.317
侯汉清				-0.123		0.205		-0.273
吴稌年		0.186			0.174			-0.273
袁红军						-0.102		0.212
臧国全								0.210

　　从上面的分析来看，三种视角得到的研究分支大致相同，表5-6是对这三种视角的总结。其中，把图书馆服务和信息服务都归纳为图书馆学基本理论与方法，信息检索与信息组织则合并为信息组织与检索，原因首先是在现实中，它们之间有较大的交叉，研究内容有较大的重合，其次从因子载荷来看，它们之间在彼此因子上都有一定的载荷。在计数时，绝对数量只计算因子载荷在0.2以上的，0.2以下及负值的都不予以考虑。

表5-6　利用因子分析对狭义视角直引分析所得研究方向比较表

研究方向	引用视角（占比）	被引视角（占比）	对称视角（占比）
信息计量	11（16%）	12（17%）	22（18%）
竞争情报	9（13%）	8（11%）	15（13%）
信息组织与检索	12（17%）	14（19%）	10（9%）
信息资源管理	—	10（14%）	11（10%）
目录学	—	5（7%）	—
图书馆学基本理论与方法	25（36%）	17（14%）	40（36%）
知识管理与服务	—	—	10（9%）

　　从比较的结果来看，除了被引视角相对分布比较均匀外，其他两个视角中图书馆学基本理论与方法占据的比例都比较大。实质上，信息资源管理和目录学中的很多作者如果从大类上进行归属的话都可以归属到图书馆学基本理论与方法研究方向中，那么被引视角这一研究方向也可以占到35%左右。所以，总的来看，三种视角中图书馆学基本理论与方法占据的比例最高。除了图书馆学基本理论外，信息计量也占据了较大比例，达到17%左右；信息组织与检

索在对称视角中较少，但是在引用视角和被引视角中占据的比例也比较高，也达到 17% 左右；竞争情报在每个视角中都被识别出来，且占到了 12% 左右；信息资源管理在被引视角和对称视角中也被识别出来，尤其是被引视角非常明显，占的比例也达到了 14%；目录学比较特殊，只在被引视角中能够清晰地识别出来，在其他两个视角中都没有识别出来；同时，知识管理与服务也具有一定的特殊性，只在对称视角中清晰地显现出来。

从上面的分析来看，被引视角所得出的研究方向最多，其次为对称视角，最少的为引用视角。结合原理来看，引用视角由于排除了与其他作者没有引用关系或者关系很小的作者，所以主要还是考察当前活跃作者在做哪些方面的研究，即当前的"研究前沿结构"是什么；同样，被引视角主要考察"研究基础及结构"是什么；而对称视角则是两者的综合，这里把它称为"综合结构"。但是，我们看到，对称视角中缺少目录学的作者，这些作者主要集中在图书馆学基本理论与方法中。可能的原因一是对称视角研究对象的扩大，目录学中的作者匹配到更为相似的一些作者，尤其是图书馆学理论与方法方面的作者；二是目录学中的作者的研究兴趣与图书馆学基本理论与方法中作者的研究兴趣相似，以至于很难再单独地区分出来；三是目录学作者的研究兴趣比较广泛，即使在图书馆学基本理论与方法内，也涉及除目录学以外的研究分支，如图书馆学教育、图书馆基本理论、图书馆史等。

5.4.2　基于广义作者直引的我国图情学知识结构分析

正如前文的定义，广义作者直引是作者同被引、作者耦合和对称作者引用的结合，从原理上来看：一是可以使作者之间的相似度增强（注意并不是所有作者之间都增强，但是决不会减少）；二是可以使作者之间的联通性增强（作者同被引网络的密度为 0.331，作者耦合网络的密度为 0.039，对称作者引用的密度为 0.091，广义直引网络的密度为 0.355）[①]。很明显，广义直引也是一个对称加权矩阵，可以使用同被引分析、耦合分析中的方法。为了与本书 5.4.1 节所使用方法一致，这里仍然使用因子分析进行知识结构的挖掘。在这 145 名作者构成的网络中，有一个孤点需要去除掉，总共保留了 144 名作者。对这 144×144 的矩阵进行因子分析，根据碎石图并结合表 5-6 的分类，保留

---

① 都是基于 145×145 的矩阵，未删除任何节点。

6 个因子，能够解释总体 54.5% 的信息，具体如表 5-7 所示。

　　首先从因子来看，这 144 位作者之间的研究实质上还是比较分散，只刚刚解释了过半的总体信息。具体从表 5-7 来看，这 6 个因子又可以分为五大类：图书馆学基本理论与方法（1 和 2 合起来）、信息计量、竞争情报、信息组织与检索、数字图书馆建设与服务。我们可以看到图书馆基本理论与方法占据了最大的比例，而且很难再进行细分，这在狭义直引分析的时候也能够体现出来。这里比较特殊的是，数字图书馆建设与服务作为一个大的群体突显出来（图书馆学基本理论与方法的初景利、张晓林、陈传夫、吴建中、刘炜、王波等在这一方向上也有较大的载荷，都在 0.3 以上）。事实上，数字图书馆建设与服务也的确是图情学研究的一个热点，从论文和社会科学基金的立项来看，都得到了学术界的广泛关注。在狭义直引的分析中，并没有专门的这样一个较大数量的群体。但是，我们也看到目录学、信息资源管理在这里并没有显现出来。

　　这里结合广义直引的原理，其综合了对称视角的狭义直引、同被引、耦合三种情况，更多地测度的是作者之间的相似性，所以它更加综合。这种综合可能会平衡各种关系，甚至削弱某些关系的影响，这就可能导致狭义直引、同被引和耦合表现出来的分支领域无法理想地显示出来。

表 5-7　基于广义视角的作者直引因子分析

作者	研究方向					
	图书馆学基本理论与方法1	信息计量	竞争情报	信息组织与检索	数字图书馆建设与服务	图书馆学基本理论与方法2
黄俊贵	0.908					
刘兹恒	0.890					0.204
杨文祥	0.881					0.105
白君礼	0.879					
于良芝	0.879			0.111		
李超平	0.875					
肖希明	0.867			0.218		
王子舟	0.853					0.182
黄宗忠	0.852					0.142
程亚男	0.841					
王宗义	0.835			0.215		0.129
吴慰慈	0.834					0.137
徐引篪	0.833					0.200

续表

作者	研究方向					
	图书馆学基本理论与方法1	信息计量	竞争情报	信息组织与检索	数字图书馆建设与服务	图书馆学基本理论与方法2
蒋永福	0.832					0.108
李国新	0.828					
傅荣贤	0.816					0.285
程焕文	0.815					0.182
范并思	0.809					0.122
柯 平	0.790	0.125	0.132	0.137	0.168	
陈传夫	0.787		0.133	0.132	0.318	
王世伟	0.781				0.173	
吴建中	0.747				0.307	
潘燕桃	0.745					0.253
沈光亮	0.743					
周文骏	0.737					0.243
马恒通	0.727					0.149
张 靖	0.676				0.103	0.156
郭海明	0.661				0.181	
叶继元	0.660	0.443	0.238	0.239		0.151
王余光	0.651					0.480
邱冠华	0.648			-0.123		-0.178
叶 鹰	0.636	0.496	0.116			
盛小平	0.615	0.347	0.225	0.212	0.240	
张 正	0.611				0.163	0.282
赵益民	0.608					
彭斐章	0.592		0.223	0.149	0.140	0.291
初景利	0.586				0.552	
毕 强	0.581		0.243	0.376	0.260	-0.102
张晓林	0.542			0.261	0.369	-0.124
王 波	0.537	-0.104			0.338	
施国洪	0.525				0.259	
李东来	0.522		-0.111	-0.114		-0.126
司 莉	0.483			0.448	0.180	
罗贤春	0.458	0.269	0.168	0.331	0.144	0.108
刘 炜	0.438				0.363	
黄建年	0.313				0.249	0.296

续表

作者	研究方向					
	图书馆学基本 理论与方法1	信息计量	竞争情报	信息组织 与检索	数字图书馆 建设与服务	图书馆学基本 理论与方法2
秦　珂	0.297				0.241	−0.150
周春雷		0.907				
WHITE，HD		0.890	0.110	0.218		
姜春林	−0.115	0.854				
庞景安		0.812	0.155	0.290		
GARFIELD，E		0.801		0.327		
赵星		0.777		−0.109		
苏新宁		0.772	0.237	0.238	0.181	
LEYDESDORFF，L		0.768				
CHEN，C		0.750	0.169	0.419		
刘　军		0.733	0.389	0.202		
杨思洛	0.149	0.732		0.245	0.201	0.105
HIRSCH，JE		0.715		−0.148		
刘则渊		0.694	0.134	0.393		
EGGHE，L		0.693		−0.160		−0.107
万锦堃	−0.100	0.689	−0.124	−0.213		−0.120
金碧辉	−0.102	0.666	−0.127	−0.232		−0.139
杨建林		0.585	0.269			
朱　强	0.116	0.584			0.298	
马海群	0.143	0.556	0.299	0.417	0.165	−0.134
马费成	0.180	0.530	0.411	0.503	0.111	
吴建华	0.109	0.495		0.289	0.158	
郑德俊		0.401	0.290			−0.170
邱均平		0.337	0.267	0.316		−0.238
刘　冰			0.879			
彭靖里			0.871			
沈固朝	0.217		0.844			
吴晓伟		0.133	0.815			
秦铁辉		0.276	0.801	0.189	0.103	
李国秋			0.776	0.101	−0.119	
谢新洲	−0.123	0.107	0.765	−0.122		
包昌火		0.124	0.734	0.113		

续表

作者	研究方向					
	图书馆学基本理论与方法1	信息计量	竞争情报	信息组织与检索	数字图书馆建设与服务	图书馆学基本理论与方法2
陈峰			0.733			
梁战平	0.113		0.659	0.438		-0.133
王曰芬	0.210	0.370	0.642	0.229	0.309	
徐芳	0.126		0.619			
肖勇	0.331	0.112	0.609	0.294		-0.121
周九常	0.584		0.604	0.103		
李纲		0.510	0.603	0.330		
黄晓斌	0.224	0.211	0.562	0.346	0.222	
张玉峰	-0.196	0.132	0.540		0.158	
赖茂生	0.193	0.248	0.535	0.477		-0.122
王知津	0.452	0.234	0.527	0.285		
化柏林		0.385	0.505	0.466		
夏立新		0.143	0.482		0.409	
王芳	0.189		0.468	0.371	-0.103	-0.181
郑彦宁	-0.126	-0.107	0.461			
吴丹		-0.105	0.429			
NONAKA，I		0.178	0.427	0.390	0.176	
韩毅	0.295	0.224	0.368	0.192	0.178	
邓福泉						
马文峰		0.190	0.113	0.721	0.214	
周晓英			0.417	0.695		
曾建勋				0.650	0.121	
温有奎				0.648		
姜永常				0.636	0.245	
赵蓉英		0.579	0.161	0.618		
文庭孝	0.113	0.480	0.361	0.606		
贺德方			0.214	0.603		
张云秋		0.265	0.184	0.588		
陈定权		0.266	0.221	0.561	0.307	
张琪玉		0.161		0.542		
SALTON，G	-0.141	0.325		0.500	-0.108	
常春	-0.110	-0.114	-0.106	0.382		
贾君枝	0.270		0.121	0.325		-0.115

续表

作者	研究方向					
	图书馆学基本理论与方法1	信息计量	竞争情报	信息组织与检索	数字图书馆建设与服务	图书馆学基本理论与方法2
刘　华		-0.127	-0.160	0.325	0.146	
侯汉清			-0.107	0.322		0.265
滕广青			0.261	0.268		-0.116
娄策群	0.172			0.178	0.130	
李春旺					0.840	
顾立平		0.188		0.180	0.709	0.144
蔡迎春	0.137	0.150			0.677	
黄如花	0.204			0.173	0.675	-0.130
徐恺英		-0.112	0.176		0.639	
肖　珑	0.499				0.618	
张　群		0.192			0.547	
任树怀	0.427				0.530	
茆意宏	0.141				0.526	
李　武		0.139			0.525	-0.118
刘　颖		0.421		-0.219	0.516	
胡昌平	0.345	0.271	0.228	0.334	0.509	
黄国彬	0.327			0.114	0.457	-0.188
戴龙基	0.433	0.196			0.439	
袁红军	0.230				0.405	-0.157
索传军	0.149			0.297	0.394	-0.135
臧国全	0.155				0.361	-0.145
何　琳	0.125			0.182	0.357	
胡小菁	0.332				0.343	
沈祖荣	0.221				-0.105	0.726
李致忠	0.144					0.662
杜定友	0.431				-0.144	0.658
谢灼华	0.524					0.644
来新夏	0.434					0.629
吴稌年	0.430					0.575
刘国钧	0.479				-0.124	0.547
徐　雁	0.262				0.152	0.520
叶德辉						0.481
王重民						0.435

5.4.3　与作者同被引、作者耦合结果的比较

下面从两个方面展开作者直引、作者同被引及作者耦合结果的比较，一是从统计学的角度来看它们几种关系之间的相关性，二是详细分析它们所得结果的差异性。需要强调的是，所得结果的差异性比较中，主要还是以作者同被引、作者耦合作为参照对象，重点还是放在作者直引与其他两种在分析学科知识结构方面有何种差别，至于作者同被引和作者耦合的差别在前面已经详细讨论了，这里不再赘述。

首先来统计这五种情况［狭义直引、狭义直引（对称）、广义直引、同被引、耦合，都为 145 位］的 QAP 相关系数，都排除了对角线的值，即不考虑自身与自身的关系，具体如表 5-8 所示。总的来看，它们都具有显著的统计学意义，但是从相关系数的大小来看，只有广义直引 – 引用（对称）、广义直引 – 同被引、引用（对称）– 引用之间的相关系数在 0.6 以上，其他关系对之间的相关性都在 0.5 以下，相关性较低。这说明，广义直引和同被引在很大程度上有一定的替代性，其次是引用和引用（对称）、广义直引和引用（对称）。总的来看，作者直引内部的几种关系，尤其是对称化无向网络关系之间相关性更强，而耦合与其他四种关系都呈现弱相关，有其一定的特殊性。

表 5-8　五种关系 QAP 相关系数及显著性（$p=0.000$）

关系	广义直引	引用（对称）	耦合	同被引	引用
广义直引	1.000	0.619	0.327	0.975	0.463
引用（对称）	0.619	1.000	0.387	0.441	0.747
耦合	0.327	0.387	1.000	0.198	0.289
同被引	0.975	0.441	0.198	1.000	0.329
引用	0.463	0.747	0.289	0.329	1.000

接着，我们比较狭义（三个视角）和广义两种情况与作者同被引和作者耦合所得结果的差异，具体如表 5-9 所示[1]。需要注意的是，这里保留了每种视角、方法得到的研究方向，只是将图书馆服务和图书馆学基本理论与方法加以合并（统一命名为图书馆学基本理论与方法），数字信息组织与

---

[1]　狭义视角（因子分析）的比较在表 5-5 中已经表现，而同被引和耦合则在表 4-4 中进行了表述，这里为了比较的完整性，将它们放在一起进行系统化对照分析。

检索、信息索引与检索和信息组织与检索加以合并（统一命名为信息组织与检索），数字参考咨询、数字图书馆建设与服务、知识管理与服务加以合并（统一命名为知识管理与服务），这是因为它们之间都有较大的重合，所包含的作者的研究兴趣也比较一致。但是，由于 h 指数在多个视角都出现，加以保留。

表 5-9　作者直引与作者同被引、作者耦合的比较

研究方向	直引					同被引	耦合
	狭义视角				广义视角		
	阈值法[①]	因子分析法					
		引用视角	被引视角	对称视角			
信息计量	●	●	●	●	●	●	●
h指数	●					●	●
竞争情报	●	●		●	●	●	●
信息组织与检索	●	●		●	●	●	●
情报学基本理论与方法	●					●	●
信息资源管理	●		●	●			
目录学			●				
图书馆学基本理论与方法	●	●		●			●
知识管理与服务	●			●	●		
学术规范与学术道德研究	●						
信息法学（知识产权）	●						
功能（学科知识结构）	全面前沿	综合前沿	综合	综合	综合	基础结构	前沿机构

从表 5-9 来看，共涉及 11 个研究方向，狭义视角的直引阈值法得到的结果最为详细，涉及了除了目录学以外的所有 10 个分支领域。结合结果和方法原理，可见其得到的结果"最全面且前沿"，可以探测出一个学科的"全面前沿结构"。狭义直引引用视角（因子分析法）得到的结果最为宽泛，且只包含四个研究方向，所以其所得到的结果"最综合"，可以探测出一个学科"综合

---

① 阈值法中引用（被引用）、对称视角得到的研究方向基本一致，所以不再单列每种视角的结果，而是将它们放在一起展示。

前沿结构"；狭义直引被引视角（因子分析法）、狭义直引对称视角（因子分析法）、同被引和耦合都得到了六个方向，但是它们之间仍然有一定的差异，同被引和耦合比较特殊的是得到了情报学基本理论与方法和 h 指数两个研究方向，狭义直引被引视角（因子分析法）则探测出目录学这一方向，对称视角则发现了知识管理与服务这一分支领域。初步来看，狭义直引被引视角（因子分析法）主要还是用来探测一个学科的"基础结构"，但是，与同被引还是有一定的区别，两者在研究对象选取、原理算法上有较大区别。狭义直引被引视角（因子分析法）虽然是从被引角度来考量，但是在选取研究对象的时候也考虑了发文的因素，因此它实质上综合考量了"前沿和基础"的因素，这里把它称为"综合结构"。对称视角实质上是将引用和被引视角紧密结合起来，它进一步强化作者之间的相互认知关系，但由于研究对象的限制，其实质还是反映着"综合结构"。需要强调的是，它所展现的综合结构可能与从被引视角出发展现的综合结构有一定的差别，毕竟改变了作者之间的相似性。广义直引得到的结果和对称视角直引得到的结果非常相似，只是前者没有体现出信息资源管理这一方向。所以，它得到的也是一种综合结构，只不过这种"综合"可能比对称视角更"综合"。自此，我们也可以看出随着对称化或者关系叠加，识别的研究方向相对较少较集中，作者之间的差异性在一定程度上会被"掩盖"，一般可用来识别一个学科的综合知识结构。

5.5 本章小结

本章主要是深入系统地探讨了作者直引这一特殊关系及其在学科知识结构发现中的应用。作者直引作为一种有向加权网络，相对于无向加权网络（如同被引和耦合）有其一定的特殊性，当前研究对其探讨还不够系统和深入，本章试图解决一开始提出的几个问题，通过理论和实证应用研究，较好地解决了这几个问题。针对这些问题，对本章进行了总结。

（1）作者直引分为狭义直引（单引、互引）和广义直引（又称为加权直引）两种。广义直引糅合了直引、同被引和耦合关系，是三种关系的综合。狭义直引是两个作者之间的引用关系，用引用次数来表示两个作者之间的引用强度。广义直引由于是三种关系的综合，所以需要对有向非对称的直引关系首先转化为无向对称的关系，然后与同被引和耦合进行叠加，得到最后的广义直引关系矩阵。

（2）从原理上来看，作者直引表征的是两个作者之间"主动直接引用关系"，而作者同被引是两个作者之间的"被动间接引用关系"，作者耦合是两个作者之间的"主动间接引用关系"，所以它们代表着两个作者之间不同的学术关系，所得的结果也很可能不一致。

（3）利用作者直引挖掘一个学科的知识结构当前主要使用两种方法，一种是阈值法，另一种是因子分析法。阈值法比较简单，主观（或者根据某种准则）设定一定的引用次数阈值，消除一些弱相关关系，即抓住引用网络中的"主要矛盾"。需要指出的是，通过阈值法得到的子网络有可能比较大，这就需要用 Louvain 算法等进行进一步分解，得到更为细致的群体分类。而因子分析法是一种成熟的数据降维方法，已经得到了广泛的验证和应用。

（4）从结果来看，不论是狭义还是广义视角的作者直引都可以较好地发现一个学科的知识结构。但是，我们也看到它们得到的结果不尽相同，也就是说得到的分支结构有一定的差别。即使是相同的分支，其包含作者的数量甚至一些作者都有一定的差异。由此可见，即使是同一方法——作者直引，针对不同的研究视角——狭义的引用、被引和对称直引、广义直引，得到的结果都有一定的差别。

（5）通过与作者耦合和作者同被引的比较研究，发现这几种关系之间有一定的差异：从 QAP 相关系数来看，只有广义直引和同被引的相关性在 0.9 以上，说明两者有很强的相似性，作者直引内部，引用、引用（对称）和广义直引之间则有较强的相关性（0.6 以上），而作者耦合与其他几种关系相关性都很低，有较大差异。从获得的分支方向来看，阈值法得到的结果能够反映一个学科的"全面前沿"结构。狭义直引的被引视角、对称视角，以及广义直引得到的是一个学科的"综合"结构，狭义直引的引用视角则得到一个学科"综合前沿"结构。由此可见，作者直引虽然能反映一个学科的知识结构，但是不同视角、不同分析方法得到了不同的知识结构，并且有的结果之间差异比较大。

　　总之，作者直引作为一种较新的学科知识结构挖掘方法，在原理上有其独特优势（反映作者之间的直接主动关系），在实践中也证明其能够较好地展现一个学科的知识结构。但是，由于作者之间的直引发生量不是很高（最起码对于我国图情学是这样），所以能否广泛应用于大多数学科的知识结构发现还有待更多的验证。

第 6 章　作者学术影响力评价研究 ①

　　我们知道，作者是科学交流体系的核心，也是创新力量的重要组成部分，在推动科技进步和文化传承方面起着重要的作用。一般来讲，学术影响力越大的作者在推动知识创新和知识传播方面的作用也越大。在过去几十年间，不少学者围绕"什么是高学术影响力学者"这一问题提出了自己的见解。利用被引次数进行论文影响力评价最早的实践是 P. L. K. Gross 和 E. M. Gross 的研究 ②。但是受到研究条件的限制，当时只是手动的、很小规模的研究，得到的结论也有一定的时代局限性。1964 年，位于美国费城的科技信息研究所创立了影响深远的 SCI，为更为科学的、规模化的科学评价奠定了良好的工具基础 ③。自此以后，相关研究便开始涌现，许多学者更加深入探讨引文分析的原理 ④⑤，并将其广泛地应用在各种实践中 ⑥⑦。随着时间的推移，基于

---

① 本章是在课题阶段性成果《加权引用视角下的作者学术影响力评价研究》(作者：马瑞敏、张慧、杨雨华，发表于《情报学报》)基础上撰写而成的。

② Gross P L K，Gross E M. College libraries and chemical education [J] . Science，1927，66：385-389.

③ Garfield E. "Science citation index" —a new dimension in indexing [J] . Science，1964，144（3619）：649-654.

④ Merton R K. The Matthew effect in science，II：cumulative advantage and the symbolism of intellectual property [J] . ISIS，1988：606-623.

⑤ MacRoberts M，MacRoberts B. Problems of citation analysis [J] . Scientometrics，1996，36（3）：435-444.

⑥ Garfield E，Sher I H. New factors in the evaluation of scientific literature through citation indexing [J] . American Documentation，1963，14（3）：195-201.

⑦ Garfield E. Is citation analysis a legitimate evaluation tool? [J] . Scientometrics，1979，1（4）：359-375.

被引次数的评价越来越得到大家的重视，引文索引的两大功能之一的"科学评价"被逐渐放大，在学者影响力评价中也应用越来越广泛[①②]，甚至成为评价学者学术影响力不可或缺的"指挥棒"。与此同时，学者们也不断修正和完善基于引文的评价作者影响力的方法，其中最具影响力的是 2005 年物理学家 J. E. Hirsch 提出的一个非常巧妙的指数——h 指数[③]，这一指数综合考量了一个作者的产量和质量。随后，对于 h 指数的研究兴盛起来，形成了 h 指数谱系[④]。当前，被引次数和 h 指数已经成为评价一个学者学术影响力最著名的指标。但不论是被引次数还是 h 指数，对于引用都是不加权的。G. Pinski 和 F. Narin 则认为"给予从有威望期刊的引用比从边缘期刊的引用更高的权重是更为合理的"[⑤]，这里包含着加权引用的思想，即每个引用由于施引者的不同，其重要性也不同。Google 的搜索算法 PageRank 正是在这样的基本思想启迪下提出的[⑥]。而反过来，受 PageRank 算法的启迪，不少学者提出了加权 PageRank 算法并应用在作者影响力评价中。比如，Y. Ding 就利用加权 PageRank 算法评价了信息检索领域学者的学术影响力[⑦]；E. Yan 和 Y. Ding 则将这一算法扩展到非同质学术网络中[⑧]。

虽然当前基于引文的作者学术影响力的研究已经很多，但是还有不少可继续深入研究之处：一是作者学术影响力涉及的基本问题还有待进一步深入研究；二是应该深入系统地重新思考作者学术影响力的影响因素；三是这些影响因素的评价模型尚待进一步探究。

① Garfield E. Citation indexing for studying science ［J］. Nature, 1970, 227: 669-671.
② Cole J R, Cole S. Social stratification in science ［J］. American Journal of Physics, 1974, 42（10）: 923-924.
③ Hirsch J E. An index to quantify an individual's scientific research output ［J］. Proceedings of the National Academy of Sciences, 2005, 102（46）: 16569-16572.
④ Bornmann L, Mutz R, Daniel H D. Do we need the h index and its variants besides standard bibliometric measures? ［J］. Journal of the American Society for Information Science and Technology, 2009, 60（6）: 1286-1289.
⑤ Pinski G, Narin F. Citation influence for journal aggregates of scientific publications: theory, with application to the literature of physics ［J］. Information Processing and Management, 1976, 12: 297-312.
⑥ Brin S, Page L. The anatomy of a large-scale hypertextual web search engine ［J］. Computer Networks and ISDN Systems, 1998, 30: 107-117.
⑦ Ding Y. Applying weighted PageRank to author citation networks ［J］. Journal of the American Society for Information Science and Technology, 2011, 62（2）: 236-245.
⑧ Yan E, Ding Y. Discovering author impact: a PageRank perspective ［J］. Information Processing and Management, 2011, 47: 125-134.

6.1　作者学术影响力评价的基本问题

作者影响力评价的研究虽然一直都很热，但也是非常有争议的一个研究领域，并且形成了不同的学术流派。为了更系统、科学地利用引文进行作者学术影响力评价，我们有必要对其涉及的基本问题进行研究。

6.1.1　引用视角的作者学术影响力定义

影响力这一词最早被定义是出现在管理学中，尤其是组织行为学对其有较为系统的研究。在管理学中，其被定义为"用一种为别人所乐于接受的方式，改变他人所乐于接受的方式，改变他人的思想和行动的能力"，包括权力性影响力和非权力性影响力[①]。很明显，这一定义主要围绕领导者的权力展开。领导力包含的范围很广，适用于不同的研究对象，作者学术影响力只是其中的一部分，其相当于一个学者在学术界的领导力；即使这样，作者学术影响力仍包含较多方面，可以从多个视角进行衡量，如作为期刊主编、作为重要学术会议召集人或主持人、作为某一学术组织重要成员等。

另外，需要指出的是，当前作者影响力在信息科学领域中还没有一个统一定义。MacRoberts 兄弟曾经专门提及这一问题[②③]："在可能的常规意义来讲，我们并没有定义什么是影响力，但是引文分析学家实际应用中却能精确使用它。"尽管这样，我们还是需要一个定义来让读者明确什么是作者学术影响力。这里，根据管理学的相关定义，笔者尝试对作者学术影响力进行定义。首先，我们应该对作者学术影响力的范畴有一个清晰的界定——这里我们只是从引用视角研究作者学术影响力。在此基础上，仿照领导力的定义，引用视角的作者学术影响力可以定义为（为了简便表达，后文都简称为"作者学术影响力"）

---

① 斯蒂芬·罗宾斯. 组织行为学 [M]. 孙健敏，李原，译. 北京：中国人民大学出版社，1997：51.

② MacRoberts M H, MacRoberts B R. Quantitative measures of communication in science：a study of the formal level [J]. Social Studies of Science，1986，16（1）：151-172.

③ MacRoberts M H, MacRoberts B R. Problems of citation analysis：a study of uncited and seldom - cited influences [J]. Journal of the American Society for Information Science and Technology，2010，61（1）：1-12.

"通过撰写论文并经过引用网络传播知识，启迪他人研究思维和提升他人科学创新的能力"。这一定义主要除了围绕"如何影响（渠道和方式），影响什么（效果）"外，还扣住"作者"这一属性，体现其区别于其他评价对象的特殊性。

6.1.2 作者学术影响力的影响因素

作者学术影响力的形成是一个复杂的过程，其影响因素可能有以下几个方面。

（1）正面、负面引用。这里，正面引用就是符合默顿提出的规范理论的正常引用，即引用是对一个作者作品给予的"承认"（credit）[①]，这显然是指正面影响。而 Garfield 在研究行为动机的论文中明确指出[②]，引用中有一些是负面引用，即作者发表的论文方法或者思想是不正确的或者有争议的，但是仍然引起了关注；从知识交流的角度来看，他并没有真正传递知识给他人，但是却得到了引用。所以，在整个作者影响力形成中，首先要分清楚哪些是正面引用，哪些是负面引用。比如，Moravcsik 和 Murugesan 在其研究中只发现 14% 的负面引用[③]；Chubin 和 Moitra 则发现这一比例更低，只有 4% ～ 6%[④]。

（2）实质性、非实质性引用。在研究引用动机的两大流派中，社会构建学派认为引用和内容无关，而是与其他非学术因素相关，如为了说服别人、维持自己观点等[⑤]。这一观点导致了人们对于引用在学术评价中应有功能的怀疑。一些学者也对实质性引用和非实质性引用进行了内容分析，但是有较大的分歧[⑥]。比如，在现实中，我们也发现很多列举性的引用，这些引用可能都可以归入非实质性引用。Simkin 和 Roychowdhury 甚至曾经指出诸如此类的非实质性引用占比高达 80%[⑦]；Dubin 的研究则发现更为夸张的一种情况：Salton 的一篇论

---

① 默顿 R K. 科学社会学——理论与经验研究（下册）[M]. 鲁旭东，林聚任，译. 北京：商务印书馆，2003：221.

② Garfield E. Can citation indexing be automated? [J]. Essays of an Information Scientist, 1962, 1: 84-90.

③ Moravcsik M J, Murugesan P. Some results on the function and quality of citations [J]. Social Studies of Science, 1975, 5 (1): 86-92.

④ Chubin D E, Moitra S D. Content analysis of references: adjunct or alternative to citation counting? [J]. Social Studies of Science, 1975, 5 (4): 423-441.

⑤ Cetina K K. Merton's sociology of science: the first and the last sociology of science? [J]. Contemporary Sociology—a Journal of Reviews, 1991, 20 (4): 522-526.

⑥ Bornmann L, Daniel H. What do citation counts measure? A review of studies on citing behavior [J]. Journal of Documentation, 2008, 64 (1): 45-80 (36).

⑦ Simkin M V, Roychowdhury V P. Read before you cite! [J]. Complex Systems, 2003, 14: 269-274.

文并不存在，但是竟然被引用了 300 多次 [1]。如何鉴定和区分实质性与非实质性引用是一项非常棘手的工作，虽然也有一些学者做了一些尝试性的工作 [2]~[6]。

（3）学科差异。当前引文分析领域的学者达成一致共识，即被引次数受到学科的影响，如学科的期刊数量、论文的参考文献量等都会影响学者们的被引次数，也导致不同学者之间无法进行学术影响力的比较。有些作者虽然尝试用一些方法来消除学科差异 [7]~[10]，但这种"天然上的差异"并不是通过简单的计量方法就能解决的，因为这还涉及不同学科引用行为、动机等更为深层次的原因 [11][12]。在这种情况下，作者影响力的大小不能光看"绝对数量"——不同学科作者之间影响力不宜进行直接比较。

（4）引用者地位。在一开始关于引用次数的研究中，一般不考虑引用者的影响，认为每一引用的重要性都是一样的，都记为 1。1976 年 G. Pinski 和 F. Narin 认为不同期刊的地位是不同的，它们作为"施引者"的角色在引用中地位是不同的 [13]。后来 Google 的网页排序算法也是基于这样的考虑 [14]。举一个简单

① Dubin D. The most influential paper Gerard Salton never wrote ［C］. Library Trends，2004，52（4）：748-764.
② Small H. Citation context analysis ［J］. Progress in Communication Sciences，1982，3：287-310.
③ Hanney S，Frame I，Grant J，et al. Using categorisations of citations when assessing the outcomes from health research ［J］. Scientometrics，2005，65（3）：357-379.
④ Zhang G，Ding Y，Milojević S. Citation content analysis（CCA）：a framework for syntactic and semantic analysis of citation content ［J］. Journal of the American Society for Information Science and Technology，2013，64（7）：1490-1503.
⑤ Ding Y，Zhang G，Chambers T，et al. Content-based citation analysis：the next generation of citation analysis ［J］. Journal of the Association for Information Science and Technology，2014，65（9）：1820-1833.
⑥ 陆伟，孟睿，刘兴帮. 面向引用关系的引文内容标注框架研究 ［J］. 中国图书馆学报，2014，6：9.
⑦ Colliander C. A novel approach to citation normalization：a similarity-based method for creating reference sets ［J］. Journal of the Association for Information Science and Technology，2014，66（3）：489-500.
⑧ Rons N. Partition-based field normalization：an approach to highly specialized publication records ［J］. Journal of Informetrics，2012，6（6）：1-10.
⑨ Moed H F. CWTS crown indicator measures citation impact of a research group's publication oeuvre ［J］. Journal of Informetrics，2010，4（3）：436-438.
⑩ Waltman L，Yan E，van Eck N J. A recursive field-normalized bibliometric performance indicator：an application to the field of library and information science ［J］. Scientometrics，2011，89（1）：301-314.
⑪ Kostoff R N，Martinez W L. Is citation normalization realistic? ［J］. Journal of Information Science，2005，31（1）：57-61.
⑫ 亨克·F. 莫德. 科研评价中的引文分析 ［M］. 佟贺丰等译. 北京：科学技术文献出版社，2010：33-35.
⑬ Pinski G，Narin F. Citation influence for journal aggregates of scientific publications：theory，with application to the literature of physics ［J］. Information Processing and Management，1976，12：297-312.
⑭ Brin S，Page L. The anatomy of a large-scale hypertextual web search engine ［J］. Computer Networks and ISDN Systems，1998，30：107-117.

的例子，在物理学领域，作者 A 是一位新人，一位先驱人物 B 和一位学术新人 C 各引用其作品 1 次，按照传统计算方式，都记为 1；但是考虑到施引者的重要性，那么 B 的 1 次引用的重要性要大于 C 的 1 次引用，在实际评价中应该给予更大的权重。

这些因素在评价实践中应该综合进行考量：①在数据处理时给予"实质性引用"的参考文献更多的权重；排除负面引用甚至错误引用。②谨慎考虑学科因素：一是不能使用绝对数量来比较不同学科的作者影响力；二是如果的确需要不同学科作者之间的比较或者其他评价目的（如高等学校评估需要不同学科的累加），则需要进行必要的转换。③要考虑施引者的作用，区别对待不同施引者——给予不同学术地位的学者不同的权重。

6.1.3 作者学术影响力与作者学术水平的关系

作者学术影响力与作者学术水平到底是什么样的关系？这一问题一直萦绕于图情学尤其是文献计量学领域学者脑海中，并且有很大的争议。实质上，这一问题可以转化为"从引文分析来看，被引次数能否代表学术质量"。很显然，如果能代表，那么作者学术影响力在很大程度上可以代表作者学术水平；反之，作者学术影响力与作者学术水平的相关性就很弱。

早在 1957 年，Clark 就曾经让心理学家给出他们认为最有质量的论文，并计算了这一结果与其他一些度量威望的指标的相关性，结果发现与被引次数最为相关（r=0.67），由此得出被引次数是最能体现论文"价值"的指标[①]。Cole 兄弟也证实了类似的发现，即作者被引次数与作者所得学术荣誉呈高度正向相关（r=0.67）[②]；他们随后更系统地进行了研究，明确得出被引次数与各种质量指标高度相关（r 全部高于 0.8）[③]。Egghe 和 Rousseau 则在其专著中提出了引文分析的四个使用前提，其中之一便是"引用能够代表一篇文献的优点（包括质量、重要性和影响）"[④]。这部分作者认为被引次数是度量文献质量的重要指

① Clark K E. America's Psychologists：A Survey of a Growing Profession［M］. Washington DC：American Psychological Association，1957.
② Cole S，Cole J R. Scientific output and recognition：a study in the operation of the reward system in science［J］. American Sociological Review，1967，32（3）：377-390.
③ Cole J，Cole S. Measuring the quality of sociological research：problems in the use of the "Science Citation Index"［J］. The American Sociologist，1971，6（1）：23-29.
④ Egghe L，Rousseau R. Introduction to Informetrics：Quantitative Methods in Library，Documentation and Information Science［M］. Amsterdam：Elsevier，1990：13.

标，甚至是最好的指标。

另外，有不少学者对引文分析提出了异议。MacRoberts 兄弟[①]就曾在分析引文分析存在问题的基础上，明确指出："以后相关研究中，应该停止使用引文分析。"Szava-Kovats 则指出"大部分有影响力的研究并未得到引用"[②]，这便扭曲了一个作者真正的被引次数：有的作者被夸大，有的作者则被忽视。Camacho-Minano 和 Nunez-Nickle 也发现了类似的结果[③]。

鉴于当前对于作者学术影响力和学术水平之间的关系争议较大，我们认可 Egghe 和 Rousseau 的观点，即引用次数能够体现一个作品的优点（质量、重要性和影响），这里认为作者被引次数最主要的是评价一个作者的学术影响力（这点相对争议较少，虽然前面提及一些负面例子，但是他们使用的样本都很小[④]），对于其他两点"质量和重要性"暂且搁置。最后需要强调的是，支持（甚至偏爱）引文分析的学者很可能找到相关的证据来说明影响力可以很大程度地代表（更准确地说是"衡量"）学术水平，而怀疑（甚至反对）引文分析的学者也能找到一些证据来证明两者没有必然联系。所以，选取的研究对象、研究样本不同可能得到截然不同的结果。但是从实用性来看，尤其是从评价来看，引用在一定程度上成了学术水平的代名词——尽管争议不断。

6.1.4　作者学术影响力评价的既有方法

作者学术影响力的评价已经有很长的历史，评价的结果实质上就是优劣排序，一旦涉及排序，问题就变得尤为敏感，但是不得不承认其作用非常广泛。当前对于作者影响力评价的方法主要有以下几种。

（1）被引次数。从通常意义来讲，作者被引次数就是指一个作者出现在参考文献中的次数。但是看似很简单的一个指标，其实还有很多需要关注的

①　MacRoberts M H，MacRoberts B R. Problems of citation analysis：a critical review［J］. Journal of the American Society for Information Science，1989，40（5）：342-349.
②　Szava-Kovats E. Phenomenon and manifestation of the "Author's Effect of Showcasing"（AES）：a literature science study，I. Emergence，causes and traces of the phenomenon in the literature，perception and notion of the effect［J］. Journal of Information Science，2008，34：30-44.
③　Camacho-Minano M M，Nunez-Nickle M. The multilayered nature of reference selection［J］. Journal of the American Society for Information Science and Technology，2009，60（4）：754-777.
④　转引自：MacRoberts M H，MacRoberts B R. Problems of citation analysis：a study of uncited and seldom-cited influences［J］. Journal of the American Society for Information Science and Technology，2010，61（1）：1-12.

细节：①有些学者提出不应该用出现在参考文献中的次数而应该用出现在文章中的次数来衡量，即一位作者的一篇参考文献在一篇论文主体中"被提及"（mentioned）的次数，他们认为这些论文被提及的次数越多，其越可能是实质性引用论文[1][2]。所以，在一定程度上讲被提及可能更能准确地计量一篇论文的被引次数。②是否考虑作者次序，即如何给合作者进行荣誉分配。这部分在同被引分析和耦合分析中已经较为详细地提及，在此不再赘述。③平均被引次数似乎更能说明一个作者的影响力，即一个作者的每篇发文引用次数都比较高。④高被引论文数及占比在很大程度上能够代表一个学者的学术水平，即如果一个作者发表的文章有多篇影响力大，或者一个作者虽然发文不多但大多是高被引论文，那么很有可能这位作者的学术水平是比较高的[3]。以上提及的都是在被引次数的基础上延伸的，在这里都归为一类。

（2）社会网络分析方法。Otte 和 Rousseau 曾经指出社会网络分析（social network analysis）对于信息科学是强有力的分析工具[4]，事实上也的确是这样。在众多的社会网络分析方法中，与作者影响力测度相关的主要是以下几个[5]：①点度中心度（point centrality），主要测度一个作者是否为整个网络中的"明星"，有入度和出度区分，入度即为被引次数，出度即为扩散度[6]。②中间中心度（betweenness centrality），考察一个作者在网络中的"桥梁作用"，即控制他人的能力。一个点 Y 相对 X 和 Z 的中间度为"经过 Y 并且连接这两点的短线程占这两点之间短线程总数之比"，在一个网络中，一个点的中间中心度为一个点作为所有其他两点桥梁的中间度之和。③接近中心度（closeness centrality），与中间中心性很相似，考察的是一个作者不受他人控制的能力。一个点的接近中心度定义为"该点与图中所有其他点测地线的距离之和"。

① Zhu X，Turney P，Lemire D，et al. Measuring academic influence：not all citations are equal［J］. Journal of the Association for Information Science and Technology，2015，66（2）：408-427.
② Hou W R，Li M，Niu D K. Counting citations in texts rather than reference lists to improve the accuracy of assessing scientific contribution［J］. BioEssays，2011，33（10）：724-727.
③ 马瑞敏. 学术期刊影响力评价研究——基于历时视角的新实践［J］. 中国科技期刊研究，2014，25（11）：1397-1403.
④ Otte E，Rousseau R. Social network analysis：a powerful strategy，also for the information sciences［J］. Journal of Information Science，2002，28（6）：441-453.
⑤ 刘军. 社会网络分析导论［M］. 北京：社会科学文献出版社，2004：122-126.
⑥ 沈艳红. 基于中国引文数据库的情报学核心期刊辐射力调查分析［J］. 图书情报工作，2011，55（12）：145-148.

（3）h 指数及各种变体。h 指数是由美国的一位物理学家 Hirsch[1] 提出的，它的算法很简单：将一个作者的作品按照被引次数（c_i）从高到低排序，并标以序号（r_i），逐一比较 r_i 和 c_i，当 $r_i>c_i$ 时，$h=r_i-1$。该指数提出后，由于其能够同时兼顾数量和质量，得到了广泛关注，尤其是在信息计量学届得到了更为广泛的关注，由此产生了一系列的改进，形成了 h 指数家族，已经有近 40 种不同的变体[2]，如 g 指数[3]、AR 指数[4]、e 指数[5]。

（4）加权引用。随着对引文属性的深入研究，有的学者指出施引文献的地位也影响着被引文献[6]。在这种思想的引导和启发下，人们利用数学中的随机过程相关方法（主要是马尔科夫链）构建评价模型来进行网页排序[7]，PageRank 便是典型代表[8]；其后，又扩展到期刊评价，提出特征因子[9]；也应用到文献评价[10][11]、作者评价[12][13]、机构评价[14][15]甚至国家评价等其他层次的评价方面。所以，随着时间的推移，各种各样的基于 PageRank 的算法产生：

① Hirsch J E. An index to quantify an individual's scientific research output［J］. Proceedings of the National Academy of Sciences，2005，102（46）：16569-16572.
② Bornmann L，Mutz R，Hug S E，et al. A multilevel meta-analysis of studies reporting correlations between the h index and 37 different h index variants［J］. Journal of Informetrics，2011，5（3）：346-359. 如果感兴趣可以参考该论文，其对每种变体都有介绍。
③ Egghe L. Theory and practise of the g-index［J］. Scientometrics，2006，69（1）：131-152.
④ Jin B. The AR-index：complementing the h-index［J］. ISSI Newsletter，2007，3（1）：6.
⑤ Zhang C T. The e-index，complementing the h-index for excess citations［J］. PLoS One，2009，4（5）：e5429.
⑥ Pinski G，Narin F. Citation influence for journal aggregates of scientific publications：theory，with application to the literature of physics［J］. Information Processing & Management，1976，12（5）：297-312.
⑦ Nykl M，Ježek K，Fiala D，et al. PageRank variants in the evaluation of citation networks［J］. Journal of Informetrics，2014，8（3）：683-692.
⑧ Brin S，Page L. The anatomy of a large-scale hypertextual web search engine［J］. Computer Networks and ISDN Systems，1998，30，107-117.
⑨ Bollen J，Rodriquez M A，van de Sompel H. Journal status［J］. Scientometrics，2006，69（3）：669-687.
⑩ Chen P，Xie H，Maslov S，et al. Finding scientific gems with Google's PageRank algorithm［J］. Journal of Informetrics，2007，1（1）：8-15.
⑪ Ma N，Guan J，Zhao Y. Bringing PageRank to the citation analysis［J］. Information Processing & Management，2008，44（2）：800-810.
⑫ Ding Y，Yan E，Frazho A，et al. PageRank for ranking authors in co-citation networks［J］. Journal of the American Society for Information Science and Technology，2009，60（11）：2229-2243.
⑬ Ding Y. Applying weighted PageRank to author citation networks［J］. Journal of the American Society for Information Science and Technology，2011，62（2）：236-245.
⑭ Nykl M，Ježek K，Dostal M，et al. Linked data and PageRank based classification［A］//IADIS International Conference Theory and Practice in Modern Computing［C］. Praha：IADIS Press，2013：61-64.
⑮ West J D，Jensen M C，Dandrea R J，et al. Author-level Eigenfactor metrics：evaluating the influence of authors，institutions，and countries within the social science research network community［J］. Journal of the American Society for Information Science and Technology，2013，64（4）：787-801.

从不同角度增加了不同因素的考量。这些方法都有共同的数学理论基础，通过一定的优化便可应用到不同层次的评价对象中——作者层次也不例外。

（5）消除学科影响的评价。消除学科影响的评价一直也是信息计量学界的研究热点。当前非常知名的就是荷兰科学技术研究所的学者们提出的皇冠指数。其包括两个具体的指标，一是传统的皇冠指数 $CPP/FCS_m = \dfrac{\sum_{i=1}^{n} c_i}{\sum_{i=1}^{n} e_i}$，

另一个是新采用的皇冠指数 $MNCS = \dfrac{1}{n} \sum_{i=1}^{n} \dfrac{c_i}{e_i}$。其中，CPP（citations per publication）是文献平均被引次数的简称，FCS_m（mean field citation score）是领域被引得分平均数的简称，MNCS（mean normalized citation score）则是标准化引用分数平均值；c_i 是一篇文献的被引次数，e_i 是这篇文献所在学科的所有论文的平均被引次数。皇冠指数可以评价作者、机构、国家等中宏观层次的科研竞争力。除此之外，还有其他一些作者从另外一些角度进行了探索性研究，如 Qiu 等提出从被引和载体两个方面消除学科影响来进行一个作者产出质量的考量[①]。

6.2　作者影响力评价的新方法探索

当前已经有一些作者影响力评价的成果，但是完全基于作者引用网络的作者影响力评价研究还很少——使基于 PageRank 算法的作者影响力评价已经有所尝试，但仍然有待改进之处。下面我们从两个角度提出两个基于作者引用网络的作者影响力评价的模型。需要注意的是，虽然在作者学术影响力的影响因素中提到了四个因素，但这里主要是集中在区别对待施引者这一因素的解决上。这是基于两点考虑：一是这里对于作者影响力的评价主要是集中在同一学科，不同学科的作者影响力有无必要进行直接比较有待商榷；二

---

① Qiu J，Ma R，Cheng N. New exploratory work of evaluating a researcher's output［J］. Scientometrics，2008，77（2）：335-344.

是实质性引用的鉴别还没有非常成熟的方法——现有方法尚不完善，精确度有待提高。

6.2.1　基本思想

对于作者影响力的理解一些学者给出了自己的看法。Y. Ding 和 B. Cronin[①] 提出了作者受尊敬（esteem）的测度方法，他们认为一个学者的被引次数主要是考察这一学者的流行程度（popularity），而作者的学术声望（prestige）主要是由高被引论文（highly cited papers）引用这一作者的次数决定。这里，我们从另一个角度来思考和讨论"学术声望"。作者发表论文非常重要的动机之一就是希望得到同行的认可，尤其是权威同行的认可，科学社会学之父默顿也曾指出"科学王国的基本通货是同行承认"[②]，而这种学术认可可以通过引用表达。也就是说，如果一个学者反复被权威学者引用，这个学者的威望或者已经比较高或者以后会比较高。所以，从引用动机来看，一个作者的威望更多的是建立在学术权威的引用上，这种关系相较高被引论文而言更直接，更容易理解。基于这样的想法，我们可以知道影响作者影响力的第一个因素就是"谁引用了他及引用频次"，这里涉及一个施引者加权引用的问题。

但是，一个作者的影响力不仅仅受施引人学术身份的影响，还要考虑的一个重要问题就是"他影响了多少人"，即扩散度（受众面）的问题。关于扩散度在很多信息计量学教材和论文中都有提及，但大多应用在期刊[③④]、论文[⑤⑥]中，很少用于作者评价中。一个学者的成果如果被很多学者引用，那么他的知识就惠及了更多的受众，他的显示度也会显著提高，影响更大范围的研究者。所

① Ding Y, Cronin B. Popular and/or prestigious? Measures of scholarly esteem [J]. Information Processing & Management, 2011, 47（1）: 80-96.
② 默顿. 科学社会学——理论与经验研究（下册）[M]. 鲁旭东，林聚任，译. 北京：商务印书馆，2003.
③ 肖坚. 学术期刊评价的"守夜人"角色思考 [A] // 第十二届 2014 全国核心期刊与期刊国际化、网络化研讨会论文集 [C]. 南昌：中国科学技术期刊编辑学会，2014：62-69.
④ 马峥，潘云涛. 基于引文分析方法的中国英文科技期刊的交流价值研究 [J]. 编辑学报，2012，24（4）: 307-310.
⑤ Gao X, Guan J. Network model of knowledge diffusion [J]. Scientometrics, 2011, 90（3）: 749-762.
⑥ Börner K, Maru J T, Goldstone R L. The simultaneous evolution of author and paper networks [J]. Proceedings of the National Academy of Sciences, 2004, 101（suppl 1）: 5266-5273.

以，评价一个学者的影响力可能还需要考虑一个学者知识扩散度的问题。

著名科学计量学家 H. D. White[①] 曾提出作者引证影像（citation image）这一概念，它指的是引用一个作者的所有作者的集合，即所有施引作者的集合。用这一方法的初衷是来观察一个学者的科学交流圈子，从而可以找到学者之间共同的研究兴趣。这个概念实质上已经包含了上述两大要素，但是 White 并没有将这一概念量化。实质上，这两个因素的计量都可以在作者引用网络（author citation network）中得以实现。作者引用网络指作者与作者之间相互引用构成的有向加权学术网络。通过对这一网络的分析，可以较为方便地得到作者的加权引用次数和扩散度（即节点的入度）。

基于以上的分析，一个作者的学术影响力主要受加权被引次数和扩散度两个方面因素的影响，并且可以通过一定的模型设计来具体评价一个作者的学术影响力。后文正是基于这样的想法来构建两个不同视角下的作者学术影响力评价模型。

6.2.2　作者影响力新评价模型的构建

下面从两个视角——传统被引次数视角和加权 PageRank 视角并结合扩散度来构建不同的模型，重点阐述模型参数的基本含义及在作者引用网络中如何实现。需要强调的是，这里主要是基于一个学科领域进行讨论，所以不涉及诸如皇冠指数之类的消除学科领域差异的方法。

6.2.2.1　评价模型 1：传统被引次数视角

每个作者的重要性可以由不同的方法决定。在作者引用网络中，最为直接简便地计量一个学者重要性的方式即计算一个学者的被引次数。很多学者都已经证实传统被引次数是计量一个学者重要性的一个最为重要的指标[②]。所以，这里仍沿用传统被引次数来计量一个学者的重要性。这样，结合本书 6.2.1 节的分析，我们可以构建以下的模型来评价一个作者的学术影响力。

---

① White H D. Authors as citers over time［J］. Journal of the American Society for Information Science and Technology，2001，52（2）：87-108.

② Cronin B，Meho L. Using the *h*-Index to rank influential information scientists［J］. Journal of the American Society for Information Science and Technology，2006，57（9）：1275-1278.

$$IF(v_i) = \text{norm}\big(\text{CI}(v_i)\big) \times d + \text{norm}\big(\text{DF}(v_i)\big) \times (1-d)$$

$$= \frac{\sum_j \dfrac{\text{TC}(v_j)}{\max(\text{TC})} \times \text{C}(v_j, v_i)}{\max\big(\text{CI}(v_n)\big)} \times d + \frac{\text{DF}(v_i)}{\max\big(\text{DF}(v_n)\big)} \times (1-d) \qquad （模型 1，M1）$$

其中，norm（CI（v_i））考量的是标准化的加权作者引用影响力，标准化方法为除以最大值，它实质上是一种特殊的加权被引次数。norm（DF（v_i））考量的是标准化的作者扩散度，标准化方法也为除以最大值。d 和 $1-d$ 为两个因素的重要性。C（v_j，v_i）为 v_j 对 v_i 的引用次数，TC（v_j）为 v_j 的被引次数，max（TC）为整个网络中涉及的所有作者的最大被引次数，max（CI（v_n））为整个网络中涉及的所有作者（n 个）的 CI 最大值，DF（v_i）为 v_i 的扩散度，max（DF（v_n））为整个网络中涉及的所有作者的 DF 最大值。这一模型中所有值都基于作者引用网络，实现起来也比较容易。

6.2.2.2　评价模型 2：加权 PageRank 视角

模型 1 中作者重要性是由传统被引次数计算得到的，其算法是非迭代的。而加权 PageRank 则是一种典型的迭代算法，即一个作者的重要性是通过作者之间重要性的层层传递（即层层加权）而得到的。例如，A 的重要性由 B 决定，B 又由 C 决定……这样形成一个递归网络，通过不断地迭代来实现这一算法。最原始的 PageRank 是基于网页链接网络，这一网络中链接原则上是按照时间顺序排列，即不会同时出现 A → B 和 B → A 这两种情况。而对于作者引用网络，很显然不存在这种时间顺序，这样迭代起来更加复杂、耗时。尽管这样，基于作者引用网络的 PageRank 算法的基本原理与基于网页链接网络的 PageRank 的基本原理是非常相近的，解决迭代的算法也完全一致。下面将根据 PageRank 的基本原理并结合作者引用的特点构建新的加权 PageRank 模型。

1. 加权 PageRank 算法的改进

加权 PageRank 着重考虑两个方面：一是施引者的重要性是不一样的；二是施引者在传递自身重要性给别的被引者时也是有选择的——给予引用次数较多对象更大的权重。也就是说，加权 PageRank 既考虑了引用的数量也考虑了引用的质量问题。加权 PageRank 所得值实际上是作者的另外一种特殊的加权被引次数。基于此，不同学者基于原始 PageRank［式（6-1）］给予了不同的改进①~③，其中 Bollen 等④提出的特征因子模型应用最为广泛⑤，其表达式如式（6-2）所示。

$$\mathrm{PR}_w(v_i) = \frac{1-\lambda}{N} + \lambda \sum_j \mathrm{PR}_w(v_j) \times \frac{1}{k_j^{\mathrm{out}}} \qquad (6-1)$$

$$\mathrm{PR}_w(v_i) = \frac{1-\lambda}{N} + \lambda \sum_j \mathrm{PR}_w(v_j) \times \frac{w(v_j, v_i)}{\sum_k w(v_j, v_k)} \qquad (6-2)$$

式（6-1）中，v_j 表示的是施引者，v_i 表示当前被评价的作者，k_j^{out} 表示点 j 的出度；式（6-2）中，$w(v_j, v_i)$ 表示对于施引者 v_j 对 v_i 的引用次数，$\sum_k w(v_j, v_k)$ 表示施引者 v_j 总的施引次数。λ 为衰减因子，一般取 0.85。通过多次迭代，便可以得到一个网页或者作者的 PageRank 值 $\mathrm{PR}_w(v_i)$。

在原始的 PageRank 中，Brin 和 Page 指出随机冲浪者模型如下："假设有一个网上的随机冲浪者，他从一个随机选择的页面开始浏览。如果当前页面的出度大于零，那么以概率 λ（$0 < \lambda < 1$）在当前页面随机点击某个超文本链接而进入下一个页面，以概念 $1-\lambda$ 在整个互联网上完全随机选择一个页面作为下一步要浏览的页面；如果当前页面的出度为 0（即所谓的悬点），那么完全随机选择一个页面作为下一步要浏览的页面。"⑥这一模型解决了悬点问题和运算的收敛性问题。而这背后实际上蕴含着深刻的数学原理：如果想成功解决 PageRank 算法，对于随机矩阵 $\overline{A}$（即归一化的邻接矩阵；邻接矩阵用 $A_{ij} = (a_{ij})_{N \times N}$ 表示，那么 $\overline{A}_{ij} = (\overline{a}_{ij})_{N \times N}$，其中 $\overline{a}_{ij} = \begin{cases} 1/k_i^{\mathrm{out}}, & \text{如果有从节点}i\text{指向节点}j\text{的边} \\ 0, & \text{否则} \end{cases}$），应该满足以下三个条件。

（1）$\overline{A}$ 是随机过程矩阵。也就是说，每个元素都是正数且每一行元素之和加起来为 1。对于悬点也就是没有出度的点，很显然不满足这一条，对应行所有的元素都是 0（和必然也为 0），所以 Brin 和 Page 巧妙地用 $1/N$ 来替换这

① Nykl M, Ježek K, Fiala D, et al. PageRank variants in the evaluation of citation networks [J]. Journal of Informetrics, 2014, 8（3）: 683-692.
② Nykl M, Campr M, Ježek K. Author ranking based on personalized PageRank [J]. Journal of Informetrics, 2015, 9（4）: 777-799.
③ Ding Y. Applying weighted PageRank to author citation networks [J]. Journal of the American Society for Information Science and Technology, 2011, 62（2）: 236-245.
④ Bollen J, Rodriguez M A, van de Sompel H. Journal status [J]. Scientometrics, 2006, 69（3）: 669-687.
⑤ 之所以说其广泛，是因为 Web of Science 已经采用这种算法来计算期刊的特征影响因子；并且信息计量学中一个非常重要的数据分析工具——SCI2 中也是使用的该算法。
⑥ 转引自：汪小帆，李翔. 网络科学导论 [M]. 北京：高等教育出版社，2012：175.

些 0，保证了 $\overline{A}$ 为随机过程矩阵。

（2）$\overline{A}$ 是不可简化的。也就是说 $\overline{A}$ 是一个强联通图，即这一无向网络中所有点之间都可以互达。

（3）$\overline{A}$ 是非周期的。在马尔科夫链中，从状态 i 返回到该状态的路径不止一条，路径的长度也不同，如果这些路径的长度有最小公约数 k，并且 $k>1$，那么就称状态 i 是周期的。（2）和（3）也是通过 $1/N$ 来实现，即不论是不是悬点，所有的点都加 $1/N$，这样矩阵 $\overline{A}$ 就变成强联通图并且很显然是非周期的（任何一个状态回到自身都有长度为 $1,2,3,\cdots,n$ 的路径，最小公约数 $k=1$，所以为非周期的）。

那么我们来看 Bollen 等提出的式（6-2），它满足随机矩阵的三个条件，只是顺着 λ 浏览的概率进行了加权优化。Ding 则从另一个角度进行了优化[①]［式（6-3）］，她认为应该对 $1-\lambda$ 部分进行优化，即选择一个作者作为下一个浏览的概率是不一样的，由作者的被引次数决定，即优先选择那些被引次数高的作者。但是，她并没有对 λ 部分进行优化，而是保留了原始 PageRank 中的算法。

$$\mathrm{PR}_w(v_i) = (1-\lambda) \times \frac{w(v_i)}{\sum_{k=1}^{N} v_k} + \lambda \sum_j \mathrm{PR}_w(v_j) \times \frac{1}{k_j^{\mathrm{out}}} \qquad (6\text{-}3)$$

其中，$w(v_i)$ 为节点 v_i 的权重，$\sum_{k=1}^{N} v_k$ 为整个网络所有节点（共 N 个）的权重和。Ding 认为权重可以根据不同情况设定，如用作者发文数、被引次数甚至 h 指数都可以衡量。但是这一修订可能存在一定问题，那就是 $\dfrac{w(v_i)}{\sum_{k=1}^{N} v_k}$ 可能为 0（不论用何种方法去度量作者的权重，都很有可能一部分作者的权重为 0），这样很有可能无法满足随机矩阵（2）和（3）的条件。

基于以上的分析，我们对加权 PageRank 进行改进。改进的原则如下：①充分利用作者引用网络的属性特征，尽量少用发文等非作者引用网络等得到的统计特征，减少计算的复杂性。②应该满足随机矩阵的三大条件。这里，使用作者被引次数来度量节点的重要性，即在 $1-\lambda$ 部分中选择被引次数大的进行优先链接，但是为了同时满足（2）和（3），给予被引次数为 0 的节点的被引次数为 0.1（人为设定，原则上是一个比较小的值，0.1 已经远小于 1，1 为被引次数的最小值）。另外，在沿着 λ 部分进行选择时，也不是完全平均随机原

① Ding Y. Applying weighted PageRank to author citation networks［J］. Journal of the American Society for Information Science and Technology，2011，62（2）：236-245.

则，而是根据"引用偏向性"来选择——引用多的被选择的概率更高。这样改进的模型如式（6-4）所示。

$$PR_w(v_i) = (1-\lambda) \times \frac{w(v_i)}{\sum_{k=1}^{N} v_k} + \lambda \sum_j PR_w(v_j) \times \frac{w(v_j, v_i)}{\sum_k w(v_j, v_k)} \qquad （6-4）$$

其中，$w(v_i)$ 指的是一个作者在引用网络中的被引次数，即一个作者的加权入度，并且满足 $w(v_i) = \begin{cases} w(v_i), & \text{如果其不为0} \\ 0.1, & \text{否则} \end{cases}$；$\sum_{k=1}^{N} v_k$ 是所有作者的被引次数之和，即原始引用矩阵所有元素之和；很显然 $\sum \frac{w(v_i)}{\sum_{k=1}^{N} v_k}$ 为 1。$w(w_j, v_i)$ 为 v_j 对 v_i 的引用次数，$\sum_k w(v_j, v_k)$ 为 v_j 所有加权出度之和，与此同时 $\sum \frac{w(v_j, v_i)}{\sum_k w(v_j, v_k)} = 1$。这样，基于作者引用网络的加权 PageRank 不仅符合了随机矩阵的三个基本条件，而且充分利用了作者引用网络节点的统计特征，较为便捷、科学地解决了作者影响力评价的问题。

2. 模型的建立

基于改进的 PageRank，并结合扩散度的影响，我们可以用下式来表示一个作者的学术影响力。

$$IF(v_i) = \frac{PR_w(v_i)}{\max(PR_w(v_n))} \times d + \frac{DF(v_i)}{\max(DF(v_n))} \times (1-d) \qquad （模型 2，M2）$$

其中，$PR_w(v_i)$ 的标准化方法仍然为除以最大值，$DF(v_i)$、$\max(DF(v_n))$ 和 d 的含义同模型 1。

最后，需要指出的是，对于两个模型中 d 的选择，不同的人有不同的选择。被引次数是当前大家公认的一种评价作者影响力的指标，有学者也证明了作者被引次数和 h 指数相关性很大，即使 h 指数得到了很大的关注，但还是不能替代被引次数在评价作者影响力方面的重要作用[1]。所以被引次数仍然应该在模型中占据相对重要的地位。扩散度主要考虑辐射广度的问题，相对经典的被引次数，其在模型中的地位应该要低一些。基于这样的考虑，并咨询多位同行，这里将 d 定为 0.55、0.6、0.65 和 0.7 四种情况。

---

① Cronin B，Meho L. Using the *h*-index to rank influential information scientists［J］. Journal of the American Society for Information Science and Technology，2006，57（9）：1275 - 1278.

6.3　实证与应用研究

本节将对本书 6.2 节中提出的模型进行分析和检验，这里选择的是国际图情学这一学科的作者为研究对象，而非像其他多数章节那样选择国内图情学作者为研究对象，这是因为迄今为止我国图情学领域还没有一个意见较为统一且学界认可的作者影响力评价结果，也就是说缺乏金标准，无法对结果的优劣进行有效检验。而国际图情学届已经有一个高度认可的金标准——普赖斯奖，这为我们更好地比较不同方法提供了重要依据。

6.3.1　数据来源与比较方法

首先下载 2010 ～ 2012 年这三年 SSCI 中图书情报学（Library and Information Science）学科所有发文，类型只包括论文（Article）和综述（Review）及其引用数据，然后进行统计，其中施引作者和被引作者共计 153 107 位。基于这 153 107 位作者，构建 153 107 × 153 107 维引用矩阵，通过模型 1 和模型 2 来计算每位作者相应得分。需要强调的是，对于被引次数的计算是排除自引后的被引次数，作者只考虑第一作者。之所以选择 Library and Information Science，是因为本书著者相对于对其他学科的认知来看，对该学科相对了解，这样能更好地解释结果。模型 1 和模型 2 都是通过 Matlab 编程实现的。

在进行不同模型的比较中，我们通过接收者操作特征（receiver operating characteristic，ROC）曲线来对模型进行检验[①]。ROC 曲线主要是基于所谓的混淆矩阵（confusion matrix）展开，如表 6-1 所示。其中，有些术语需要解释。正样本——符合特定标准的样本；负样本——不符合特定标准的样本；真阳性——实际是正样本，预测也是正样本，即正确分类的正样本；伪阳性——实际是负样本，而预测为正样本，即错误分类的负样本；伪阴性——实际为正样本，而预测为负样本，即错误分类的正样本；真阴性——实际为

---

① 实质上，还有 Precision-Recall 模型，但有的学者已经证实在正负样本悬殊时，ROC 更能反映分类的性能。参见：Davis J，Goadrich M. The relationship between Precision-Recall and ROC curves [A] //The 23rd International Conference on Machine Learning. ACM, 2006：233-240；或者 http：//www. douban. com/note/518998773 [2016-10-22]．

负样本，而预测出来也是负样本，即正确分类的负样本。ROC 曲线由伪阳性率（FPR，x 轴）和真阳性率（TPR，y 轴）构成。伪阳性率（或称错误命中率，又称假警报率）=FP/（FP+TN），真阳性率（或称正确命中率，又称敏感度，sensitivity）=TP/（TP+FN），真阴性率（TNR）（又称特异度，specificity，SPC）=TN/（FP+TN）=1-FPR，这样推导出 FPR=1-SPC。对于一个预测来看，我们希望真阳性率高，而伪阳性率低。也就是在图中越往左上凸出效果越好。我们可以将其量化，即用曲线下面积占总方格的比例（area under curve，AUC）来度量。该面积越大，表示一个模型的分类性能越好[①]。

表 6-1　混淆矩阵的构成

		真实值		总数
		P（positive）	N（negative）	
预测值	P'	真阳性（true positive，TP）	伪阳性（false positive，FP）	P'
	N'	伪阴性（false negtive，FN）	真阴性（true negative，TN）	N'
总数		P	N	（$P+N$）或（$P'+N'$）

6.3.2　结果分析

这部分将从不同 d 值对排序的影响、模型的检验、模型的分布、模型与被引次数的关系四个方面对模型 1 和模型 2 进行系统的分析，以期筛选出最优的模型及参数。

6.3.2.1　不同 d 取值下的排序比较

通过不同 d 值的引入，可以得到两个模型相应的排序结果，具体如表 6-2 所示。首先看模型 1，在每个 d 值都出现的作者为 17 人，出现 3 次的为 3 人，出现 1 次的为 3 人，共涉及 23 人。四种情况下，排在前两位的都为 Garfield 和 Glanzel，3 ～ 5 位则在 Leydesdorff、Moed 和 Bornmann 三个作者间变化。计算不同 d 值下两两斯皮尔曼等级相关系数 r（表 6-3），r 都在 0.99 以上（$p<0.01$），由此可见，对于模型 1，不同的 d 值对于作者影响力评价结果的影

---

① 　AUC = 1 时为完美模型（也称分类器），该模型能得出完美预测；当 0.5 < AUC < 1 时，优于随机猜测。这个模型妥善设定阈值的话，可以较好地进行预测；当 AUC = 0.5 时，与随机猜测一样，如投硬币，模型没有预测价值；当 AUC < 0.5 时，比随机猜测还差，但是现实中不存在这种情况。参见：Beader. AUC 与 Roc_ 衡量分类器的好坏 . http：//beader. me/2013/12/15/auc-roc/［2016-10-22］.

表 6-2　模型 1 和模型 2 在不同 d 值下的排前 20 位的作者情况表①

M1 (0.55)	M1 (0.6)	M1 (0.65)	M1 (0.7)	M2 (0.55)	M2 (0.6)	M2 (0.65)	M2 (0.7)
GARFIELD E	GARFIELD E	GARFIELD E	GARFIELD E	GLANZEL W	GLANZEL W	GLANZEL W	GLANZEL W
GLANZEL W	GLANZEL W	GLANZEL W	GLANZEL W	GARFIELD E	GARFIELD E	GARFIELD E	GARFIELD E
LEYDESDORFF	LEYDESDORFF	LEYDESDORFF	BORNMANN L	LEYDESDORFF	LEYDESDORFF	LEYDESDORFF	LEYDESDORFF
MOED HF	BORNMANN L	BORNMANN L	LEYDESDORFF	VENKATESH V	VENKATESH V	VENKATESH V	VENKATESH V
BORNMANN L	MOED HF	MOED HF	MOED HF	NONAKA I	NONAKA I	NONAKA I	NONAKA I
EGGHE L	EGGHE L	EGGHE L	EGGHE L	MOED HF	MOED HF	MOED HF	MOED HF
HIRSCH JE	HIRSCH JE	HIRSCH JE	HIRSCH JE	DAVIS FD	DAVIS FD	HIRSCH JE	DAVIS FD
VENKATESH V	VENKATESH V	ROUSSEAU R	ROUSSEAU R	HIRSCH JE	HIRSCH JE	DAVIS FD	HIRSCH JE
NONAKA I	ROUSSEAU R	SCHUBERT A	SCHUBERT A	ORLIKOWSKI	ORLIKOWSKI	EGGHE L	ORLIKOWSKI
DAVIS FD	SCHUBERT A	VENKATESH V	VAN RAAN AFJ	EGGHE L	EGGHE L	AIZEN I	EGGHE L
ORLIKOWSKI	DAVIS FD	SMALL H	VENKATESH V	AIZEN I	AIZEN I	ORLIKOWSKI	AIZEN I
ROUSSEAU R	NONAKA I	VAN RAAN AFJ	DAVIS FD	FORNELL C	FORNELL C	BORNMANN L	FORNELL C
FORNELL C	ORLIKOWSKI	DAVIS FD	BRAUN T	BORNMANN L	BORNMANN L	FORNELL C	BORNMANN L
SCHUBERT A	VAN RAAN AFJ	ORLIKOWSKI	ORLIKOWSKI	GEFEN D	GEFEN D	GEFEN D	GEFEN D
VAN RAAN AFJ	SMALL H	NONAKA I	CRONIN B	EISENHARDT	VAN RAAN AFJ	VAN RAAN AFJ	EISENHARDT
SMALL H	FORNELL C	BRAUN T	NONAKA I	CHIN WW	EISENHARDT	EISENHARDT	CHIN WW
GEFEN D	CRONIN B	FORNELL C	FORNELL C	VAN RAAN AFJ	CHIN WW	CHIN WW	VAN RAAN AFJ
AIZEN I	GEFEN D	CRONIN B	BAR-ILAN J	PRICE DJD	PRICE DJD	PRICE DJD	PRICE DJD
CRONIN B	AIZEN I	GEFEN D	ZITT M	PODSAKOFF PM	SMALL H	SMALL H	PODSAKOFF PM
CHIN WW	BRAUN T	AIZEN I		MARKUS ML	PODSAKOFF PM	CRONIN B	MARKUS ML

① 个别作者名字过长，省去了名。由于无重名，阅读不受影响。

响并不是很大。再看模型 2，在每个 d 值都出现的作者为 18 人，出现 3 次的为 2 人，出现 2 次的为 2 人，出现 1 次的为 1 人，共涉及 23 人。四种情况下，我们发现排在前 6 位的作者完全一样，依次为 Glanzel、Garfield、Leydesdorff、Venkatesh、Nonaka 和 Moed。对于随后的位次，作者之间的变化也不是很大。计算四种 d 值情况下的两两斯皮尔曼等级相关系数 r，发现 r 都在 0.99 以上（ $p<0.01$ ），呈现高度相关。由此可见，模型 2 与模型 1 一样，不同的 d 值对于作者影响力评价结果的影响也不是很大。

另外，我们来看模型 1 和模型 2 的差别。很明显，对于第一名的排序两者便不同，前者为 Garfield，后者为 Glanzel。Venkatesh 在模型 2 中的排序为第 4 位，但在模型 1 中最高排序为第 8 位（ $d=0.55$ 和 $d=0.6$ 时），最低为第 12 位（ $d=0.7$ ）。再看两个模型之间的斯皮尔曼等级相关系数，可以发现 r 介于 0.610 和 0.664 之间。由此可见，模型 1 和模型 2 在结果排序方面有一定差异。

表 6-3　模型 1 和模型 2 在不同 d 值下的两两斯皮尔曼等级相关系数表 [①]

模型	M1 （0.55）	M1 （0.6）	M1 （0.65）	M1 （0.7）	M2 （0.55）	M2 （0.6）	M2 （0.65）	M2 （0.7）
M1（0.55）	1.000	0.999	0.997	0.994	0.664	0.653	0.640	0.625
M1（0.6）	0.999	1.000	0.999	0.997	0.660	0.649	0.636	0.621
M1（0.65）	0.997	0.999	1.000	0.999	0.655	0.644	0.631	0.616
M1（0.7）	0.994	0.997	0.999	1.000	0.648	0.637	0.624	0.610
M2（0.55）	0.664	0.660	0.655	0.648	1.000	0.999	0.998	0.995
M2（0.6）	0.653	0.649	0.644	0.637	0.999	1.000	0.999	0.997
M2（0.65）	0.640	0.636	0.631	0.624	0.998	0.999	1.000	0.999
M2（0.7）	0.625	0.621	0.616	0.610	0.995	0.997	0.999	1.000

6.3.2.2　模型的检验

虽然从理论上来看，这两种模型都能够计量作者的学术影响力，但是它们在实际中是否科学还值得进一步检验。由于当前并没有一个公认的作者影响力排序结果，所以和其他方法或者指标得出的结果进行直接比较并不科学。但一般认为，获得学科领域最高学术奖的学者应该是该领域最有影响力的卓越学者，他们的排位也应该排在最前面 [②]。一个好的模型，应该能够较好地甄别出

---

① 由于斯皮尔曼等级相关不能计算样本量过大的数据，所以这里限定被引次数大于 1 的样本进行研究，共 46 616 份，样本数是充足的。

② Sidiropoulos A, Manolopoulos Y. A generalized comparison of graph-based ranking algorithms for publications and authors [J]. Journal of Systems and Software，2006，79（12）：1679-1700.

这些学者。在国际图情学领域，普赖斯奖无疑是科学计量学领域的最高奖。获奖者们都在科学计量学界有着很高的学术声望，得到了同行的高度认可，当前共授予 26 位学者该奖项。所以，为了进一步检验模型的科学性，笔者选择这 26 位学者进行分析。表 6-4 给出的是模型 1 和模型 2 及被引次数、扩散度、h 指数和加权 PageRank 值在各个排序段的分布情况。h 指数是根据被评价对象历年发文在这三年的被引情况得到的。模型 1 前部是指模型 1 中的前半部分的得分，不包含扩散度的影响。加权 PageRank 则是模型 2 的前半部分得分［即式（6-1）］，也不包含扩散度的影响。

表 6-4　26 位普赖斯奖获得者在各个指标不同等级分区的分布情况

项目	前50位	前100位	前150位	前200位
模型1（0.55）	15	16	17	18
模型1（0.6）	15	16	17	18
模型1（0.65）	15	17	18	18
模型1（0.7）	16	17	18	18
模型2（0.55）	14	15	17	18
模型2（0.6）	14	15	17	18
模型2（0.65）	14	15	17	18
模型2（0.7）	14	15	17	18
被引次数	12	16	16	17
扩散度	12	16	16	16
h指数	12	14	17	17
加权引用（即模型1前部）	15	18	18	18
加权PageRank	13	15	17	18

从表 6-4 可以看出，对于前 50 名，模型 1（0.7）的甄别效果最好，能够甄别出 16 位学者，其次是模型 1 的其他权重系数和模型 1 前部，这四个算法都能甄别出 15 位学者，而对于模型 2，不同权重系数都只能甄别出 14 位作者。对于前 100 名，模型 1 前部能够识别出 18 位作者，其次是模型 1（0.7）和模型 1（0.65），均识别出 17 位作者，而模型 2 的甄别能力并不突出。对于前 150 名，模型 1（0.65）、模型 1（0.7）和模型 1 前部都能够甄别出 18 位，甄别效果好。而对于前 200 位，表 6-4 中的大部分指标都可以甄别出 18 位学者，而被引次数和 h 指数[①] 只甄别出 17 位，扩散度只甄别出 16 位。从上面的分析

---

① 对于 h 指数，作者之间的差异很小，很多作者的 h 指数都一样，区分度很低。比如，h 指数为 6 的作者数达到 58 位，最大的 h 指数也只有 14。

并结合模型原理，可以看出，模型1（0.7）和模型1前部的鉴别效果不分伯仲，是最佳的评价模型。对于模型2，在不同系数上的甄别表现都一样，要优于单独的加权 PageRank 结果，也优于被引次数、扩散度和 h 指数，但相对模型1（0.7）来看，其甄别效果稍差。为了和模型1保持参数统一，且方便计算，我们可以选择模型2（0.7）来进行学者影响力评价。

表6-4只是按照前50名、前100名等进行"直观分析"，那么从统计学意义来看，到底哪种模型更有效？下面利用 ROC 曲线进行分析，我们选择模型1（0.7）所得结果的前200名为基本样本，普赖斯奖获得者为正样本（18人），其他作为负样本（182人）。具体图形分布如图6-1所示，具体的 AUC 值如表6-5所示。从 AUC 具体数值来看，模型1前半部和模型1（0.7）仍然是表现最佳的，值都达到了0.9以上。模型1不论是在何种参数下都要优于模型2。模型2中最好的为 $d=0.7$ 的情况。

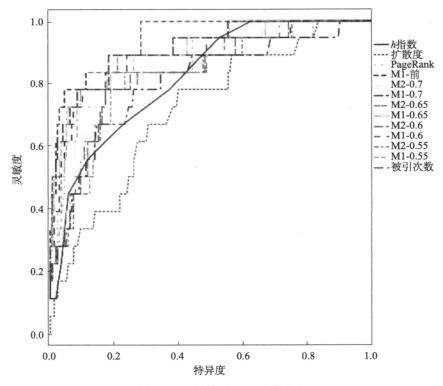

图6-1 不同模型 ROC 曲线分布

表 6-5 各个模型的 AUC 值

项目	AUC	项目	AUC
M1-前	0.938	M2-0.65	0.833
M1-0.7	0.910	M2-0.6	0.827
M1-0.65	0.897	M2-0.55	0.818
M1-0.6	0.883	h 指数	0.815
PageRank	0.873	被引次数	0.800
M1-0.55	0.870	扩散度	0.711
M2-0.7	0.844		

结合表 6-4 和表 6-5，有一些值得思考和讨论之处。

（1）扩散度在鉴别作者影响力方面效果最差，排在最后一位，是 AUC 唯一低于 0.8 的模型。并且就模型 1 来看，排除掉扩散度的影响，只保留模型 1 的前半部分，其检验效果要比模型 1 中加入扩散度还要好；就模型 2 来看，单独的 PageRank（也就是不考虑扩散度的模型 2 前半部分），其鉴别效果比其他模型 2 中加入扩散度的效果要好。所以，这不禁让人怀疑扩散度到底能在多大程度上考察一个学者的影响力，是本案例样本选择或者金标准选择具有偶然性还是扩散度本身就有一定问题，这需要进一步检验。

（2）传统的非加权算法——h 指数和被引次数在鉴别作者影响力方面效果也比较差，的确有更好的模型可以替代它们。h 指数和被引次数都排在除了扩散度之外的最后两位，表 6-4 中前 50 位，它们只鉴别出 12 位普赖斯奖获得者，也排在最后。由此可见，h 指数和被引次数在评价作者影响力方面的效果有待商榷。但是，这是否与我们选择的学科领域有一定关系，或者与我们选择的研究对象有关系？另外，很显然，加权引用的鉴别效果都要比它们好。这些可能都需要在以后的研究中继续深入（如选择多学科，选择更好的金标准等）。

（3）基于传统引用次数的加权（即模型 1 的前半部分）比 PageRank 的鉴别效果还要好。由于前者还没有在其他文献中提及，所以单凭当前的研究还无法完全确信这一结论是否成立。基于传统引用次数的加权就是把引用者的学术影响力进行一定的衡量，且他们的学术影响力不像 PageRank 那样按照一定比例分给其他作者：对于每个被引用者，得到的施引者的重要性都是一样的——施引者完整的学术影响力。我们可以观察到，在 PageRank 中，施引者的重要性可能由于他引用过多的作者而被稀释掉。而在基于传统引用次数的加权模型中则不会稀释，这也许是它鉴别水平稍强的原因。当然，这也需要进一步更大范围数据的检验。

即使结果与我们的预期有所"偏差"，在尚未进一步验证前，我们认为模型 1（0.7）、模型 2（0.7）、模型 1 前半部分（即基于传统被引次数的加权引用）和 PageRank（模型 2 前半部分）都是值得关注的作者影响力评价模型。模型 1（0.7）和模型 2（0.7）理论上考虑了更多的因素，似乎更科学，虽然它们的统计检验效果并不是最优的，后续仍然主要围绕这两个模型展开关于它们的分布及与被引次数的相关性分析。

6.3.2.3　模型的分布

图 6-2 和图 6-3 为 M1 和 M2 在 d=0.7 情况下各得分的频数分布图，其中横坐标表示各个指标值，纵坐标表示每个值对应的频数。可以看出，M1 与 M2 的形态分布都呈现明显的偏态分布，具有幂律分布特征（指一个随机变量的概率密度分布服从于 $p(x) \propto x^{-\alpha}$ 这样的形式），根据 A. Clauset 等[①] 建议的拟合方式，可以得到 M1 和 M2 的相关参数：α(M1)=5.01，并且 $D_{\max}$=0.0020 < 1.63/$\sqrt{n}$=0.0054，通过 K-S 检验；α(M2)=7.59，并且 $D_{\max}$=0.0016 < 1.63/$\sqrt{n}$=0.0058，通过 K-S 检验。这说明两种模型得到的结果都呈现明显的集中 – 离散分布现象。所以，对于这两个模型，只有少数作者的表现突出，大部分作者都表现相对一般，作者影响力的分层形成金字塔形状，这是两种模型所表现出来的共性特征。也由此可见，这两种模型都可以对作者进行有效的分层，符合普赖斯的累积优势理论。

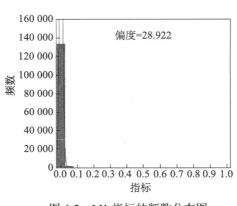

图 6-2　M1 指标的频数分布图

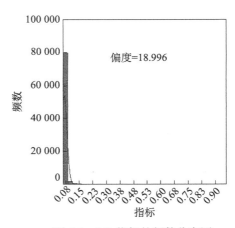

图 6-3　M2 指标的频数分布图

① Clauset A，Shalizi C R，Newman M E J. Power-law distributions in empirical data［EB/OL］. http：// arxiv. org/abs/0706. 1062［2016-10-22］.

6.3.2.4 两个模型与作者被引次数的相关关系

正如前文所述，当前被引次数仍然是衡量作者影响力的最为重要的指标之一，也是使用最为广泛的指标之一。而在统计中，我们发现 h 指数在本研究样本中的区分度比较低。所以，这里着重分析两种模型与被引次数（TC）之间的相关关系。从原理来看，两种模型都和作者的被引次数紧密相关，都是建立在对被引次数的改进方面。由于我们的样本量很大，无法直接计算三种方法之间确切的斯皮尔曼等级相关系数，但是从图 6-4（M1-TC）和图 6-5（M2-TC）的两两变量散点图来看，每对变量之间呈现一定的线性关系，并显现出较为明显的正相关趋势。另外，M1-TC 的相关性比 M2-TC 之间的相关性要大。

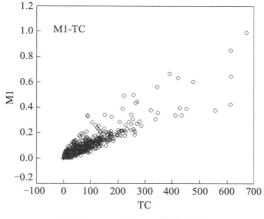

图 6-4 M1 和 TC 的散点图

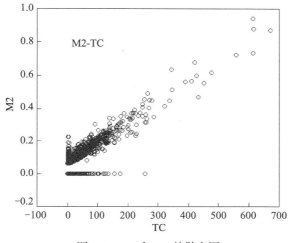

图 6-5 M2 和 TC 的散点图

为了更好地观察两个模型与被引次数之间的相关性，我们选取了被引次数2次以上的作者进行研究，对这些作者进行了进一步分级，100次以上的为第一类，共178人；60次以上的为第二类，共395人；30次以上的为第三类，共1193人；10次以上的为第四类，共5526人；5次以上的为第五类，共13 672人；2次以上的为第六类，共46 616人。然后，分别计算六组数据两两变量之间的斯皮尔曼等级相关系数（表6-6）。从表6-6来看，M1和TC的相关性是最大的，M2和TC相对较弱，但都达到了0.6以上且$p<0.01$，显著性明显。需要注意的是，r（M2，TC），在更多被引频次低的作者加入时，相关系数下降到0.64左右，这说明对于低被引作者，M2和TC所得出的排序差异是比较大的（事实上，对于被引次数大于1且小于5的数据，M2和TC的相关系数只有0.368）。

表 6-6　六组数据两两变量之间的斯皮尔曼等级相关系数

相关系数	被引100次以上	被引60次以上	被引30次以上	被引10次以上	被引5次以上	被引2次以上
r（M1，TC）	0.814	0.819	0.858	0.867	0.862	0.841
r（M2，TC）	0.771	0.767	0.754	0.760	0.722	0.643

注：所有指标间的相关性在$p=0.01$水平下都显著相关。

综上分析，M1和TC的关系最为相关，M2和TC的关系对于高被引作者来说是比较相关的，但对于低被引作者呈现较弱相关。

6.4　本　章　小　结

本章主要探讨了"基于作者引用网络如何评价作者学术影响力"这一焦点问题，给出了作者学术影响力的定义，分析了影响作者影响力的因素，并综述了当前评价作者影响力的既有方法；在此基础上，建立了两种新的评价模型，并以国际图情学学者为样本，对方法进行了检验。下面对本章内容进行简要的总结。

（1）从引文角度来进行作者影响力的评价一直都很有争议，这种争议不仅仅存在于不同学科的学者，即使在图情学、科学社会学这两个专业领域，学者们仍然有激烈争执。所以，为了更好地应用引用来度量作者学术影响力，这里对其内涵、影响因素及与作者学术水平的关系等一些基本的问题进行了梳理。由于对什么是作者学术影响力迄今为止还没有明确定义，这里首先借鉴管理学中的领导影响力并结合引用的特征，给出了作者学术影响力的定义。其次，从正面、负面、引用，实质性、非实质性引用，学科差异，引用者地位四个方面分析了影响作者影响力的因素，并提出"给予实质性引用更多权重、消除学科差异和区别对待施引者"等来尽量消除作者影响力评价中负面因素影响。至于作者影响力与作者学术水平的关系，历来争议很大，通过引证两个对立观点群体的主要观点，这里坚守 Egghe 和 Rousseau 提出的引文分析假设前提，但是做了一些"妥协"，即认为作者被引次数主要是评价一个作者的学术影响力，而对是否代表学术水平暂且搁置，但也指出，在实际评价中，引用与学术水平紧密相关。

（2）当前从引用出发，评价作者影响力的方法主要有被引次数、社会网络分析方法（主要是点度中心度、中间中心度和接近中心度）、h 指数及变体、加权引用方法、消除学科影响的方法（如皇冠指数）。这些方法构成了作者影响力的主要方法体系。这些方法尤其是其中包含的原理为后面模型的建立提供了参考和借鉴。在应用与实证研究中，本章提出的两个模型也与当前最为重要的两个指标——被引次数和 h 指数进行了比较。

（3）基于作者引用网络，并从加权引用和扩散度两个视角尝试建立了两个新的作者影响力评价模型。模型 1 是基于传统的被引次数，即对施引者的重要性进行加权，方法是归一化的作者被引次数。模型 2 是基于 PageRank 的迭代加权，虽然也是施引者加权，但不同于模型 1 的是，作者的重要性并不是全部传递给被引用者，而是根据施引次数进行分配。这两个模型都将扩散度作为一个部分加以考虑。与此同时，加权引用和扩散度分别被给予了不同权重。需要指出的是，我们对模型 2 中的 PageRank 进行了改进，充分考虑了随机矩阵的三个条件，也充分考虑作者引用网络的分布特征，较为科学、便捷地构建了新的加权 PageRank 计算模型。

（4）从结果来看，又有以下几点结论。

第一，不同权重系数下两种模型各自的排序有细微差异，但影响都不大。但是，在不同权重系数下，两种模型之间的相关性都不是很大，这说明这两种模型在评价作者学术影响力方面有着一定差异。

第二，通过不同排名的鉴别分析和ROC的分析（以普赖斯奖获得者为金标准），可以发现模型1（0.7）和模型1前半部分（即模型1的加权引用部分）能够较好地甄别出18位普赖斯奖获得者，AUC排在最前面，高于0.9，优于其他模型和指标。模型2在不同系数上的甄别效果都一样，优于被引次数、扩散度、h指数，但比单纯的加权PageRank、模型1（0.7）要差。在实际应用中，我们可选M2（0.7）进行作者影响力评价。在分析过程中，我们发现扩散度的鉴别效果最差，并且传统被引次数和h指数的鉴别也不是很好，这给我们带来一些思考：一是扩散度是否能够衡量作者的影响力，二是当前应用最为广泛的模型的确有改进的必要。但是这些现象可能是由选择的研究对象或者选择的金标准而引起的，是否选择更广泛的研究对象或者更好的金标准结果会有所改变，这需要以后继续深入而广泛地研究。

第三，通过对两种模型的分布形态进行分析，发现它们都呈现明显的幂律分布，这也在很大程度上证实了这两种模型都能够较好地区分作者影响力。

第四，通过比较两种模型与被引次数——当前最为重要的评价作者影响力的指标的相关性，发现从散点图来看，模型1和模型2都与被引次数相关，但模型2相对模型1来说，其与被引次数的相关性较弱。接着通过被引次数不同区间的划分并计算两种模型和被引次数的斯皮尔曼等级相关系数，发现两种模型的确与被引次数相关，但对于低被引作者，模型2和被引次数呈现弱相关，是与传统评价指标有较大区别的一种方法。

第7章　潜在合作者发现研究 [①]

合作对于科学思想的广泛交流、科学研究的深入推进大有裨益，很多重大的科研成果的突破都是集体智慧的结晶。科研合作受到越来越多的关注和重视，当前我国教育部主导的"高等学校创新能力提升计划"（简称 2011 计划），实质上也是通过产学研各相关单位的有效协同合作，达到提升高等学校创新能力的目标。那么，怎样选择合适的合作伙伴就是我们亟待解决的问题。当前，有不少学者都对此进行了研究，主要是从三个方面展开：一是基于社团发现算法的作者合作小团体发现研究。这方面的研究集中了很多国内外作者，他们通过构建合作网络，然后利用某种社团发现算法来挖掘出小群体。比如，Newman 提出的社团快速发现算法 [②]，Clauset 提出的 CNM 算法 [③]，以及众多使用社会网络分析中的群体发现方法如 k-核、n-派系来发现合作小群体 [④]。二是

[①] 本章是在课题阶段性成果"作者引用网络中潜在合作者发现新探索.情报学报，2015，34（2）"基础上撰写而成的。

[②] Newman M E J. Fast algorithm for detecting community structure in networks［J］. Physical Review E，2004，69（6）：066133.

[③] Clauset A. Finding local community structure in networks［J］. Physical Review E，2005，72（2）：26132.

[④] 具体算法可参见：刘军.社会网络分析导论［M］.北京：社会科学文献出版社，2004:160-167；de Nooy W，Mrvar A，Batagelj V. Exploratory Social Network Analysis with Pajek［M］. London：Cambridge University Press，2011：73-74.

作者合作网络中作者之间的潜在合作程度测度研究。当前已经有不少于 30 种的相关算法，如 common neighbors、Jaccard、Katz 算法，这些算法都是基于考量两个作者之间共同的合作者个数这样的基本想法来进行不同的构建[①~③]。三是基于作者引用网络的小团体发现研究。除了计算机科学和物理学等领域学者对于社团发现算法的研究之外，图情领域的研究主要有两个方向，一个方向是利用科学计量学的特殊方法——作者同被引和作者耦合来发现科学共同体[④~⑦]，这个方向的研究已经有一些成果（具体可参见第 3 章和第 4 章的介绍）；另一方向是用来进行作者引用网络的结构分析，如邱均平和王菲菲就曾基于社会网络分析方法对科学计量学学者互引网络进行了分析[⑧]，李力和刘德洪对于竞争情报领域作者交流状况的分析[⑨] 等。

从上面的分析来看，国内外研究还主要集中在作者合作网络基础上的小团体或者合作可能性测度方面的研究，对于作者引用网络中潜在合作者的研究还主要停留在既有方法（不论是本学科的引文分析方法，还是移植其他学科的方法）的应用上，对于潜在合作者发现的一些基本问题尚需进一步厘清，对于发现算法也需要进一步创新。基于以上的分析，本章试图解决如下四个问题：①作者引用与作者合作的关系是什么？即从作者引用关系出发能否预测作者合作？②作者引用网络中作者之间潜在合作的可能性如何测度？③从个体和小团体两个视角出发如何分别发现一个作者的潜在合作者（群体）？④本章提出的方法与其他方法所得结果有何区别，是否具有优越性？

① Yan E, Guns R. Predicting and recommending collaborations: an author-, institution-, and country-level analysis [J]. Journal of Informetrics, 2014, 8: 295-309.
② 刘建国，周涛，汪秉宏. 个性化推荐系统的研究进展 [J]. 自然科学进展, 2009, 19（1）: 1-15.
③ 吕琳媛. 复杂网络链路预测 [J]. 电子科技大学学报, 2010, 39（5）: 651-661.
④ White H D, Griffith B C. Author cocitation: a literature measure of intellectual structure [J]. Journal of the American Society for Information Science, 1981, 32（3）: 163-171.
⑤ Zhao D, Strotmann A. Evolution of research activities and intellectual influences in information science 1996-2005: introducing author bibliographic-coupling analysis [J]. Journal of the American Society for Information Science and Technology, 2008, 59（13）: 2070-2086.
⑥ Ma R. Author bibliographic coupling analysis: a test based on a Chinese academic database [J]. Journal of Informetrics, 2012, 6（4）: 532-542.
⑦ Ma R. Discovering and analyzing the intellectual structure and its evolution of LIS in China, 1998-2007 [J]. Scientometrics, 2012, 93（3）: 645-659.
⑧ 邱均平，王菲菲. 基于 SNA 的科学计量学领域作者互引网络分析 [J]. 情报学报, 2012, 31（9）: 915-924.
⑨ 李力，刘德洪. 我国竞争情报领域主要作者知识交流结构研究 [J]. 情报科学, 2013, 31（10）: 70-74.

7.1　潜在合作者发现的基本问题

本节主要是解决潜在合作者发现的一些基本问题，主要涉及内涵阐释、作者引用与作者合作的关系研究、既有方法的介绍。

7.1.1　潜在合作者发现的内涵

潜在合作者发现在当前还没有一个很明确的定义，但是与潜在合作者发现紧密相关的一个概念是"链路预测"（link prediction），这一概念已经比较成熟，它是指"如何通过已经的网络节点以及网络结构等信息，预测网络中尚未产生连边的两个节点之间产生链接的可能性"[①]。链路预测在推荐系统中有广泛应用，它的实现主要是利用节点之间在网络中的分布结构，更多的是从数理上来进行推演。那么是否潜在合作者就只是链路预测的一个分支呢？答案很可能不是，因为合作和简单的连线（链接）绝对不能画等号，潜在的连线并不一定是潜在的合作。合作更加复杂，比如，在现实中，作者 A 和作者 B 有多个共同合作者，但当前两者并没有连接，那么按照链路预测来看，A 和 B 有"连线"的可能性很大。但是，在现实中，这种"连线"甚至永远不可能发生。另外，一个人的合作者群体是很有限的——根植于很深的社会关系背景。所以，潜在合作者发现和链路预测很相似，但是绝不等同。

如果从字面给潜在合作者下个定义，可以这样简单描述："两位作者现在没有合作，但是将来会有一定机会合作。"而深究其本质，可以这样给出一个定义"从现有研究兴趣、关注程度和社会关系出发，预测两位当前尚未有合作的作者在将来合作的可能性"。这一定义不单单是考虑点之间的物理结构，还考虑更多本质性的诱因：兴趣、关注和社会关系。

[①]　转引自：吕琳媛，周涛.链路预测［M］.北京：高等教育出版社，2013：42.

7.1.2 作者引用与作者合作的关系研究

要想从作者引用出发来发现潜在合作者，那么必须研究清楚作者引用和作者合作的关系。首先我们来看作者引用的原因，即动机问题[①]。对于作者引用动机的研究，可以概括为两个方面：一是以默顿为代表的规范理论[②]，他们认为引用是对科学家成果的肯定，引用代表了成果的智力或者认知内容对引用者的影响。也就是说，作者之间的引用是建立在学术一致性和规范性基础上的，和社会关系没有关系。二是社会构建观点，这种观点和规范理论截然相反，他们认为作者之间的引用是由社会和文化的因素参与和作用而形成的，"修辞"和"劝说"是引用的重要目标[③]。作者之间的引用建立在引用者有目标选择特定作者的特定文献来劝说读者接受自己观点的基础上[④]。这一观点认为，作者引用包含很多社会性的因素，不单单是学术相关的问题，他们对引用的合理性持一种怀疑态度[⑤]。持这两种观点的学者就引用动机一直争论不休，且不说他们论断的正确性或者片面性，至少我们可以从他们的争论中看出，作者之间的引用关系中其实包含着两种关系：一是学术关系，二是社会关系。引用关系则是这两种关系的综合体。基于这样的想法，我们可以看出作者引用其实蕴含着一定的合作潜力：一是共同兴趣，把"承认"作为科学界的硬通货[⑥]，遵循默顿的学术规范；二是在引用中有一定的选择，科尔兄弟（J. R. Cole 和 S. Cole）的研究也可为此提供佐证，他们曾经在《科学界的社会分层》中指出"分层体系中占据一个有声望的地位，能增加知名度，并且使某个人的工作成果更广泛地为其他著名科学家利用，这不依赖于工作的质量"[⑦]。这两种因素共同作用——共同兴趣基础上的选择性引用，为合作奠定良好的基础。

但是在现实中，作者之间的合作并不是一件易事，受很多因素的影响，其

---

① 前面章节已略有提及，这里进行针对性的专门深入阐述。

② 默顿. 科学社会学——理论与经验研究（下册）[M]. 鲁旭东，林聚任，译. 北京：商务印书馆，2003：394-398.

③ Bornmann L，Daniel H. What do citation counts measure? A review of studies on citing behavior [J]. Journal of Documentation，2008，64（1）：45-80.

④ Moed H F，Garfield E. In basic science the percentage of "authoritative" references decreases as bibliographies become shorter [J]. Scientometrics，2004，60（3）：295-303.

⑤ 苏国勋. 社会学与社会建构论 [J]. 国外社会科学，2002，（1）：4-13.

⑥ 默顿. 科学社会学——理论与经验研究（下册）[M]. 鲁旭东，林聚任，译. 北京：商务印书馆，2003：408.

⑦ 乔纳森·科尔，斯蒂芬·科尔. 科学界的社会分层 [M]. 赵佳苓，顾昕，黄绍林，译. 北京：华夏出版社，1989：195.

中非常重要的是"社会关系"这一因素的影响,我们可以看到现有的合作往往是师生合作、同事合作,他们的合作都建立在一定的社会关系基础上[①]。科学社会学中,关注的合作问题最主要的也是师生合作问题(如诺贝尔奖获得者的师与徒关系)[②]。作者在合作中,往往也受学术地位的影响。人们往往倾向于与学术地位高的学者合作,所以在现实中往往变为"强强联合""强弱联合",通过这种联合达到深入交流学习、提升学术影响的目的。由此可见,没有一定社会关系基础的合作很难实现,或者很多只是昙花一现。所以,当前的科研合作更多依赖的是"相互认识"这一较为原始的合作形式。但是,随着科学研究的复杂化与精深化,我们期望的科研合作并不应该仅仅局限在"社会关系圈"内,而应该是以研究兴趣为导向的广泛合作。作者之间的引用可以扩大既有学术圈,有目的地"相识"更多的潜在合作者,为现实合作提供良好契机。

还需要着重强调的是,基于作者合作的预测和基于作者引用的预测也有很大的差别。基于合作的预测是链路预测中经常面对的问题,由于合作网络更多体现的是社会关系网络,所以其预测结果很可能是局限在一个比较小的圈子里(当然是设定一定预测阈值的基础上),预测到的合作者很可能就是自己平时熟知的。而基于引用的预测则充满了"不确定性":因为一个人的引用网络和被引用网络很大,受地域影响也不大,这样得到的潜在合作者可能比基于作者合作的要多。另外,还需要注意的是,基于作者引用的预测我们一开始并不知道他们在现实中是否有合作——从引用观察不出这点来,所以,其预测结果中可能包括已经有合作的作者,但是这不影响我们的推荐效果——目标作者可以根据推荐作者群进行简单的筛选,这并不是一件难事。

综合上面的分析,要想从作者引用出发进行潜在合作者发现从理论上来看是可行的,但是并不是一件易事,要促成现实中真正的合作更是难上加难。所以,必须对作者引用的基本模式有深入的了解。两个作者之间通过引用可以建立三种基本的关系:第一种是作者耦合关系,即两个作者同时引用文献而建立的关系,这一关系是一种主动间接的关系;第二种是作者同被引关系,即两个作者同时被文献引用而建立的关系,这一关系是一种被动间接的关系;第三种

① 马瑞敏.基于作者学术关系的科学交流研究[D].武汉大学博士学位论文,2009:65.
② 朱克曼.科学界的精英——美国的诺贝尔奖金获得者[M].周叶谦,冯世则,译.北京:商务印书馆,1979:269-272.

是作者直引[①]关系，即两个作者之间相互引用的关系，这是一种主动直接的关系。前两种关系（即作者耦合和作者同被引）已经被证明是发现无形学院的有效方法[②]，可以通过数据挖掘技术发现相同兴趣的科学共同体，但是从前文对于合作的分析来看，这种间接的学术关系很难促成真正的合作，因为发现的共同体中，很多作者可能根本不认识，也没有真正地关注过对方（即引用过对方），这对于大学科更是如此，要想真正合作是非常困难的。而建立在直接关系上的直引则直接通过两个作者之间的相互引用来考量两个作者合作的可能性，相对于前两者更直接，更具有现实基础。后文也正是基于这样的想法，从作者直引出发来构建两两作者合作可能性测度算法。

7.1.3　潜在合作者发现既有方法

除了前文提及的作者同被引分析和作者耦合分析外，当前对于潜在合作者的发现主要集中在链路预测领域。而在科学计量领域，进行链路预测研究主要利用的网络基本上都为合作网络。链路预测是一个比较新的但很活跃的研究领域，吸引了很多学者的参与，产出了较多的成果，已经有 30 多种指标可用来预测。需要注意的是，当前的链路预测使用的网络主要是无向二值网络（有关系用 1 表示，否则用 0 表示），虽然也有一些关于加权网络的研究，但是从最后的预测效果来看并不一定像非加权那样高效准确[③④]。另外，对于有向网络，其发现方法更为复杂，且在很多情况下可以转化为无向网络[⑤~⑦]。这里，主要还是关注基于 0-1 无向网络的链接预测方法的介绍。表 7-1 给出了当前使用较为广泛的方法[⑧⑨]。

---

① 本书第 5 章已经做了一些探讨，但是集中在知识结构的发现（即无形学院的探测方面），这里主要从潜在合作者发现视角展开。
② 这在本书第 3 章和第 4 章有详细论述，在此不再具体展开。
③ Liben-Nowell D, Kleinberg J. The link-prediction problem for social networks [J]. Journal of the American Society for Information Science and Technology, 2007, 58（7）: 1019-1031.
④ Lü L, Zhou T. Link prediction in weighted networks: the role of weak ties [J]. EPL（Europhysics Letters）, 2010, 89（1）: 18001.
⑤ Leicht E A, Newman M E. Community structure in directed networks [J]. Physical Review Letters, 2008, 100（11）: 118703.
⑥ de Nooy W, Mrvar A, Batagelj V. Exploratory Social Network Analysis with Pajek [M]. London: Cambridge University Press, 2011: 64.
⑦ Yu W, Chen G, Cao M, et al. Second-order consensus for multiagent systems with directed topologies and nonlinear dynamics [J]. IEEE Transactions on Systems, Man, and Cybernetics, Part B: Cybernetics, 2010, 40（3）: 881-891.
⑧ 转引自: 吕琳媛，周涛. 链路预测 [M]. 北京: 高等教育出版社，2013: 279-280.
⑨ 对于每种算法具体的推演这里不展开，详细可参见相关书籍和论文。

表 7-1　当前使用广泛的链路预测相似性指标

指标分类	指标名称与定义
基于节点局部信息的相似性指标，其中S_{xy}为相似性，k_x为点x的度数，$\Gamma(x)$表示x的邻居节点集合	共同邻居（CN），$S_{xy}=\lvert\Gamma(x)\cap\Gamma(y)\rvert$
	大度节点不利指标（HDI），$S_{xy}=\dfrac{\lvert\Gamma(x)\cap\Gamma(y)\rvert}{\max\{k_x,k_y\}}$
	大度节点有利指标（HPI），$S_{xy}=\dfrac{\lvert\Gamma(x)\cap\Gamma(y)\rvert}{\min\{k_x,k_y\}}$
	Salton指标，$S_{xy}=\dfrac{\lvert\Gamma(x)\cap\Gamma(y)\rvert}{\sqrt{k_xk_y}}$
	LHN-I指标，$S_{xy}=\dfrac{\lvert\Gamma(x)\cap\Gamma(y)\rvert}{k_xk_y}$
	Jaccard指标，$S_{xy}=\dfrac{\lvert\Gamma(x)\cap\Gamma(y)\rvert}{\lvert\Gamma(x)\cup\Gamma(y)\rvert}$
	优先链接指标（PA），$S_{xy}=k_xk_y$
	Sørensen指标，$S_{xy}=\dfrac{2\times\lvert\Gamma(x)\cap\Gamma(y)\rvert}{k_x+k_y}$
	Adamic-Adar指标（AA），$S_{xy}=\sum_{z\in\Gamma(x)\cap\Gamma(y)}\dfrac{1}{\log k_z}$，log为自然对数
	资源分配指标（RA），$S_{xy}=\sum_{z\in\Gamma(x)\cap\Gamma(y)}\dfrac{1}{k_z}$
基于全局信息的相似性指标	Katz指标，$S=(I-\alpha\cdot A)^{-1}-I$，$A$为节点间的邻接矩阵，$I$为单位矩阵，$\alpha$为小于邻接矩阵特征根倒数的参数
	LHN-II指标，$S=2M\lambda D^{-1}\left(I-\dfrac{\varphi}{\lambda}A\right)^{-1}D^{-1}$，其中$M$为网络的总边数，$\lambda$为邻接矩阵$A$的最大特征根，$\varphi$为（0，1）的参数，$D$为度矩阵
	平均通勤时间（ACT），$S_{xy}=\dfrac{1}{l_{xx}^{+}+l_{yy}^{+}-2l_{xy}^{+}}$，其中$l_{xy}^{+}$表示矩阵$L^{+}$（拉普拉斯矩阵$L=D-A$的违逆）中第$x$行$y$列对应的元素
	基于随机游走的余弦相似性（$\cos^{+}$），$S_{xy}=\dfrac{l_{xy}^{+}}{\sqrt{l_{xx}^{+}\cdot l_{yy}^{+}}}$
	带重启的随机游走（RWR），$S_{xy}=q_{xy}+q_{yx}$，其中$\vec{q_x}=(1-c)(I-cP^{T})^{-1}\vec{e_x}$，$1-c$为粒子的返回概率，$P$为概率转移矩阵

指标分类	指标名称与定义
基于全局信息的相似性指标	SimRank指标（SimR），S_{xy} $C\dfrac{\sum_{v_z\in\Gamma(x)}\sum_{v_{z'}\in\Gamma(y)}s_{zz'}}{k_xk_y}$，其中$S_{xy}=1$，$C$为 $[0, 1]$ 的衰减指数
	矩阵森林指标（MFI），$S=(I+\alpha\cdot L)^{-1}$，$\alpha>0$
	转移相似性指标（TS），$S=(I-\varepsilon S)^{-1}S$，$\varepsilon$为参数，控制直接相似性和间接相似性的比例
基于半局部信息的相似性指标	局部路径指标（LP），$S=A^2+\alpha\cdot A^3$
	局部随机游走指标（LRW），$S_{xy}(t)=q_x\cdot\pi_{xy}(t)+q_y\cdot\pi_{yx}(t)$，其中$q_x$为初始资源分布，$\overrightarrow{\pi_x}(t+1)=P^T\overrightarrow{\pi_x}(t)$，$t\geq 0$
	叠加的局部随机游走指标（SRW），$S_{xy}(t)=q_x\sum_{l=1}^{t}\pi_{xy}(t)+q_y\sum_{l=1}^{t}\pi_{yx}(t)$

　　为了更好地理解该算法，图 7-1 给出了一个合作网络案例，由于基于全局和半局部信息的指标计算复杂（有的甚至涉及迭代），这里对它们不做过多的演示，主要集中在基于节点局部信息的指标的演示，即求点i和j的各个相似性指标。

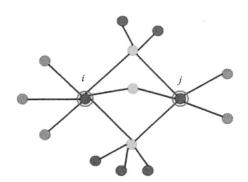

说明：$\Gamma(i)$=6 个点组成的集合，$\Gamma(j)$=5 个点组成的集合，$\Gamma(x)\cap\Gamma(y)$=3 个点组成的集合，$\Gamma(x)\cup\Gamma(y)$=8 个点组成的集合，k_x=6，k_y=5。

CN=3；Salton[①]=$3/\sqrt{6\times5}$；Jaccard=3/8；Sørensen=（2×3）/（6+5）；HPI=3/min{6, 5}=3/5；HDI=3/max{6, 5}=3/6；LHN-Ⅰ=3/（6×5）；PA=（6×5）；AA=$\dfrac{1}{\log 4}+\dfrac{1}{\log 2}+\dfrac{1}{\log 5}$；RA=$\dfrac{1}{4}+\dfrac{1}{2}+\dfrac{1}{5}$

图 7-1　链路预测案例分析

资料来源：Yan E, Guns R. Predicting and recommending collaborations: an author-, institution-, and country-level analysis ［J］. Journal of Informetrics，2014，8：298.

① 为了更好地观察算法，这里只给出过程，未给出计算结果。下同。

7.2 基于直引的潜在合作者发现新探索

通过上面的分析，我们可知在理论上从直引出发可以探测一个作者的潜在合作者。下面基于上面的理论构建新的作者潜在合作者发现模型。

7.2.1 基于直引的潜在合作者发现模型构建

作者之间的相互引用就构成了作者引用网络，作者之间的相互引用从表面看起来很简单，是一种有向加权的关系。但从潜在合作者角度来看，作者之间的引用又有一定的区别，以下以作者 A 和作者 B 的引用为例进行说明。A 和 B 之间的引用分为三种情况：A 引用 B（A→B），B 引用 A（B→A），A 和 B 互引（A↔B）。对于 A，与 B 合作的可能性有以下几种情况。如果 A 和 B 频繁互引，这说明两人都高度认可，平时关注对方，两个人合作的可能性会很高。如果 A 只是被 B 单方面频繁引用，而 A 不引用 B，则 A 占据合作的主导地位，A 要想与 B 合作，只需要一个适当机会的触发。如果 A 只是单方向频繁引用 B，而 B 不引用 A，则从 A 本身来看，可能由于与 B 学术地位不对等，占据被动地位，则与 B 合作的可能性相对不大。所以，就引用来看，对于 A，与 B 合作的可能性大小依次为：A 和 B 互引＞B 引用 A＞A 引用 B。需要强调的是，A 和 B 还必须是当前活跃的作者，对于已经很长时间没有进行科研活动或者已经过世的作者，即使通过引用关系的测度发现两者有很大合作潜力，实际上也不可能变为现实。

基于这样的想法，我们可以构建如下的算法来测度两个作者之间的潜在合作可能性。

$$PC(A,B) = \left(\alpha \times \frac{C1(A \leftrightarrow B)}{\max(C1)} + \beta \times \frac{C2(A \leftarrow B)}{\max(C2)} + \gamma \times \frac{C3(A \rightarrow B)}{\max(C3)} \right) \times 100 \qquad (7\text{-}1)$$

其中，$\alpha+\beta+\gamma=1$，$\max（C2）=\max（C3）$。$C1$（A↔B）为作者 A 和作者 B 的互引次数，$C2$（A←B）为作者 B 对作者 A 的引用次数，$C3$（A→B）为作者 A 对作者 B 的引用次数，$C2$ 和 $C3$ 中排除了 $C1$ 的互引值；$\max（C1）$、 max（$C2$）、max（$C3$）分别为整个网络中互引次数最大值、整个网络中作为被引者的最大被引次数、整个网络中作为施引者的最大施引次数，通过这种归一化处理，一是消除不同引用类型导致的量纲差异，二是可以使得 PC（A，B）的值为 0～100，这样的结果更具可读性；基于前面的分析，我们知道 $C1$、$C2$、$C3$ 促成合作的强度依次递减，所以可以对 α、β、γ 进行权重赋值，这里根据对3位专家的两轮咨询，将这三个值分别设置为 0.6、0.3 和 0.1。

需要指出的是，PC（A，B）≠ PC（B，A），A 和 B 合作的可能性与 B 和 A 合作的可能性是不相等的。也就是说，A 和 B 合作的可能性高，并不代表 B 和 A 合作的可能性也高。但是，我们可以从另一个角度来思考，对于 A 和 B 这对作者，只要有一方努力寻找机会合作，那么 A 和 B 就有可能在现实中真正合作。基于这样的考虑，我们可以采用不确定决策中的"乐观法"[①] 来进行作者潜在合作可能性的测度，即取 PC（A，B）和 PC（B，A）的最大值作为 A 和 B 潜在合作可能性的测度值，可用式（7-2）表示。

$$PC（A\text{-}B）= max \left(PC（A，B），PC（B，A） \right) \qquad （7\text{-}2）$$

这样，作者潜在合作网络就变成一个无向加权网络，这为数据挖掘和可视化都带来很大的便捷[②]。我们把 PC（A-B）的值称为两个作者的"潜在合作强度系数"。在具体分析时，可以结合 A 和 B 最近一段时期内是否有科研成果产出（如已经退休多年且不再从事研究、去世等）、各自的影响力等因素进行综合分析。对于"当前活跃作者"的确定标准为：要求该作者最近几年[③] 至少有一篇论文发表。需要强调的是，已经退休但是满足以上标准的作者也被界定为"当前活跃作者"。但是最近几年只有被引次数没有发文数的作者则被认为是"非当前活跃作者"。潜在合作者须为"当前活跃作者"，不满足条件的必须剔除。一个作者的影响力的确定则是通过近几年间相关数据中该作者的被引次数（排除自引）来衡量和判定。

7.2.2　作者引用网络中潜在合作者发现的两个视角

在给定测度模型的基础上，下面给出如何从作者引用网络中找到潜在合作

---

① 裴成发.信息分析［M］.西安：西安出版社，2002：112-113.
② 对于加权有向网络，现在的很多数据挖掘方法和信息可视化方法所得结果并不是很理想，并且使得相关可视化较难解读。而基于无向加权网络的相关方法比较成熟，结果也易于理解。
③ 可根据研究具体情况而确定，后文案例研究中时间段为近五年。

者，主要是从以下两个视角展开。

（1）单个作者视角。主要是解决单个作者的潜在合作者发现这一问题。我们可计算出特定作者 A 与其他相关作者 i 的 PC 值 PC（A-i），然后从高到低进行排序，通过设定一定的阈值，阈值以上的作者 i 即为 A 作者的主要潜在合作者。

（2）合作小团体视角。现代科学研究，不仅仅关注"两两合作"的问题，还在很大程度上关心合作团队的问题。PC（A-B）建立的是一个无向加权网络，我们可以通过一定的社团发现算法来发现潜在合作小团体。由于现实中合作并非易事，这里对无向加权网络进行如下的限定：一是关系强度应该大于一定的阈值，即排除合作可能性小的关系对；二是利用社会网络中最为严格的子群发现算法——派系（cliques）来进行社团发现。派系是指至少包含三个点的最大的完备子图①，即小群体中每个作者之间都有直接的联系。图7-2给出了不同规模的派系子图。

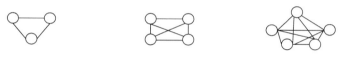

图 7-2　不同规模的派系子图（从左到右分别为 3 派系、4 派系和 5 派系）

派系给出的是独立的合作小团体，但现实中团体和团体之间成员难免有重合，也正是有了这种重合，我们便可以发现更大规模的合作团体。Palla 等曾经提出重叠社团发现算法，即 k-社团算法②。所谓重叠是指社团和社团之间如果共享 k-1 个成员，则将这两个社团归并为一个新的社团。可以看出，这样的限定过于严格。对于社团之间的联系，如果有一个以上"重要影响力作者"，即有一定学术地位的作者作为连接纽带（即社团共享作者），那么两个团队很有可能进行进一步的合作，这里突出了重要影响力作者在社团合作中的地位。黛安娜·克兰（Diana Crane）曾给我们描绘了一幅理想化的合作交流图景："研究领域中的亚群体分为两类：一类是合作者群体；另一类是无形学院，也即合作者群体中少数多产科学家形成的交流网络。合作者群体的功能是吸收补充新的研究成员，并使之社会化……而无形学院的作用是使合作者群体联系起来。"③事实上，对黛安娜·克兰的图景进行进一步拓展，每个派系可以看成一

① 刘军. 社会网络分析导论［M］. 北京：社会科学文献出版社，2004：155.
② Palla G，Derenyi I，Farkas I. Uncovering the overlapping community structure of complex networks in nature and society［J］. Nature，2005，435（7043）：814-818.
③ 黛安娜·克兰. 无形学院——知识在科学共同体的扩散［M］. 刘珺珺，顾昕，王德禄，译. 北京：华夏出版社，1998：31-32.

个很有可能的合作者群体，重要影响力作者则充当不同合作者群体联系的纽带。图 7-3 即为合作者小团体通过某个重要影响力作者进行联系的示例。需要指出的是，两个小团体连接的作者必须为重要影响力作者，否则即使两个小团体有作者共享，但作为连接的作者影响力不大，那么两个小团体也很难实际合作。

图 7-3　合作小团体通过重要影响力作者联系示例

注：A 为重要影响力作者

通过模型建立和两个分析视角的阐释，我们对于作者引用网络中潜在合作者发现可以遵循以下（图 7-4）的技术路线（含注意事项）。

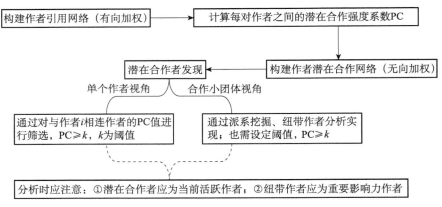

图 7-4　作者引用网络中潜在合作者发现技术路线图

7.3　作者引用网络中潜在合作者发现应用研究

作者引用网络中涉及很多作者，不可能一一进行分析，这里以武汉大学邱均平教授为例进行分析，邱均平教授是我国著名的科学计量学专家和情报学专家，耕耘不断，成果颇丰，在这五年中，总被引次数为 671 次，位居第一。邱均平教授是图情学界的权威，潜在合作者众多，具有较强的代表性。

7.3.1 数据来源与处理

数据仍然来自 2009 ～ 2013 年 CSSCI 数据库中图情学所有相关论文。不论发文还是引文，只统计第一作者[①]，共涉及作者 86 685 人，通过构建它们之间的互引矩阵（86 685 × 86 685）计算两两之间的潜在合作强度系数。

利用 Cfinder[②] 社团分析功能来发现潜在合作小团体（包括重叠社团），但是由于 Cfinder 软件呈现结果并不是很理想，无法体现关系的强弱，也无法体现节点影响力的大小，所以再次利用 Pajek 对 Cfinder 所得结果进行可视化展示。

需要强调的是，对于"当前活跃作者"，由于 CSSCI 中涉及国内和国外两类作者，这里进行分类处理：国内当前活跃作者是指近五年要在 CSSCI 收录期刊上以第一作者身份至少有一篇论文发表的作者；国外当前活跃作者的确定主要是在 Web of Knowledge 数据库中进行检索，限定条件同国内作者。对于一个作者的影响力的确定，不论是国内作者还是国外作者，都通过 2009 ～ 2013 年 CSSCI 图情学科中该作者的被引次数（排除自引）来测度。

7.3.2 结果分析

根据本书 7.2.2 节的介绍，这里也从两个视角来分析邱均平教授的潜在合作者和小团体。

7.3.2.1 邱均平教授的潜在合作者分析

通过计算，初步发现邱均平教授的潜在合作者共有 830 位，排除五年间没有发文的作者 164 位，实际潜在合作者为 666 位。在这 666 位潜在合作者中，潜在合作强度系数大多数为 0. 29，占比 72%，强度大于 10 的只有 38 位，占比 5.7%（具体分布如图 7-5 所示）。由此可见邱均平教授的潜在合作者的强度系数分布具有幂律分布特征（指一个随机变量的概率密度分布服从

---

① CSSCI 中引文只著录第一作者，因此本书也只分析第一作者发文和引用情况。
② Cfinder 用于学术研究是免费的，可在如下网址下载：http://www.cfinder.org。

于 $P(X) \propto x^{-\alpha}$ 这样的形式），根据 Clauset 等[①] 建议的拟合方式得到 α=2.85，并且 D_{max}=0.24<1.63/$n^{1/2}$=0.26，通过 K-S 检验。这也说明虽然邱均平教授的潜在合作者很多，但真正能合作的作者并不是很多，大部分作者由于潜在合作强度系数过小转化为现实合作的机会很小。

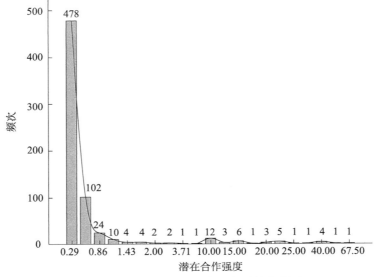

图 7-5　邱均平潜在合作者强度系数分布图

表 7-2 给出的是与邱均平教授有潜在合作关系且强度系数排在前 10 位的作者（共 13 位）。从该表来看，排在前 10 位的作者基本都与邱均平教授存在一定的互引，最多的为 6 次，最少的只有 1 次。由此可见，要想有较大量的相互引用是比较困难的。在这 13 位潜在合作者中，有 6 位是邱均平教授的博士生，他们在现实中的合作已经很多。马费成、王知津是我国著名情报学专家，影响力很大（被引次数都在 300 以上），在情报学理论与方法方面做了很多工作，如果他们能够合作，实现强强联合，则很可能大大推进情报学理论与方法的精深发展；盛小平在知识管理方面有较大影响力，与邱均平教授研究方向之一相一致；张翠英则在网络计量学方面有一定研究，发表了多篇关于网络信息挖掘和分析的论文，这也与邱均平教授的研究方向非常相符；肖明和宋歌在文献计量学方面有一定成果，虽然他们的影响力不大，但已经受到邱均平教授的关注（互引达到 2），在现实中，如果他们积极、主动地与邱均平教授联系并表达合

①　Clauset A，Shalizi C R，Newman M E J. Power-law distributions in empirical data［EB/OL］. http：// arxiv. org/abs/0706. 1062［2016-10-22］.

作意愿，也很有可能成为现实。刘军并不是图情学的学者，他由于研究社会网络相关方法而引起广泛关注，主要是被邱均平引用。在现实中，邱均平申请涉及社会网络分析相关方面的重大课题时，可以联合刘军进行课题攻关，实现优势互补。

表 7-2　与邱均平教授有潜在合作关系的作者（前 10 名）

潜在合作者	单位	强度系数	互引次数	被邱均平引用次数	引用邱均平次数	被引次数	是否师生
赵蓉英	武汉大学	67.5	6	0	3	93	+
文庭孝	中南大学	52.5	4	0	5	73	+
张　洋	中山大学	40.0	4	0	0	39	+
马费成	武汉大学	40.0	1	12	0	321	−
杨思洛	湘潭大学	40.0	3	0	4	33	+
马海群	黑龙江大学	40.0	3	0	4	57	+
周春雷	郑州大学	37.5	1	0	11	47	+
盛小平	华南师范大学	25.0	2	0	2	92	−
张翠英	山西大学	22.5	1	5	0	18	−
王知津	南开大学	22.5	2	1	0	359	−
刘　军	哈尔滨工程大学	22.5	1	5	0	120	−
肖　明	北京师范大学	22.5	2	0	1	20	−
宋　歌	东南大学	22.5	2	0	1	21	−

注：互引次数是指与邱均平的互引次数，被引次数指被邱均平引用次数，引用次数为引用邱均平的次数。后两者的计算都排除了互引次数。"是否师生"列中＋表示是师生，－表示不是师生。

7.3.2.2　以邱均平教授为首的合作小团体分析

在邱均平教授 666 位有效潜在合作者中，将潜在合作强度系数的阈值设置在 0.29 以上（即排除只单方向引用 1 次的作者），排除了 480 位作者，最终形成 186×186 的关系矩阵，通过 Cfinder 软件计算出不同规模的派系。结果显示，整个图情作者引用网络挖掘出与邱均平教授相关派系最大的为 5 派系。当然，还有若干 4 派系和 3 派系，在这里不再一一进行分析。邱均平教授的 3 个 5 派系团队为邱均平-高小强-叶鹰-Hirsch-赵星、邱均平-赵蓉英-文庭孝-刘则渊-梁永霞和邱均平-包昌火-王知津-肖勇-刘冰，利用 Pajek 对他们进行了可视化，如图 7-6 所示。其中，节点大小表示作者的被引次数的高低，节点越大表示该作者的被引次数越高，影响力越大；线的粗细表示两个作者之间的潜在合作强度的大小，线越粗表示两个作者之间的潜在合作强度越大；影响力大且为桥梁性作者用三角形表示，其他作者用圆形表示。

通过图 7-6 可以看出每个合作小团体的具体情况。最上方的派系为"竞争情报"研究小团体，在这个团体中，有三个影响力比较大的学者，分别为邱均平、包昌火、王知津，这个团队如果能够实现合作，那么对于竞争情报的研究将产生加速提质的深远作用。在这个团队中，王知津-肖勇、包昌火-王知津、邱均平-王知津有较高的潜在合作强度系数，王知津教授作为重要"枢纽"可以积极进行现实合作的组织联络工作。图 7-6 左下方为"科学计量"研究小团体，实质上就是当前比较活跃的两个科研机构武汉大学团队和大连理工大学团队的合作，如果这两个团队能进一步合作交流，对于中国科学计量学的发展将大有裨益。右下方也是"科学计量"研究小团体，偏重于 h 指数的相关研究，如果能够和该方面的首创者 Hirsch 进行合作，将大大推动相关研究的深度和国际化水准。这两个计量学团队中的人员相对邱均平的影响力都不是很大（不考虑国外学者 Hirsch 的影响力），可以通过邱均平教授将这两个团队进行桥接，进而组成更大的科研共同体进行更大项目的联合攻关，产出更具影响力的成果。

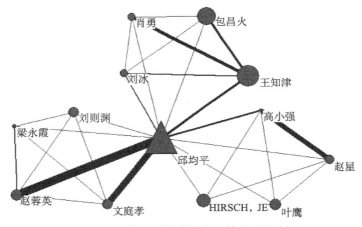

图 7-6　邱均平教授合作小团体（5-派系）

7.3.3　与其他方法的比较

正如前文介绍，发现潜在合作者的方法既有科学计量学领域提出的作者耦合、作者同被引，也有复杂网络领域提出的链路预测，下面对本章提出的方法模型与方法进行比较。

7.3.3.1　与作者耦合、作者同被引的比较

正如前文多次提到的，从作者引文网络出发，还有两种重要的方法即作者同被引和作者耦合可以用来发现潜在合作者，那么这两种方法所得结果与本章所提方法有何差异？哪种更具有优势？下面仍然以邱均平教授的潜在合作者分析为例进行检验。我们以本书 7.3.2 节中邱均平教授潜在合作者强度系数在10 以上的作者为研究样本，共 38 位。首先需要确定比较的规则，这里主要是基于这样一种假设，"潜在合作者中最有可能进行合作的关系应该是师生关系"，也就是说师生关系相对其他关系最有可能成为现实合作者。在这些潜在合作者中，与邱均平教授有师生关系的应该是其最有可能合作的人，就潜在合作强度而言，他们应该排在相对靠前位置。

表 7-3 给出的是三种方法得到的邱均平教授的潜在合作者（都按照强度从高到低排列），其中有下划线的作者为与邱均平教授有师生关系的作者。从该表可以看到，作者直引（即本章提出的新方法）得到的结果中，前 3 名都是邱均平教授的博士生，前 5 名中有 4 位是他的博士生，前 10 名中有 6 位是他的博士生。对于作者同被引得到的结果，前 5 名中有 1 位为邱均平教授的博士生，且排在第 5 位，前 10 名中有 4 位为其博士生。作者同被引结果中作者数与作者直引中数量相当，只有李会在作者同被引中没有被发现，计算两种方法所得结果的斯皮尔曼等级相关系数 r=0.79（p<0.01），这说明两者有较大的相关性。而对于作者耦合来看，在这 38 位作者中只识别出 22 位作者，很多潜在合作者都没有被发现，由此可见作者耦合关系的建立比较困难[①]。在此方法得到的结果中，前 5 名中有2 位作者为邱均平教授的博士生，前 10 名中有 4 位是其博士生。在识别出的潜在合作者中没有杨思洛，而在前两种方法中都将杨思洛识别出来并排名较靠前。

7.3.3.2　与其他基于合作网络的相似性指标的比较

对于这五年涉及的所有有发文的作者构建合作网络，共涉及 15 401 名作者。设置合作强度阈值为 2，即不考虑那些这五年只有 1 次的合作，这样涉及邱均平教授的联通合作网络共涉及 200 人（图 7-7）。利用 Matlab 对表 7-1 涉及的指标（考虑参数设置，共 32 个）首先进行 AUC 值估算，需要指出的是，随机抽样（90% 作为训练样本，10% 作为测试样本）取 100 次，然后计算 AUC

---

① 马瑞敏. 基于作者学术关系的科学交流研究［D］. 武汉大学博士学位论文，2009：98.

表 7-3　三种方法得到的邱均平教授潜在合作者及优先性排序

作者直引	作者同被引	作者耦合	作者直引	作者同被引	作者耦合
赵蓉英[67.5][1]	马费成[59][1]	赵蓉英[6][1]	赖茂生[15][18]	王贤文[5][20]	盛小平[1][13]
文庭孝[52.5][2]	王知津[34][2]	文庭孝[5][2]	胡吉明[15][18]	魏瑞斌[5][20]	王贤文[1][13]
张洋[40][3]	刘军[29][3]	陈贵梧[5][2]	高小强[15][18]	高小强[5][20]	栾春娟[1][13]
马费成[40][3]	柯平[24][4]	宋歌[3][4]	陈贵梧[15][18]	王莉亚[4][23]	马瑞敏[1][13]
杨思洛[40][3]	赵蓉英[22][5]	王莉亚[3][4]	苑彬成[12.5][24]	苑彬成[4][23]	马海群[1][13]
马海群[40][3]	栾春娟[17][6]	王知津[3][4]	王晓光[12.5][24]	张翠英[4][23]	柯平[1][13]
周春雷[37.5][7]	文庭孝[15][7]	魏瑞斌[3][4]	马瑞敏[12.5][24]	刘冰[4][23]	胡吉明[1][13]
盛小平[25][8]	周春雷[14][8]	肖明[3][4]	赵丽梅[10][27]	李刚[4][23]	顾立平[1][13]
张翠英[22.5][9]	盛小平[13][9]	张洋[2][9]	王莉亚[10][27]	马瑞敏[3][28]	陈悦[1][13]
王知津[22.5][9]	张洋[12][10]	周春雷[2][9]	刘云[10][27]	陈向东[3][28]	陈向东[1][13]
刘军[22.5][9]	赖茂生[10][11]	胡昌平[2][9]	刘冰[10][27]	陈贵梧[3][28]	
肖明[22.5][9]	杨思洛[9][12]	高小强[2][9]	李会[10][27]	胡吉明[2][31]	
宋歌[22.5][9]	马海群[9][12]		李刚[10][27]	顾立平[2][31]	
栾春娟[20][14]	化柏林[9][12]		化柏林[10][27]	陈京莲[2][31]	
胡昌平[20][14]	胡昌平[9][12]		顾立平[10][27]	赵丽梅[1][34]	
陈悦[20][14]	王晓光[8][16]		董慧[10][27]	刘云[1][34]	
柯平[17.5][17]	肖明[8][16]		陈向东[10][27]	董慧[1][34]	
魏瑞斌[15][18]	陈悦[8][16]		陈京莲[10][27]	安美荣[1][34]	
王贤文[15][18]	宋歌[6][19]		安美荣[10][27]		

注：第一个方括号内为得分或者次数，第二个方括号内为排序。

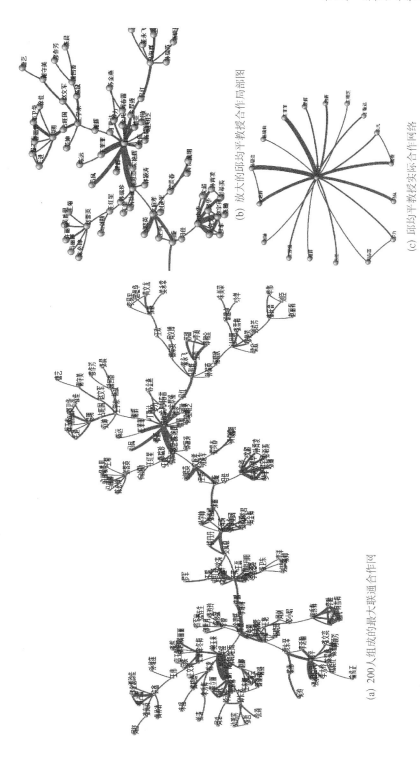

(b) 放大的邱均平教授合作局部图

(c) 邱均平教授实际合作网络

(a) 200 人组成的最大联通合作网

图 7-7　邱均平教授的作者合作网络

的平均值为最后的 AUC 值（具体如表 7-4 所示），这样得到的结果更加可信。

表 7-4　32 个相似性指标的具体值分布

指标	AUC值	指标	AUC值	指标	AUC值	指标	AUC值
CN	0.9640	RA	0.9707	LHN II 0.9	0.9645	LRW_3	0.9843
Salton	0.9602	PA	0.6665	LHN II 0.95	0.9545	LRW_4[①]	0.9927
Jaccard	0.9594	LNBCN	0.9689	LHN II 0.99	0.9130	LRW_5	0.9896
Sørensen	0.9595	LNBAA	0.9692	ACT	0.9828	SRW_3	0.9924
HPI	0.9623	LNBRA	0.9691	cosPlus	0.9787	SRW_4	0.9936
HDI	0.9587	LocalP	0.9834	RWR0.85	0.9930	SRW_5	0.9935
LHN	0.9579	Katz0.01	0.9825	RWR0.95	0.9905	MFI	0.9894
AA	0.9709	Katz0.001	0.9822	SimR	0.9789	TSCN	0.9753

　　AUC 值来看，这 32 个指标都能够很好地进行预测，AUC 值都在 0.9 以上，这里我们选择 AUC 在 0.99 以上的 6 个指标计算邱均平的潜在合作者。表 7-5 给出了这 6 个指标各自前 10 名的潜在合作者分布情况。需要强调的是，表 7-5 中未显示已经与邱均平教授在这五年间有合作的作者。

　　从结果来看，这几种方法得到的结果基本一致，只有很小的差别，比如 RWR0.85 情况下陈远排在第一位，苏金燕排在第二位，而在其他几种方法这两位作者的位置则发生了对调；LRW-4 和 SRW-4 发现了潜在合作者文庭孝，但是 RWR 则以向剑勤代替，而 SRW-3 和 SRW-5 则由董永飞代替。在这些排名靠前的潜在合作者中，陈远和苏金燕的得分是相对比较高的（如 RWR0.85，她们的得分在 0.2 以上），从第三名仇壮丽开始得分就开始锐减（其在 RWR 0.85 上得分只有 0.0096）。这在很大程度上告诉我们，只有陈远和苏金燕才是邱均平最潜在的合作者。结合他们的身份，我们可以很明显地观察到这些潜在合作者与邱均平之间存在一定的社会关系：要么是师生（如陈远、苏金燕、马海群、王学东、王红星），要么就是通过学生杨思洛建立起来的湘潭大学合作者群（如仇壮丽、郭颖涛、韩瑞珍、王皓）。由此可见，这里印证了本书 7.1.2 节提出的"基于作者合作的潜在合作者得到的数量可能比较小"这一推测。

　　再与表 7-3 利用本章提出的新方法得到的结果进行比较。首先，从数量上来看，新方法得到的潜在合作者不仅仅局限在社会关系上，并且加以扩展——充分利用他们之间的学术关系及学术关系背后折射出的社会关系，所以其得到的潜在合作者面更广——正如上面的分析，基于作者合作得到的潜在合作者都

---

① 参数设置为 0.85。

有很明显的"社会关系标签"。其次，我们来看两个表中作者的重合程度，令我们惊讶的是，重合程度几乎为 0，即基于作者引用得到的潜在合作者与基于作者合作得到的潜在合作者完全不同 ①。那么，我们来简单地分析下两个表中这些潜在合作者将来与邱均平教授合作的可能性。比如，在表 7-5 得到的潜在合作者中，陈远最近五年没有和邱均平有过互相引用，即双方的研究兴趣有一定差别，这大大降低了以后合作的可能性；再如，王红星已经硕士毕业到长沙的一家企业工作，不再从事学术研究，他们合作的可能性也几乎为 0。所以，结合本书 7.3.3.1 节的分析，新方法得到的潜在合作者更有可能将来合作，而基于合作网络得到的潜在合作者很有可能不会合作。当然，这里分析的是邱均平教授这一个例，这一现象是否存在普遍性还有待更深入而广泛的研究。

表 7-5　6 个指标前 10 位作者（排除已经有合作的作者）

RWR0.85	RWR0.95	LRW-4	SRW-3	SRW-4	SRW-5
陈　远	苏金燕	陈　远	陈　远	陈　远	陈　远
苏金燕	陈　远	苏金燕	苏金燕	苏金燕	苏金燕
仇壮丽	仇壮丽	仇壮丽	仇壮丽	仇壮丽	仇壮丽
郭颖涛	郭颖涛	郭颖涛	郭颖涛	郭颖涛	郭颖涛
韩瑞珍	韩瑞珍	韩瑞珍	韩瑞珍	韩瑞珍	韩瑞珍
王　皓	王　皓	王　皓	王　皓	王　皓	王　皓
马海群	王红星	马海群	马海群	王学东	马海群
王学东	王学东	王学东	王学东	王红星	王学东
王红星	马海群	王红星	王红星	文庭孝	王红星
向剑勤	向剑勤	文庭孝	董永飞		董永飞

7.4　本章小结

本章从一个新的视角即作者直引来进行作者潜在合作者的发现，首先阐释了潜在合作者发现的内涵，分析了作者引用与作者合作的差别，在此基础上提出了新的预测模型，以邱均平教授为例对新模型进行了应用，并与作者同被引、作者耦合及基于作者合作网络所得预测结果进行了比较，得到了一些结论

① 注意，只是比较预测值比较大的潜在合作者。

和启示。

（1）作者引用中蕴含着作者合作的潜质，从作者引用出发可以预测作者合作并发现潜在合作者。作者引用一方面包含两个作者之间的学术关系，另一方面也包含两个作者之间的社会关系，而这两种关系的叠加正为作者的现实合作孕育了成长土壤。相较作者引用网络中另外两种发现潜在合作者的方法——作者同被引和作者耦合，作者直引体现两个作者之间"主动、直接"的关系，而作者同被引和作者耦合都体现的是两个作者之间"被动、间接"的关系。从理论上来讲，作者直引在发现潜在合作者中具有一定的优越性。

（2）作者引用类型对于合作潜能的度量有差异，即互引＞被引＞引用，基于这种差异我们可以构建出度量作者潜在合作强度的模型。互引表示两个作者都相互认可，被引则表示这个作者受到了潜在合作者的关注，而引用则表示这个作者对潜在合作者有关注，所以，引用的不同类型在预测潜在合作者中的分量应该是不一样的。本章构建相关模型，可以量化地考量两个作者潜在合作的可能性，使得理论分析转化为定量研究。需要强调的是，由于 PC（A，B）≠ PC（B，A），这样构成的潜在合作者网络是有向加权网络。而在现实中，只要有一方积极主动合作，合作也很有可能成为现实，所以取 max（PC（A，B），PC（B，A））作为两个作者之间的潜在合作强度。这样，潜在合作网络便转化为无向加权网络，这也更有利于数据挖掘和可视化展示。

（3）由于现实合作并非易事，所以针对个人和小团体两个不同视角的潜在合作者发现都必须设定一定阈值，且对小团体的发现应使用派系这一最为严格的社团发现方法，同时需要考虑桥梁性专家的作用。虽然根据算式可以找到一个作者的潜在合作者群体，但是并不是所有人都能转化为这个作者现实中的合作者，只有那些潜在合作强度较大的作者才有较大可能转化为现实合作者。以邱均平教授为例，他的潜在合作者有 666 位，但其中 72% 的作者与他的潜在合作强度只有 0.29，即只引用过邱均平教授 1 次。所以，我们需要通过一定的阈值设定，排除掉那些较低潜在合作强度的作者，从而最终确定一个作者的潜在合作者。在小团体发现中，这种思想也需要加以贯彻，并且由于团体合作比两两合作更为复杂和困难，所以本章利用派系这一方法来发现一个作者的合作小团体，但是强调了桥梁性作者的重要性，即群体和群体之间的合作需要一些有重要学术影响力的学者来桥接。

（4）通过与其他方法的初步比较，发现作者直引分析能够较快、较好地发现一个作者理论假想的潜在合作者。以邱均平教授为例，作者直引分析较好地发现了与邱教授有师生关系的作者，这些徒弟基本都排在邱均平教授潜在合作者的前列，这是非常符合实际情况的。通过分析，我们可以看出，从潜在合作者发现的效果来看，作者直引分析要优于作者同被引分析，而这两种方法又优于作者耦合分析。另外，通过与基于合作网络的预测结果比较来看，作者直引分析得到的结果更加全面——能得到更多的潜在合作者，而不是仅仅局限在小的社会关系圈子内，并且与得到的预测群体更有可能在将来成为真正的合作者。

第8章 学科领域内（间）知识交流研究 ①

作者与作者之间的引用实质上是作者各自所拥有的专业知识在两个作者之间的交流。所以，从这个方面讲，作者引用网络是典型的作者知识交流网络。"网络"初看起来都是庞大的、繁杂的，但是我们知道作者引用网络实质上有其内在规律和机制。基于这些规律和机制，我们可以通过一些科学的方法来分析作者引用网络中知识交流的具体情况。作者引用网络是一个高度开放的知识交流系统：一方面它不断地产生新的知识并传递给系统内外的学者；另一方面它也不断地从系统内外吸收新的知识来更新、完善自己的理论和方法体系。只有这样，这个系统才能保持自组织系统的耗散结构 ②，即保持系统的信息流动的稳定性（有吸收也有贡献）。当前，关于知识交流方面的研究已经非常多了，主要集中在以下几个方面：一是基于期刊引用的学科领域间知识交流情况研究。这方面的研究主要是通过期刊之间的引用来观察一个学科与其他学科的交叉情况。比如，Borgman 和 Rice③ 发现一些图情学期刊大量引用传播学

① 本章是在课题阶段性成果 "基于Pathfinder算法的领域知识交流主路径发现研究.情报学报，2016，35（8）"基础上撰写而成。
② 孙志海.自组织的社会进化理论方法和模型［M］.北京：中国社会科学出版社，2004：26-27.
③ Borgman C L，Rice R E.The convergence of information science and communication：a bibliometric analysis［J］.Journal of the American Society for Information Science，1992，43（6）：397-411.

期刊。Leydesdorff 和 Probst[①] 则发现传播学期刊较多引用政治学和社会心理学这两个学科的期刊。Leydesdorff 和 Rafols[②] 曾经利用因子分析对 SCI 期刊构成的引用矩阵进行了分析，他们发现 SCI 中的大部分二级学科（89%）都可以较好地归到一个较大的学科。由此可见，学科之间的融合程度越来越显著。这些研究都可以在一定程度上发现一个学科领域的相关学科领域，从而能够较好地解释学科领域之间的交叉融合情况。二是对一些学科内重要期刊或者作者的引用情况进行分析。比如，Linderman 和 Chandrasekaran[③] 对于运筹学领域期刊的内部交流情况进行研究。南刚等[④] 利用作者之间引用来研究竞争情报领域的知识交流情况。王菲菲和杨思洛[⑤] 对于国内情报学核心作者之间的引用情况进行分析等。通过这些分析，我们可以看出一个学科内知识流动的情况，尤其是通过交流的紧密程度可以发现一些"小团体"的存在[⑥]。三是对于知识交流路径和距离测度的研究。Batagelj[⑦] 提出了三种计算引文主路径的方法，分别为搜寻路径次数（search path count，SPC）、节点对规化次数（the node pairprojection count，NPPC）、搜寻路径连接次数（the search path link count，SPLC），这些算法为后续研究提供了很好的启迪。继 Garfield 等[⑧] 开发并使用 HistCite 软件绘制出基因领域的时序图谱后，最近几年在图情领域又发表了一些相关的论文。Lucio-Arias 与 Leydesdorff[⑨] 提出基于 HistCite 的主路径和路径依赖转移方法来发现一个领域的主要发展脉络。Lu 和 Liu[⑩] 在 SPC 的基础上提出了局部路径和全局路径视角下的领域知识交流路径方法，并且与他的合作者将这两种方

---

① Leydesdorff L，Probst C. The delineation of an interdisciplinary specialty in terms of a journal set：the case of communication studies［J］. Journal of the American Society for Information Science and Technology，2009，60（8）：1709-1718.

② Leydesdorff L，Rafols I. A global map of science based on the ISI subject categories［J］. Journal of the American Society for Information Science and Technology，2009，60（2）：348-362.

③ Linderman K，Chandrasekaran A. The scholarly exchange of knowledge in operations management［J］. Journal of Operations Management，2010，28（4）：357-366.

④ 南刚，王亚民，李慧. 基于互引的竞争情报知识交流网络研究［J］. 情报学报，2013，32（11）：1148-1156.

⑤ 王菲菲，杨思洛. 国内情报学作者互引分析与学科结构揭示［J］. 情报资料工作，2014，35（5）：21-27.

⑥ 这与第 5 章关于作者直引分析类似，只不过是侧重点不同。作者直引分析主要就是学科知识结构的探测，而这里主要是讲知识交流情况。

⑦ Batagelj V. Efficient algorithms for citation network analysis［J］. arXiv：cs/0309023：1-27.

⑧ Garfield E，Pudovkin A I，Istomin V S. Why do we need algorithmic historiography?［J］. Journal of the American Society for Information Science and Technology，2003，54（5）：400-412.

⑨ Lucio-Arias D，Leydesdorff L. Main-path analysis and path-dependent transitions in HistCite ™ -based historiograms［J］. Journal of the American Society for Information Science and Technology，2008，59（12）：1948-1962.

⑩ Lu L Y Y，Liu J S. An innovative approach to identify the knowledge diffusion path：the case of resource-based theory［J］. Scientometrics，2013，94（1）：225-246.

法应用在不同的领域①②。Yan 和他的合作者③~⑤则主要是利用最短路径和最大生成树等方法来考察不同层次（论文、期刊、学科）的知识交流路径分析，得到了不同学科之间的交流路径情况。

从上面的分析来看，虽然当前相关的研究比较多，但除了作者引用网络结构研究外，真正集中于作者之间知识交流的深入、系统性研究还比较欠缺，我们还可以从以下几个方面做一些深入思考和新的尝试：一是要弄清楚作者引用视角的知识交流与引文视角的知识交流研究的区别，这是后续研究的基础；二是从作者引用视角来看一个学科的交叉融合情况，这方面的研究基本是空白；三是虽然已经有一些关于知识交流路径和距离测度的方法，但是还应该更加深刻地认识"什么是主路径"及在此基础上的"主路径如何测度"的问题。本章主要就是在弄清楚作者引用视角知识交流的本质基础上，提出新的研究理念，采用新的方法来分析一个学科领域内（间）的知识交流情况。

8.1　知识交流的基本问题

知识交流其实在我国图情学界并不陌生，很早以前就有学者提出了知识交流这一概念。早在1985年，宓浩和黄纯元就提出知识交流论的思想⑥，但从他们的研究来看主要还是集中在图书馆学方面。尽管这样，由于我们现在绝大多数还是基于"文献"这一客体进行研究的，所以很大程度上来讲，知识交流还

① Xiao Y，Lu L Y Y，Liu J S，et al. Knowledge diffusion path analysis of data quality literature：a main path analysis［J］. Journal of Informetrics，2014，8（3）：594-605.
② Liu J S，Lu L Y Y. An integrated approach for main path analysis：development of the Hirsch index as an example［J］. Journal of the American Society for Information Science and Technology，2012，63（3）：528-542.
③ Yan E. Finding knowledge paths among scientific disciplines［J］. Journal of the Association for Information Science and Technology，2014，65（11）：2331-2347.
④ Yan E. Disciplinary knowledge production and diffusion in science［J］. Journal of the Association for Information Science and Technology，2015，（67）9：2223-2245.
⑤ Yan E，Yu Q. Using path-based approaches to examine the dynamic structure of discipline-level citation networks：1997-2011［J］，Journal of the Association for Information Science and Technology，2016，67（8）：1943-1945.
⑥ 宓浩，黄纯元. 知识交流和交流的科学——关于图书馆学基础理论的建设［J］. 图书馆研究与工作，1985（2）.

是在科学交流的大框架下进行。但是，我们也能够直观地看到知识交流比科学交流指向性更加明确，即两个学者之间交流的是知识。所以，这里我们采纳知识交流这一概念来表示作者之间的交流活动。

8.1.1　知识交流的内涵

知识交流与科学交流密不可分，而科学交流则是一个相对成熟的概念。苏联著名情报学家米哈伊洛夫等[①]给出了科学交流的定义："人类社会中提供、传递和获取科学情报的种种过程是科学赖以存在和发展的基本机制，这些过程的总和我们称之为科学交流。"我们可以看到，这一定义反复强调了"过程观"，但是对于实施科学交流的"主体"并不是很明确。而研究科学交流的美国著名学者 Borgman[②]曾经也给出科学交流的定义："任何领域的学者通过正式渠道和非正式渠道使用和传播信息。"她的这一定义看似简单，但是抓住科学交流的两种基本类型正式交流和非正式交流而展开，然而她的描述还主要注重"现象"，对于"过程"还不够强调，这是她的定义与米哈伊洛夫定义的最大不同。而我国的邹志仁则早在 1987 年就在其专著中明确指示科学交流的本质是知识交流[③]。当前，也已经有了一些关于知识交流的定义。比如，姜霁[④]早在 1993 年给了一个初步的定义，"知识交流是指不同思想、观念之间的互相影响、互相作用的过程"。翟杰全[⑤]也曾给出这样一个定义，"知识交流是指借助于某种符号系统，围绕知识进行的一切知识加工与知识交往的活动"。遗憾的是，虽然这些定义给了我们一定启迪，但是还没有一个特别令人满意的定义使学术界广泛接受[⑥]。

结合国内外一些学者的相关理论研究，一个概念的定义首先应该是明了的，让人在很短时间内就能把握和理解这个定义；其次应该是抓住内涵的，让人能够显而易见地看到这个概念和其他概念的差别，尤其独特性。而我们现

---

① 米哈伊洛夫，乔尔内，吉里列夫斯基.科学交流与情报学［M］.徐新民等译.北京：科学技术文献出版社，1980：47.
② Borgman C L. Scholarly communication and bibliometrics［M］. Newbury Park：SAGE Publications, 1990：14-16.
③ 邹志仁.情报学基础［M］.南京：南京大学出版社，1987：99.
④ 姜霁.知识交流及其在认识活动中的作用［J］.学术交流，1993，4：59-63.
⑤ 翟杰全.国家科技传播体系内的知识交流研究［J］.科研管理，2002，23（2）：6.
⑥ 需要注意的是，知识交流其实还有其他一些相关概念，如信息交流，但是这并不是我们讨论的重点，有兴趣的可以参考：党跃武.信息交流及其基本模式初探［J］.情报科学，2000，2：117-119.

在看到的定义还不能够较好地满足这两个条件，在参考国内外学者，尤其是本领域世界著名情报学家米哈伊洛夫和 Borgman 的定义，给出知识交流的定义：知识交流是指学者们通过正式交流和非正式交流渠道进行知识传递的全过程。

这个定义的优点在于，一是主体明确，即学者，弥补了米哈伊洛夫给出的定义中主体不清晰的瑕疵。但是这里我们并没有过分地扩大其主体范围，还是依照 Borgman 给出的定义中的主体——学者，这是因为我们这里关注的主要还是学术知识，而学术知识主要还是在学者之间，即使这些学者可能分布在高等学校、科研组织、公司甚至政府部门，但他们有共同的身份——学者。二是强调全过程的理念，弥补了 Borgman 给出的定义中"过程观"强调不够的缺憾。三是突出知识交流的独特之处，即其知识传递是通过正式交流渠道和非正式交流渠道展开的。四是再次强调了知识交流的对象，即交流和传递的是知识。综上，这一定义能够简明扼要地把握知识交流的本质。

基于此概念，本章的相关研究限定在"知识交流的过程"中，即着重解决"如何交流"的问题，而对于"知识交流的效果"（如作者影响力的评价）并不关心。

8.1.2　学科领域内（间）知识交流研究的视角

学科领域内（间）知识交流的研究可以从不同角度展开，Borgman[①] 曾经专门就科学交流研究的视角进行过总结，她指出基于文献计量学的方法，我们可以从"作品（artifact）、生产者（producer）和内容（content）"三个大的角度来研究科学交流[②]。那么，这里借鉴这一思想，学科领域内（间）的知识交流也可以从以上三个视角展开。下面对每种视角进行说明。

（1）作品。这里的作品是指论文、专著、专利、报告等各种形式的科研成果。那么从这一视角出发，我们便可以构造出作品之间的知识交流网络，在此基础上得到一个学科领域交流的主路径等。当前非常多的算法都集中在此，如 SPC 和 HistCite 都是基于论文视角。

（2）生产者视角。这里的生产者不仅仅是指"人"，如论文作者、专利发明人、著者等，还可以指期刊[③]、组织（如科研机构，大学），甚至是地区或者

---

① Borgman C L. Scholarly communication and bibliometrics [M]. Newbury Park：SAGE Publications，1990：14-16.
② 马瑞敏. 基于作者学术关系的科学交流研究 [D]. 武汉：武汉大学博士学位论文，2009.
③ 笔者在博士论文中将期刊归到"作品"中，但仔细思考后还是觉得将其归入"生产者"更为合适，特此说明。

国家。这里的生产者实质就是知识的创造者的统称。生产者视角更加注重的是"知识的创造者和拥有者"之间的知识交流情况。

（3）内容。对于这一点，Borgman 主要说明了两种：一种是对于关键词、叙述词的分析；另一种则是对引用行为和动机的分析。通过前者的分析，我们可以知道知识交流的主要内容是什么；通过后者的分析，我们则可以知道作者之间进行知识交流的动机是什么。

我们可以从不同的视角出发来探究学科领域知识交流的状况，内容视角与作品、生产者视角的界限很明显，对于它们的区别这里不再详细展开。而作品视角和生产者视角有着很大的关联度，作品视角是生产者视角的基础，在一定程度上讲，从作品视角完全可以推导出生产者视角的相关结果来，如通过将一个作者所有论文的被引次数累加就可以得到一个作者的被引次数。但是，现实中，很多科学研究直接建立的就是"生产者—生产者"之间的关系网络。这样，我们便有必要对这两种视角的不同之处有一个清晰的认识。表 8-1 给出了这两者之间的不同之处。

从表 8-1 来看，作品视角与生产者视角有一些不同之处，主要表现在时序性、关系稳定性、关系强度三个方面。从该表总结的两者的不同之处来看，生产者视角更复杂，因为它是"不依赖于时间序列的、关系是不固定的、强度是动态递增的"。所以，我们不能够将作品视角的一些方法直接应用在生产者视角，需要针对这些异同点改进甚至重新建立合适的方法来实现对其的操作。至于用何种方法来实现相关目的将在 8.2 节详细展开。

表 8-1　作品视角与生产者视角的不同处

比较方面	作品视角	生产者视角
时序性	具有清晰的时序性，按照时间由远到近或者由近到远有序排列	不具有时序性，从关系网络中很难看出前后次序，无法清晰标度时间顺序
关系稳定性	作品与作品之间的联系一旦建立便不会改变	作者与作者之间的关系在不同的年代会有变化，如2002年两个作者可能有引用关系，而2003年两个作者没有引用关系。也就是说，作者之间的关系会随着时间的改变而变化
关系强度	作品和作品之间的强度从关系建立起就保持在"1"并且不会改变	总的来看（即考虑所有时间段），作者和作者之间的关系会随着时间的变化不断增强

8.1.3　研究中应注意的细节问题

众所周知，从科学计量学角度进行知识交流的研究，往往是通过"引用"来实现的，但是毕竟"引用"与"交流"并不是一回事，所以有一些细节问题还需进一步思考，主要包含以下三个方面。

（1）作者引用网络向作者知识交流网络的转化。对于 A 引用 B（A→B）指的是 B 的知识流向了 A（B→A），所以两者之间是有方向差别的，那么我们在研究作者知识交流情况时就需要将原始的作者引用关系矩阵进行"转置"处理：$y_{ij} = x_{ij}^{T}$。需要注意的是，由于每种算法对于矩阵要求有差异（如输入矩阵是相似性的还是非相似性的），为了更清晰地认识相关的方法，这在 8.2 节对每种方法的介绍中也分别进行了强调。

（2）作者知识交流矩阵由相似性矩阵向非相似性矩阵的转化。在很多经典的算法中，对于矩阵的假设都是距离矩阵，即非相似性矩阵，而作者知识交流矩阵则是典型的相似性矩阵（即值越大越相近），为了适应这些算法，就需要对作者知识交流矩阵进行转化。这里涉及逆向指标正向化的问题，我们可以采取最为简单明了的一种方法，即求每个转移量的倒数：$z_{ij}=1/y_{ij}$。

（3）知识转移量的度量问题。作者 A 引用了作者 B 5 次，那么我们就说作者 B 向作者 A 转移了 5 个单位的知识量，但是对于一个庞大的知识交流网络来看，我们并不知道"5"到底是多大程度的一个转移量，所以我们需要对其进行必要的归一化。归一化的方法很多，这里采用的是每个转移量除以整个网络的最大转移量：$y_{ij}^{1} = y_{ij}/\max(y)$。这样，整个网络中，知识转移的最大量就是 1。很明显，知识转移量越靠近 1，表明两个作者之间的交流量越大，反之则越小。这样，我们就对知识转移量有了一个更为理性而直观的认识。并且，对于不同学科领域网络之间作者知识转移量也可以进行比较（不同学科之间的引用差别很大，有的学科引用很活跃，有的学科则没那么频繁。所以数学领域的 A 引用 B 5 次与生命科学的 C 引用 D 5 次，其意义是不一样的）。最后需要强调的是，如果涉及上述（2）中的非相似性算法，那么就需要在（2）求倒数的基础上再求最大值：$z_{ij}^{1} = z_{ij}/\max(z)$ ①，但是含义有所改变：z 值越接近 1，说明转移的量越小；越接近 0，说明转移的量越大。

---

① 由于一般情况下，知识转移矩阵中都存在 1，所以在这种情况下没必要进行归一化 z_{ij}^{1}，任何数除以 1 还是自身。

8.2 基于作者引用网络的学科领域内（间）知识交流分析方法

作者引用网络的学科领域内（间）知识交流是建立在作者之间复杂的知识传递网络基础上的，我们要想从这一复杂网络中提取出有用的信息必须使用科学的方法，结合国内外研究，这里主要给出三种方法。需要强调的是，针对作者知识交流网络的特殊性，在介绍每种方法时，笔者都指出了其在作者引用知识交流网络中的适用性。

8.2.1 特殊作者分析法

当前，科学研究的学科融合性越来越凸显出来，产生了较多的新型交叉学科，在这种知识交叉下，产出了很多创新性重要成果。一个学科的理论、方法可能对其他学科产生影响。那么我们就想知道一个学科领域到底和哪些学科领域是相关的。引文分析为我们提供了一个很好的途径。从当前来看，主要还是集中在利用期刊引用来观察学科领域之间的关联，从而能够更好地界定研究领域边界。比如，Mingers 和 Leydesdorff[①] 就通过期刊互引分析来探究商业与管理这一大领域的子领域。马瑞敏[②] 利用 JCR 中的期刊引用分析了图情学期刊《管理信息系统季刊》（*MIS Quarterly*）引用和被引用期刊的分布，发现该期刊引用和被引用的都不是传统图情学期刊，其与管理科学、计算机科学这两个学科的关联性远比图情学要强。一个学科与另一个（或几个）学科的交叉融合从引用角度来看可以分为两种情况：一种是它如何影响另一个（或几个）学科，还有一种是另一个（或几个）学科如何影响它。这两个方面我们都可以得到一个学科与其他学科的交叉融合情况。但是我们知道，科学研究的根本还在于作者，作者才是知识交流的主体。所以，这里我们做这样一个前提假定：一个学科和另一个学科之间的作者有较为频繁的交流，这两个学科才有可能成功融合

① Mingers J，Leydesdorff L. Identifying research fields within business and management：a journal cross-citation analysis［J］. Journal of the Operational Research Society，2015，（66）8：1370-1384.
② 马瑞敏. 学术期刊影响力评价研究——基于历时视角的新实践［J］. 中国科技期刊研究，2014，11：1397-1403.

为一个交叉学科。这样，我们将上面讲的两种情况引申为：一种是一个学科的作者如何影响另一个（或几个）学科的作者，另一种是一个学科的作者是如何被另外一个学科（或几个）的作者所影响的。但是，我们很难获得每个作者的学科领域归属，除非我们把所有学科的尽可能多年份的数据都下载下来并建立一个作者学科属性库，但是这对于一般的科学研究来说是比较困难的。所以，我们可以缩小范围，即看那些外学科的高影响力作者（在作者引用网络中一般用高被引作者衡量）如何影响这个学科和如何受这个学科影响。同样，从一个学科的作者引用网络很难计算出全部外学科高影响力作者有哪些，所以第二个问题"外学科的高影响力作者如何受这个学科影响"解决起来有很大困难。而我们知道一些外学科的作者很可能被这个学科频繁引用，虽然我们无法真正计量出其在整个科学交流系统中精确的影响力（这里主要是用引用次数衡量），但其已经在这个学科得到了较为广泛的关注，其成果已经对这个学科的发展产生了较为广泛的影响。从这一点出发，我们仍然能够在一定程度上回答"外学科的高影响力作者如何影响这个学科"这一问题，从而能够在一定程度上解决"一个学科受哪些学科影响"这一问题。

所以，这里我们把目光聚焦到"外学科'相对'高被引作者"的寻找上。首先我们要找到一个学科的高被引作者，这在作者引用网络中是可以快捷得到的，计算每个节点加权的入度即可。但很显然，我们并不是对所有的高被引作者都关心，而只是关心外学科的"'相对'高被引作者"，所以还要进一步甄别第一步计算出来的高被引作者。这里，主要是从"加权出度"[①]对这一问题进行探讨。按照作者的"加权出度"又可以将这些高被引作者分为以下两种情况（表 8-2）。从该表可以看出，把高被引作者按照加权出度大小分为两大类，一种加权出度为"大"，另一种加权出度为"小甚至无"，并给出了其包含的意义。这里，对于第一种高被引作者（即加权出度大的作者）我们并不进行分析，因为他们既在本学科发文章，也被本学科作者引用，为本学科专家。我们主要关心的是第二种，即加权出度小甚至无的那部分作者，这其中就包括我们最为关心的"外学科'相对'高被引作者"（即表 8-2 中的斜体部分表示的情况）。这样，虽然第二大类高被引作者中仍然有一些"干扰作者"，但是结合对于学科的了解，我们仍然可以较好地解决"外学科的高影响力作者如何影响这个学科"这一问题，从而在一定程度上解决"被研究学科与哪些学科有交流及交流的如何"这一重要问题。

---

① 加权出度一要按照连线个数来计算，二要根据线上的强度加权计算。

　　从上面的分析来看，这里其实主要是站在一个学科自身的角度去观察哪个学科在影响着它。考虑到数据获取、作者学科属性确定的复杂性，从一个学科的作者引用网络出发并不适合来解答"一个学科如何影响其他学科"这一问题。但是，"哪些学科影响这一学科"也是非常重要的、亟待解决的问题，相对于"这一学科影响了哪些学科"而言，这一问题的解决能够更好地考察出学科之间的交叉融合性。这是因为"一个学科如何影响其他学科"更偏重于考察一个学科的基础性，因为基础性的学科往往影响辐射面广。而"哪些学科影响这一学科"则能够看出来这一学科发展中到底"吸取了哪些学科的知识元素"，这样对于这一学科的当前属性就可以有更好的判定。

表 8-2　作者引用网络中高被引作者加权出度分布及代表意义

加权出度大小	代表意义
大	表明该高被引作者与该学科领域作者有较为广泛的交流，是本学科的核心作者
小甚至无	分两种情况：①该高被引作者近期已经不再活跃；②该被引作者可能是活跃作者，但是其学术活动主要不是集中在该学科领域（这部分作者可能大部分集中在蝴蝶模型的OUT中[①]）

8.2.2　知识传递量分析

　　我们知道，作者之间传递的知识量是有差别的，且这种知识量是可以累加的。我们可以从知识传递量这一视角出发来分析一个学科领域内或学科领域之间的知识交流情况。图 8-1 是一个简单的案例，左边框内表示一个学科领域，右边框内表示另一个学科领域，我们可以从这个图中看出不仅各个学科领域内的作者有交流，而且这两个学科领域之间的作者也有交流。

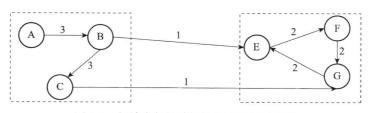

图 8-1　领域内与领域间知识交流量示意图

---

① 具体见第 2 章 2.2.3.2 节。

通过图 8-1，我们可以计算学科领域内作者之间平均交流强度，算法为作者之间的相互传递知识总量 / 作者数，那么左面学科领域的平均交流强度为（3+3）/3=2，右面学科领域的平均交流强度为（2+2+2）/3=2。所以，对于学科领域内的知识交流强度相当于把子网络从有向变为无向，对于双向边"取和"即可。学科领域内平均交流强度越大，说明该学科领域内作者之间的交流越频繁、越深入，这一学科领域越活跃。我们也可以计算两个学科领域之间的知识交流量：可以看到左边学科领域对右边学科领域的知识传递量为 2，而右边对左边为 0。这说明右边学科领域对左边有一定依赖性，而左边学科领域对右边依赖性不大。两个学科领域总的知识交流量为 2+0=2，不是很频繁，说明两个领域不够亲近[①]。所以从学科领域之间的知识传递量可以看出两个领域之间的亲近性和依赖性，也可以看出一个学科领域影响了哪些学科领域及影响的程度，还可以看出一个学科领域受哪些学科领域影响及影响的程度。

总的来看，知识传递量分析这种方法虽然简单，但是也能够非常有效而直接地说明领域内和领域间知识的传递情况，从而能够看出一个学科领域的活跃性、对其他学科的影响及受其他哪些学科影响的程度。

8.2.3 改进的最短路径分析法

在研究知识交流的时候，我们比较关心的一个问题便是"两个互不相识的作者怎样通过最省力的方式进行交流"，这里就涉及最短路径的问题。最短路径是图论里面的一种方法，已经非常成熟，当前被广泛引用在管理科学领域。最短路径实现的经典算法有两种：Dijkstra 算法和 Floyd 算法。这里主要是介绍 Dijkstra 算法[②]，其算法原理具体如下[③]~[⑤]。

首先来看 Dijkstra 算法的基本数学原理：对于一个有向加权网络 $G=(V,E)$，其中 V 为顶点集合，E 为带权重的边集合。首先对集合 V 进行进一步划分，分为集合 S 和集合 U：集合 S 为已经求出最短路径的顶点集合，集合 U

---

① 这里并没有考虑两个领域的规模影响，交流强度大说明两个群体间知识交流广泛，融合基础好。
② 由于作者引用是有向加权的，所以这里主要也是介绍基于该情况的 Dijkstra 算法。
③ 王海英. 图论算法及其 MATLAB 实现［M］. 北京：北京航空航天大学出版社，2010：16.
④ 梦醒潇湘. 数据结构之最短路径（DijKstra）［EB/OL］. http：//blog. chinaunix. net/uid-26548237-id-3834514. html［2015-05-05］.
⑤ 海洋世界. Dijkstra 算法［EB/OL］. http：//blog. sina. com. cn/s/blog_9e3e7af3010192lx. html［2015-05-05］.

为尚未确定最短路径的顶点集合。其最核心的算法思想为："从 U 中加入 S 过程中，保持'从源节点 v 到 S 中各顶点的最短路径长度'≤'从源节点 v 到 U 中任何顶点的最短路径长度'。"具体步骤如图 8-2 所示。

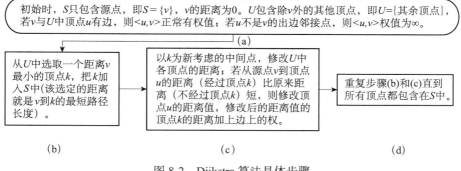

图 8-2 Dijkstra 算法具体步骤

为了更好地理解该方法，现举例说明，具体如图 8-3 所示。每个字母表示一个节点，其中起点为 A，终点为 F；箭头表示传递方向，线上值为两个节点之间的距离。

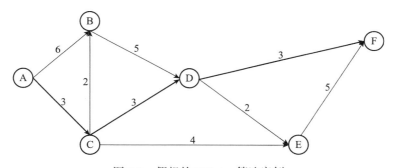

图 8-3 假想的 Dijkstra 算法案例

根据前面的原理介绍，表 8-3 给出了图 8-3 从 A 出发到其他各个点的最短路径的寻找方式（该表的第 6 步给出了具体答案）。比如，开始点 A 到终止点 F 的最短距离为 9，沿着 A→C→D→F 展开，即图中加粗的线。

从上面的例子来看，Dijkstra 算法并不复杂，下面针对作者引用网络的特殊性对该方法做一些必要的改进。Dijkstra 算法解决的是两个作者如何以最短的路径也就是最便捷的方式来进行交流，这对生活中的很多关于距离的具体案例都适用。比如，一个人从一个地方 A 去另一个地方 B，有两种方案可以

表 8-3 假想案例的实现步骤演示

步骤	S中集合	U中集合
1	选入起点A，S=<A>，此时最短路径为A→A=0，以A开始找	U=<B，C，D，E，F>，A→B为6，A→C为3，A到其他点为∞，所以选择A→C
2	选入C，此时S=<A，C>，此时最短路为A→A=0，A→C=3，沿着A→C开始找	U=<B，D，E，F>，A→C→B=5，A→C→D=6，A→C→E=7，A→C到其他点为∞，并且发现A→C→B=5比上一步A→B要小，所以选择A→C→B
3	选入B，此时S=<A，C，B>，此时，A→A=0，A→C=3，A→C→B=5沿着A→C→B=5这条最短路径开始找	U=<D，E，F>，A→C→B→D=10，A→C→B到其他点为∞，并且发现A→C→B→D=10，大于上面的A→C→D=6，所以要修正A到D距离并选择A→C→D这条路径
4	选入D，此时S=<A，C，B，D>，此时最短路径为A→A=0，A→C=3，A→C→B=5，A→C→D=6，沿着A→C→D=6这条最短路径继续找	U=<E，F>，A→C→D→E=8，A→C→D→F=9，同时发现A→C→D→E=8比上面第2步的A→C→E=7要大，进行修正并选择A→C→E这条路径
5	选入E，S=<A，C，B，D，E>，此时最短路径为A→A=0，A→C=3，A→C→B=5，A→C→D=6，A→C→E=7，沿着A→C→E=7这条路径继续找	U=<F>，A→C→E→F=12，比第4步A→C→D→F=9要大，进行修正并选择A→C→D→F这条路径
6	选入F，S=<A，C，B，D，E，F>，此时最短路径为A→A=0，A→C=3，A→C→B=5，A→C→D=6，A→C→E=7，A→C→D→F=9	U为空集，查找完毕

选择：A 直接到 B，距离为 10；A 先到 C（距离为 3），从 C 到 B（距离为 5），那么从 A 到 B 的实际距离为 8，少于 A 直接到 B 的距离，那么我们就应该理性地选择 A→C→B 这条路径。但是对于作者引用网络来说，就需要深入思考和讨论。比如，作者 A 的知识转移给作者 B 也有两条路径：作者 A 的知识转移给 B 4 次（用 1/4 来表示两者知识转移的距离）；作者 A 的知识转移给作者 C 10 次（用 1/10 来表示两者知识转移的距离），作者 C 的知识转移给 B 10 次（用 1/10 来表示两者知识转移的距离），这样 A 到 B 的实际距离为 1/10+1/10=1/5，比 1/4 要小，那么按照 Dijkstra 算法我们就应该选择 A→C→B 这条路径。但是，作者 A 真的会选择 A→C→B 这条路径来与 B 进行知识交流吗？最短路径搜寻的目的就是为了帮助两个作者之间找到一条最科学的方式来进行交流，他们之间既然已经有了直接交流的路径（即已经自行找到了这样的路径），并且我们知道两个作者之间建立直接引用并不是那么容

易，那么一般情况下，A 不会考虑通过 C 然后转移给 B 这样的方式来实现知识的交流，而是会选择将知识直接转移给 B。只有 A 和 B 在整个网络中没有直接交流，我们才考虑他们之间通过怎样的中继点来完成知识的传递。所以，如果完全依赖于 Dijkstra 算法，我们就无法得到一个很理想的结果。但是数据处理起来并不困难，将 Dijkstra 算法得到的结果（A 矩阵）与原始的知识转移距离矩阵（B 矩阵）进行比较判断即可，即如果原来两个点之间有交流，那么我们就使用这一直接交流的路径，即如果 $B(i, j)$ 中有值，那么将 $A(i, j)$ 的值用 $B(i, j)$ 进行替换即可。

另外，在应用到作者引用网络时还应该注意以下几个问题。

（1）自引应该排除。从最短路径的实际应用来看都是找到一个点到另一个点（不同于自身）之间的最短路径，而如果考虑自引会很明显自引会形成一个圈，并且没有很显著的实际意义。另外，计算程序[①] 也默认矩阵对角线为 0。

（2）Dijkstra 算法针对的是距离矩阵，所以需要对作者引用网络进行转化，转化的方式在 8.1.3 节已经进行了简要介绍。这里主要是强调一下转化的步骤：首先将作者引用矩阵转置得到作者知识交流网络，$y_{ij} = x_{ij}^T$；然后，y_{ij} 求倒数得到知识转移距离矩阵，$z_{ij} = 1 / y_{ij}$；接着测度相对知识转移距离 $z_{ij}^1 = z_{ij} / \max(z)$ [②]；在此基础上，得到两个作者之间的最短转移距离矩阵 d_{ij}。由于 d_{ij} 的值是由 z_{ij}^1 根据 Dijkstra 算法累加得出的，所以为了更好地观察和比较不同作者对间 d_{ij} 的大小，对它们进行归一化，方法仍然为 d_{ij} 中的每个值除以矩阵的最大值，即 $d_{ij}^1 = d_{ij} / \max(d)$。这样，$d_{ij}^1$ 越接近于 1，说明两个作者之间的交流路径越远；d_{ij}^1 越接近 0，则说明两个作者之间的交流路径越近。

（3）还需要强调的是，作者引用网络需要是弱联通图（更确切地说是弱联通成分），即去掉箭头方向转化为一个联通的无向图。对于非联通图不宜进行最短路径分析。这就要求我们在分析时首先要对构成的引用矩阵进行最大弱联通图的析取，然后才能进行进一步的分析。

在 Yan 的一篇文章中[③]，他认为可以从五个方面来进行分析[④]，分别为：

---

① 现在网络上有许多开源代码都可以实现，另外，不少教科书也有相关系列程序的讲解。这里需要强调的是，在这些程序中对于两点之间没有连接的情况，用 inf 表示。

② 如果 z_{ij} 中存在 1，则没必要进行归一化。

③ Yan E. Finding knowledge paths among scientific disciplines [J]. Journal of the Association for Information Science and Technology，2014，65（11）：2337.

④ 注意：原文分析的是学科，这里直接变更为人或者作者。

①平均最短路径长度（源点），用来测度一个作者的知识可以被其他作者获取的难易程度。②平均最短路径长度（终点），用来测度一个作者获取其他作者知识的难易程度。③平均最短路径权重（源点），用来测度一个作者的知识到其他作者的距离的远近。④平均最短路径权重（终点），用来测度其他作者的知识到该作者的距离的远近。⑤在最短路径上出现的次数，用来测度一个作者对于他人知识传递的重要性（如果一个作者在其他很多作者的最短路径上，说明该作者在整个网络知识传递中起着非常重要的作用）。由于前面已经对最短路径进行了修正，保留了两个作者直引情况下的"优先权"，所以，在这里，平均最短路径长度的意义要弱化，只需要考虑加权的最短路径长度即可。这样，后文我们只是从"平均最短路径权重（源点）、平均最短路径权重（终点）、在最短路径上出现的次数"这三个方面展开。另外，平均最短路径权重在后文被命名为平均最短路径距离。平均最短路径权重（源点）除了测度其他作者的知识到该作者的距离的远近，也用来表示其传递知识的能力，该值越小，说明其传递知识的能力越强（很多最短路径的知识都由其发出）。平均最短路径权重（终点）用来测度其他作者的知识到该作者的距离的远近，也用来测度其吸收知识的能力，该值越小，说明该作者吸收知识的能力越强（很多最短路径的知识都选择流向它）。

而对于两个分支领域，我们可以通过它们各自作者之间的最短路径叠加完成。与此同时，还需要考虑各分支领域作者个数，这是因为路径的长短受每个分支领域作者人数的影响较大。也就是说，一个领域如果作者人数比较大，那么如果叠加的话，这一数值会自然增大。所以，为了避免这种偏差，我们用平均值来表示两个领域之间的交流距离，即累加的距离和除以传递领域包含的作者数再除以接受领域的作者数。

8.2.4　基于关键作者的主路径分析法

我们在分析作者引用网络中，还关心的一个问题是"一个领域最为关键的交流线路有哪些（或者哪一条）"。回答这个问题要从以下两个方面着手，第一弄清楚"什么是主路径"，第二要解决"用何种方法来找到主路径"。严格地讲，现在对于什么是主路径没有一个严格统一的定义。在 Hummon 与

Dereian^① 提出引文网络主路径这一概念时，并没有对其进行严格定义，只是提出他们认为主路径应该怎么发现的几种算法，并且以 DNA 为例进行了主路径发现。他们的研究偏重于应用。他们只表明了"主路径可以识别出一个学科领域的主流研究"。de Nooy 等^② 给出了这样一个定义："在一个引用网络中，一条主路径是指起点（source）到终点（sink）之间具有顺次最大遍历权重的那条路径。"^③ 而一条线或者一个节点的遍历权重是指"在所有从起点到终点的路径中，包含这条线或者节点的路径的比例"^④。这看起来似乎是一个定义，但仔细观察可以发现其实质还是一种算法的具体描述。而 Garfield 等^⑤ 则选择高被引论文来进行研究，并开发了 HistCite 软件来研究这些重要文献的时序引用关系，从而能够较好地认知一个学科领域的发展脉络。但是，我们从这些算法可以看出主路径主要解决两个问题：一是主路径识别出来的点是一些所谓的关键点，二是主路径识别的是一个学科领域的发展脉络，这一脉络应该能够反映原始开创性节点的贡献，也应该能够反映出其最新的发展情况。从这点来看，de Nooy 等提出的 SPC 算法其实就是这一思想的体现。为了能够更好地理解该算法，这里给出一个例子，具体如图 8-4 所示。v1 和 v5 为两个始点，v4 和 v3 为两个终点，始点从时序来看代表着该学科领域最早的相关研究，终点代表着该学科最新的相关研究。线上的数值（节点的数值）各自代表着遍历权重，比如 v5 和 v1 到达 v4 和 v3 的路径总共有 8 条（v5-v2-v4，v5-v6-v4，v5-v6-v2-v4，v1-v3，v1-v6-v2-v4，v1-v6-v4，v1-v4，v1-v2-v4），v5-v2 占据其中的 1 条，所以其遍历权重为 1/8=0.125，v6-v4 占据其中的 2 条，所以其遍历权重为 2/8=0.25。在这些线中，v2 出现了 4 次，v6 出现了 4 次，所以作为中继点，它们的遍历权重都为 4/（4+4）=0.5，而 v5 出现了 3 次，v1 出现了 5 次，所以作为起始点它们的遍历权重分别为 3/（3+5）=0.375，和 5/（3+5）=0.625。这样，我们便可以得出如图 8-5 中显示的主路径，具体为 v5-v6-v2-v4、v5-v6-v4、v1-v6-v2-v4、v1-v6-v4 四条。从这个案例来看，通过 SPC

① Hummon N P, Dereian P. Connectivity in a citation network: the development of DNA theory [J]. Social Networks, 1989, 11（1）: 39-63.
② de Nooy W, Mrvar A, Batagelj V. Exploratory social network analysis with Pajek [M]. London: Cambridge University Press, 2011: 246.
③ 在给出的定义中，并没有"顺次"两个字，但是其实际算法按照此意展开，即以起始点相连的下几个点中最大遍历权重的那个点作为下一个中继点，依次选择，直到到达终止点。
④ de Nooy W, Mrvar A, Batagelj V. Exploratory social network analysis with Pajek [M]. London: Cambridge University Press, 2011: 245.
⑤ Garfield E, Pudovkin A I, Istomin V S. Why do we need algorithmic historiography? [J]. Journal of the American Society for Information Science and Technology, 2003, 54（5）: 400-412.

算法，我们找到了案例中节点之间的关键路径，而关键路径上的点都具有较强的信息控制能力（即很多始点和终点之间的路径都经过这些点），而这些路径都表现了这个领域（假如这个案例就是一个领域知识交流图）最早时代（始点）和最近时代（终点）的发展脉络。由此可见，SPC算法的确能够较好地找到一个知识交流网络的主路径。

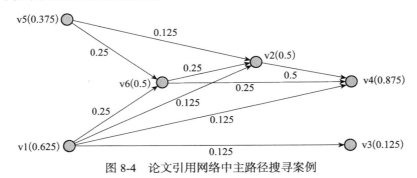

图 8-4　论文引用网络中主路径搜寻案例

资料来源：de Nooy W，Mrvar A，Batagelj V. Exploratory social network analysis with Pajek ［M］. Cambridge University Press，2011：246.

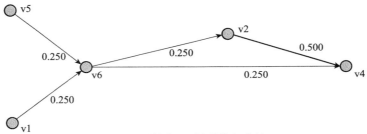

图 8-5　从图 8-4 得到的主路径

但是，我们需要很清晰地认识到 SPC 并不适合于作者引用网络，它只适合于所谓的非循环网络（acyclic network）[①]，而我们现在研究的作者引用网络是典型的循环网络，即 A 能够引用 B，B 也能够引用 A。在作者引用网络中，作者之间的关系不会呈现像论文引用网络中那样明显的时序结构，而是很难分辨时序的网状结构。在这种情况下，始点和终点很难辨析出来，如果直接用 SPC 来进行分析的话是行不通的。所以，我们需要另辟蹊径。Garfield 等在分析学科领域主路径使用的是首先遴选出高被引论文，然后描绘出它们之间的引用关

---

① de Nooy W，Mrvar A，Batagelj V. Exploratory social network analysis with Pajek ［M］. London：Cambridge University Press，2011：245.

系。图 8-6 是 Lucio-Arias 与 Leydesdorff 利用 HistCite 分析的富勒烯领域的主路径。他们选择这一领域的高被引论文进行分析，并在其论文中明确指出了为什么要选择高被引论文作为分析主路径的对象[①]：一是这些高被引论文可

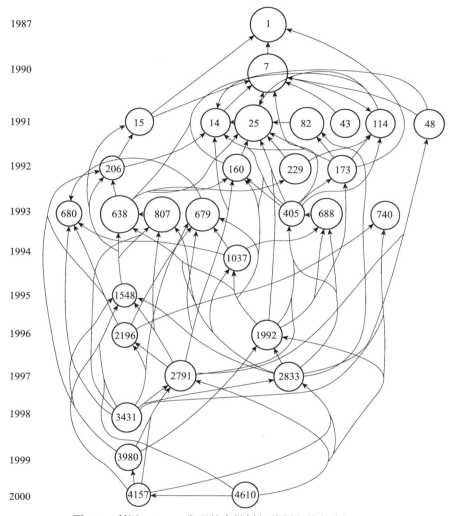

图 8-6　利用 HistCite 发现的富勒烯相关研究的主路径

资料来源：Lucio-Arias D，Leydesdorff L. Main-path analysis and path-dependent transitions in HistCite™-based historiograms［J］. Journal of the American Society for Information Science and Technology，2008，59（12）：1953.

① Lucio-Arias D，Leydesdorff L. Main-path analysis and path-dependent transitions in HistCite™-based historiograms［J］. Journal of the American Society for Information Science and Technology，2008，59（12）：1954.

以被看成以后相关研究进展的核心；二是避免了引用网络中的循环问题；三是可以使结果呈现的清晰而不杂乱。我们需要特别说明的是，他们的数据截止到2005年，但是我们可以看到图8-6中的主路径截止到2000年，2000～2005年没有高被引论文入选，导致这五年是如何发展的是无法观察到的。所以，我们可以看出这两种方式（SPC和HistCite）都很有新意，从不同的视角对主路径进行了分析。SPC给我们的启迪是从"始点到终点"找到它们之间的"关键点"，HistCite给我们的启迪是我们应该充分利用高被引论文来分析。韩毅等[①]也对这两种方法进行了比较，他们发现这两种方法得到的结果差异很大，建议应该考虑用更好的方法来更科学地解决这一问题。

由此可见，这两种方法侧重点不同，导致的结果也不一样。但是从对它们的剖析来看，我们可以给出作者引用网络主路径的定义：作者引用网络主路径是指"能够反映学科领域发展脉络的重要作者之间关键路径"，它要求要达到三点目标：一是能够较为全面的展现学科领域的主路径；二是这一主路径上的点是有重要影响力的关键节点；三是主路径应该是关键路径，反映的是主路径上点之间的关键关系，对于非关键关系可以略去，我们得到的主路径应该是一条"相对清晰而能够反映节点间关键关系的路径"。

在以上定义的基础上，我们来解决第二个问题，即到底应该用什么方法来找到这条主路径。首先，我们解决重要影响力作者的遴选问题。这里需要考虑两个细节：一是这些作者的确是重要的，二是对这些作者既要考虑"年长者"，也要考虑最近几年才开始活跃的"新人"。如果仅仅考虑"年长者"，就会出现HistCite中发现的主路径中缺少最近几年成果的问题。对于HistCite来说，由于分析的对象是论文，所以没有好的办法把最新的重要论文加进去（除非定性评价进行遴选）。但是对于作者来说，我们就能够将最近的一些活跃作者选入。这些最近活跃的作者很难从被引次数来发现，这里主要还是通过发文来观察，即最近几年（可以视具体研究来确定不同的时间阈值）发表一定数量论文（也视具体研究来确定不同的发文阈值，也可以通过计算百分比实现）且已经有一定学术影响力的作者（有一定的被引次数，但低于高被引作者）视为"最近活跃作者"。而高被引作者的确定还是通过被引次数来确定，排在前列（某个被引次数阈值或者百分比之前）的作者视为"高被引作者"。最终，重要作者由"高被引作者"

---

① 韩毅，童迎，夏慧.领域演化结构识别的主路径方法与高被引论文方法对比研究［J］.图书情报工作，2013，57（3）：11-16.

和"最近活跃作者"的"并集"组成。这样的遴选方式，保持了 SPC 算法的优点，弥补 HistCite 的缺憾，使得我们能够对整个脉络有一个更为全面的把握。

其次，我们要解决这些作者之间最关键路径寻找的方式。作者和作者之间的关系是网状的，一个作者与另一个作者之间可能或多或少都会有关系，如果将这些关系都呈现出来，那么看起来就很凌乱，分不清楚主次关系。而当前已经有一些方法能够解决这一问题。而在这些方法中，非常有效的方法之一就是 PFNET 算法[①]。Chen 和 Morris[②]就曾经对最小生成树和 PFNET 这两种最常用的减少链接的方法进行比较，他们发现最小生成树从高阶最短路径中删除了一些重要的连接，所以它不能够很充分地描述网络演化的实质。而 PFNET 算法可以很清晰地维持一些关键路径的内聚力。实质上，最小生成树是 PFNET 的一部分，PFNET 将所有的最小生成树都包含在内[③]。White 也曾就 PFNET 算法在作者同被引中应用进行了详细的论述，他指出利用基于原始同被引强度的 PFNET 算法能够"从这些节点（高被引作者）创建一个学科领域于一个路径之中：即作者和占据绝对优势的作者之间的连接形成了专业，占据绝对优势作者之间的连接又形成了学科"[④]，也就是说 PFNET 能够用最简洁的方式表现出一个学科领域的发展情况。但是，需要指出的是，当前在信息科学领域的研究主要还是应用的无向加权网络，对于有向加权网络涉及较少。虽然 Yan 和 Yu 曾经利用最大生成树研究了学科之间的转移路径，但是学科和作者又不一样[⑤]：学科之间的引用可能并不像作者之间的引用那么频繁，甚至有的学科之间根本没有任何连接。另外，正如 Chen 和 Morris 指出的最小生成树存在的问题，这在最大生成树中同样存在。所以，我们这里选择有向加权 PFNET 算法来进行分析。但是，需要指出的是，在应用 PFNET 来挖掘有向加权网络时需要保证这一网络是弱联通图，游离于网络外的孤点应该被排除在外，这在传统的作者同被引分析中已经是一种较为广泛使用的方法。为了更好地理解有向加权

① Schvaneveldt R W. Pathfinder associative networks：studies in knowledge organization［M］. New York：Ablex Publishing，1990：1-31.

② Chen C，Morris S. Visualizing evolving networks：Minimum spanning trees versus pathfinder networks［C］IEEE Symposium on Information Visualization，2003：67.

③ Schvaneveldt R W. Pathfinder associative networks：studies in knowledge organization［M］. New York：Ablex Publishing，1990：15.

④ White H D. Pathfinder networks and author cocitation analysis：a remapping of paradigmatic information scientists［J］. Journal of the American Society for Information Science and Technology，2003，54（5）：423-434.

⑤ Yan E，Yu Q. Using path-based approaches to examine the dynamic structure of discipline-level citation networks：1997-2011［J］. Journal of the Association for Information Science and Technology，2016，67（8）：1943-1955.

PFNET 算法，下面给出一个例子①。需要指出的是，由于 PFNET（$r=\infty$，$q=n-1$）是最简的 PFNET 网络，即包含最少的边，这里仍然是在这种情况下进行数据挖掘。

假设有一个弱联通图，线上数字表示的是两个点之间的距离，也就是说整个图形成的矩阵是一个非相似矩阵。具体如图 8-7 所示。

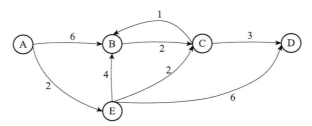

图 8-7　假设的作者知识转移图

根据 PFNET（$r=\infty$，$q=n-1$），我们可以得到图 8-8 中显示的最终最简网络。举例来说，A 和 B 之间的最终距离的选择如下。A 到 B 有三条路径：一条是 A→B（直达），另一条是 A→E→B，还有一条是 A→E→C→B，在这种情况下根据 PFNET（$r=\infty$，$q=n-1$）的规则，我们先取每条路径中的最大值，三条路径分别为：max（A→B）=6，max（A→E，E→B）=4，max（A→E，E→C，C→B）=2。那么我们接着取这些最大值中的最小值即 min（6，4，2）为最终 A 到 B 的距离，即 2，所以与原来的 A 到 B 的距离 6 相比发生了改变，它们之间的线要去掉。同理可以得到其他点对之间的距离和连线。对于图 8-8 中的网络，由于是所有最小生成树的集合，所以整个网络是最简的且总路径是最短的网络。那么，对于知识交流网络，整个网络就是最简的且知识交流总量最大。

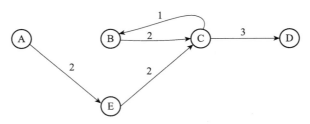

图 8-8　基于图 8-7 的 PFNET 图

---

① 关于无向加权网络的例子已经在第 3 章给出，有向加权和无向加权算法是一样的，在此不再赘述。

但是，PFNET 算法要求输入矩阵是非相似性的[①]，那么这里还是需要对作者引用网络进行一些转化，其转化方法类似于 Dijkstra 算法，即首先将作者引用矩阵转置得到作者知识交流网络：$y_{ij} = x_{ij}^T$；然后，对 y_{ij} 求倒数得到知识转移距离矩阵：$z_{ij}=1/y_{ij}$；接着测度相对知识转移距离 $z_{ij}^1 = z_{ij} / \max(z)$[②]。到这步为止，与 Dijkstra 就不太一样了，由于 PFNET（$r=\infty$，$q=n-1$）不涉及距离相加的问题，所以，直接将 z_{ij}^1 作为输入矩阵即可。z_{ij}^1 越大（接近于 1），说明两个作者之间的知识转移量越小；z_{ij}^1 越小（接近于 0），则说明两个作者之间的知识转移量越大。在求出主路径之后，为了更加方便地观察出他们之间的知识流量大小，再次对 z_{ij}^1 求倒数，从而将非相似性距离转化为相似性的知识传递量。

还需要探讨的一点是，Y 矩阵中的对角线上取值的问题，如果有值那么说明点对自身有知识转移。但是如果把对角线加入，就会增加计算的复杂性和理解的困难。举个例子，如果图 8-7 中 A 加入了自引，那么 A 和 B 之间就存在更多条路径：A→B，A→A→B，A→E→B，A→A→E→B，A→E→C→B，A→A→E→C→B 六条路径，比原来多了六条路径，这必然会增加计算的复杂性，并且让读者的分析更迷惑：A 的知识转移给 A 然后才转移给 B？这又与 A 直接转移给 B 有何差别呢？所以，这里强调一下，作者之间的知识交流主要是不同作者之间的交流，对于作者同自身的交流，我们可以直接通过自引分析展开。所以，Y 矩阵的对角线我们可以设置一定的值，但是在具体计算时排除掉，而只在分析的时候使用。

至此，我们较为系统地解决了"什么是作者引用网络中的主路径"以及"如何找到作者引用网络的主路径"这两个基本问题。为了更清晰地认识这种方法，下面给出其具体的技术路线，如图 8-9 所示。

最后需要强调的是，我们一般要将得到的主路径可视化（在图 8-9 中对技术路线也进行了说明），这样能够更加直观、深入地观察出一个学科领域知识交流的详情。那么我们怎么样从可视化图中来解读一个学科领域的知识交流情况呢？具体可以从以下四点着手。

（1）从整体上来讲，Pathfinder 得到的是最简的、信息量最大的网络，是每个核心作者选择交流对象的最佳选择方案。所以，作者之间的连线实际就是

---

① 虽然当前该算法已经提供了相似性输入矩阵实现程序，但为了更好地理解该算法，这里还是坚持用非相似性矩阵作为输入矩阵。

② 前面 8.1.3 已经提及，如果知识转移矩阵中有 1，那么这里的求最大值就没有必要。

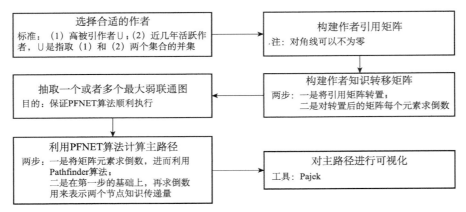

图 8-9　作者引用网络中主路径发现的技术路线

经过比较后选择的最优对象。也就是说，整个图中每个作者选择谁作为他最为主要的交流对象一目了然。

（2）每个点在图中的表现是不一样的。有的学者只传递知识，而有的学者只吸收知识，还有一部分学者既传递知识又吸收知识。为了更清晰地看出整个分支领域的交流脉络，我们把三类作者在图中进行再排列，把只传递知识的学者放在最左面，中间为既传递知识又吸收知识的学者，而右边为只吸收知识的学者。但是，由于有些只传递知识的学者他们把知识不是传给位于中间的那部分学者而只是直接传给右边的学者，这样的话传递路径就太长了，所以我们对这些作者进行了调整，将他们转移至只吸收知识的作者的右侧（左侧作者只要与中间作者有联系，就不移动，保持左侧位置）。对于中间的学者，由于他们既传递知识又吸收知识，并且有可能在他们之间进行，如果按照当前分类（他们为一类），那么他们会位于一条线上，这样可视化的结果就很难看出他们之间的交流关系，所以我们按照他们的被引次数进行了再布局，将被引次数大的学者移动到靠左一点（即靠近只传递知识的学者），将被引次数小的学者移动到靠右一点（即靠近只吸收知识的学者），这样既使得他们之间的交流关系清晰，又使得交流呈现一定的有序性。最终，从经过重新布局的可视化结果我们就可以较好地看出知识从哪些点出发、经过哪些点、到达哪些点，从而对一个分支领域的交流脉络有一个清晰的、整体的把握。

（3）在（2）中，最左边的作者是以知识传递为主的学者，一般是这个学科的权威，这部分作者一种可能是最近不是很活跃，另一种可能是其撰写的论文参考其他学者的较少。中间作者是以知识传递和知识吸收并重的学者，他们也是这个学科的权威，但比较活跃。右边作者则主要是吸收和传承知识，他们中可能有相当一部分是学术新秀。[①]

（4）由于（2）中按照作者的出度进行了排序，所以节点之间的距离就难以表示他们知识流量的大小，只能通过线的粗细来表示，这样在图中会出现连线很粗但是两者离得很远的情况。所以，这里着重强调一下，连线的粗细主要是用来观察两个点之间流量的大小。

8.3　应用研究

选择中国图情学进行研究，主要基于两点考虑，一是对于中国图情学知识交流情况的研究非常少，二是著者对该领域相对比较熟悉，这样方便分析和解释结果。数据仍然来自中国社会科学引文索引数据库 2009～2013 年五年间"图书馆、情报与档案管理"一级学科的所有数据，数据处理方式同第 7 章。

8.3.1　中国图情学与其他学科的交叉融合分析

这里主要是通过"特殊作者分析法"来实现这一目的。为了找到这些作者，首先需要构建图情领域这五年间所有涉及作者（包括施引者和被引者）之间的引用矩阵，经过数据抽取，发现共涉及作者 86 684 名，形成 86 684×86 684 的矩阵。将该矩阵转化为". net"格式文件，方便读入 Pajek 软件。在 Pajek 软件中沿着 Create Vector → Centrality → Weighted Degree → Input 或 Output 分别计算每位作者的加权入度和加权出度，这样便得到了每位作者的被引次数（对应于加权入度）和施引次数（对应于加权出度）。根据前文对于"特殊作者分析法"的描述，首先需要找到高被引作者，其次需要在高被引作者中找到那些施引次数比较低的高被引作者，将这部分作者作为最终分析对象进行分析，排除本学科非活跃作者，详细分析"外学科相对高被引作者"这部分群体的学科属性，这样我们便可以从大体上得到中国图情学与其他学科的交叉融合情

---

① 注意这只是相对概念，这里选择的作者都是有一定影响力的学者。

况。这里，按照被引次数从高到低进行排列，排在前 0.5% 的为高被引作者，共 436 名（被引次数在 26 次以上）。但是根据该方法，作者的加权出度的选择不适宜用百分比，这里限定一个阈值——5 次，这样进入我们预分析的作者为 192 人，占总高被引作者人数的 44%。在分析中，发现这 192 人中有很多都是研究文献学的，如司马迁、脱脱等（可归为历史文献学），也有一些是诸如文化部、教育部等制定相关政策的政府部门，还有一些是网站，如维基百科、百度百科等。排除了这些作者，总共只剩下 15 名其他学科学者，占预分析高被引作者 192 人的 8%。表 8-4 给出的是经过逐层排除之后的作者名单、被引次数及学科分布。图 8-10 为这些学者的学科分布比例图。

表 8-4　其他学科高被引作者信息分布情况

姓名	出度	入度	涉及学科	姓名	出度	入度	涉及学科
SALTON，G	0	62	计算机科学	BARABASI，AL	0	26	复杂网络
钟义信	0	50	计算机科学	刘　军	0	120	社会网络分析
SWANSON，DR	0	29	计算机科学	罗家德	0	49	社会网络分析
董振东	0	28	计算机科学	吴明隆	0	26	统计学
NONAKA，I	0	68	企业管理	冯晓青	0	45	知识产权
FLEISHER，CS	0	27	企业管理	吴汉东	0	33	知识产权
PARASURAMAN，A	0	27	企业管理	王　迁	0	28	知识产权
NEWMAN，MEJ	0	43	复杂网络	张维迎	0	27	经济学

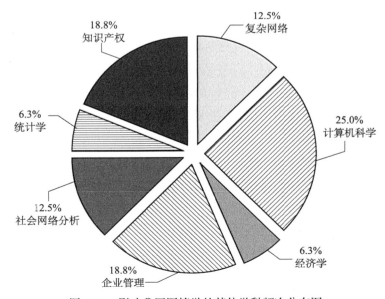

图 8-10　影响我国图情学的其他学科频次分布图

从表 8-4 并结合图 8-10 来看，我国图情学当前主要受如下几个学科的影响。

（1）计算机科学，涉及四位作者，占比 25%，是所有影响图情学学科中所占比例最高的学科。在这四位作者中，Salton 教授在信息检索领域造诣精深，被称为现代搜索技术之父，在计算机学界赫赫有名的 Salton 奖就以他的名字命名。Salton 教授在国内外学术界都具有重大影响。我们熟知的钟义信教授在信息科学、计算机通信理论方面做出了卓越贡献，其《信息科学原理》①一书对我国图情学本科教学产生了深远影响。Swanson 教授则在非相关文献知识发现方面做出了开拓性研究，在文本挖掘方面做出了开创性贡献②。董振东教授在中文信息处理方面有重要学术贡献，创建了我国第一个中文电子知识系统《知网》③，已经被国内高等学校广泛使用，是科研工作者进行信息检索和知识获取的重要工具。结合数据和现实情况，计算机科学对于图情学尤其对于情报检索方面的影响的确非常大，当前图情学有一支专门做信息检索的数量较大的专业队伍。

（2）知识产权，涉及三位作者。冯晓青是中国政法大学教授，知识产权法研究所所长，中国知识产权法学研究会副会长。他在知识产权方面有精深造诣，出版了《知识产权法哲学》《企业知识产权战略》《知识产权法学》等有重要影响力的专著④。吴汉东是中南财经政法大学教授，曾经担任过该校的校长，是中国法学会知识产权研究会名誉会长，长期从事知识产权方面的研究，曾经两次入选英国《知识产权管理》（*Managing Intellectual Property*，MIP）杂志评选出的年度"全球知识产权最具影响力 50 人"名单。王迁教授为华东政法大学的青年学者，在知识产权方面做了很多探索性研究，出版了《网络环境中的著作权保护研究》《知识产权法教程》等专著或教材，受到了广泛关注。知识产权在我国图情学界受到了较多关注，是一个非常典型的交叉知识点，当前我国图情学已经有一批专门研究信息法学的专家学者。

（3）企业管理。中国图情学一直努力与企业接轨，为企业界做一些必要的咨询服务。所以，在平时的科学研究中引用了较多关于企业管理方面的论著。涉及的三位作者全部为国外学者，Nonaka 是日本学者，在知识管理方面有着重要影响，被誉为"知识创造理论之父""知识管理的拓荒者"。他与合作者出

① 钟义信. 信息科学原理［M］. 北京：北京邮电大学出版社，1996.
② 安新颖，冷伏海. 基于非相关文献的知识发现原理研究［J］. 情报学报，2006，25（1）：87-93.
③ 董振东，董强. 知网和汉语研究［J］. 当代语言学，2004，3（1）：33-44.
④ 冯晓青知识产权网. 冯晓青教授简介［EB/OL］. http://www.fengxiaoqingip.com/xuezhefengcai/20120912/8865.html［2016-08-01］.

版的《创新求胜—智价企业论》被誉为管理学最为经典的著作之一。Fleisher
是加大学的一位学者，《竞争情报管理》杂志创始编辑，他出版了许多竞争情
报方面的专著，如商业竞争分析：有效运用新方法与经典方法（*Business and
Competitive Analysis：Effective Application of New and Classic Methods*）等，对
我国竞争情报的研究产生了重要影响。Parasuraman 教授则是与其合作者提出
了著名的、应用广泛的"服务质量差距模型"（5 Gap Model），对我国信息服
务方面的研究有较为广泛的影响。

（4）社会网络分析。这是最近几年在图情学领域兴起的研究领域，其实质
是利用社会网络分析的一些方法来解决图情学的一些具体问题，尤其是在科学
计量方面应用广泛。刘军出版中国第一部关于社会网络分析方面的教材《社
会网络分析导论》①，被图情学师生广泛引用。罗家德现为清华大学社会学系教
授，在社会关系测度方面成果颇丰，其专著《社会网分析讲义》②对于图情学
师生产生重要影响。我们可以看到，社会网络分析主要涉及的是一系列诸如
度、成分、派系等方法，旨在分析出网络中的核心节点、小团体甚至路径等，
其为合作网络、引用网络的研究提供了新的方法指导。

（5）复杂网络。这里涉及的两位学者 Newman 和 BarabÁsi 都在复杂网络
方面做出了许多开创新研究，两人都获得过复杂网络研究方面的最高奖拉格朗
日奖（Lagrange prize）。他们的研究之所以对现代图情学产生重要影响，是因
为他们的研究一直就与图情学紧密相关，复杂网络方面的研究受到诸如齐普夫
定律、普赖斯定律等文献计量规律的启迪。而且现在复杂网络很多研究样本也
来自文献，如合作网络、引用网络等。大家所熟知的"幂律分布"和"小世界
现象"是复杂网络的两大基本特征，而图情学中的很多现象都可以通过这两种
规律加以解释（包括仿真）。另外，Newman 在社团发现方面也有很多奠基性
研究，提出了以他名字命名的并被广泛接受的社团发现算法，如 GN 快速算法
等③。这些算法对于图情学所涉及的知识结构、小团体挖掘等研究具有很好的
方法指导。

（6）统计学。当前图情学使用的方法中有很多源自统计学，而统计学方法
的实现最为便捷的便是使用 SPSS 等统计工具。吴明隆教授连续出版了多本关

---

① 刘军 . 社会网络分析导论［M］. 北京：社会科学文献出版社，2004.
② 罗家德 . 社会网分析讲义［M］. 北京：社会科学文献出版社，2005.
③ 骆志刚，丁凡，蒋晓舟，等 . 复杂网络社团发现算法研究新进展［J］. 国防科技大学学报，2011，
33（1）：47-52.

于利用 SPSS 进行统计分析的工具类指导书籍，如《SPSS 统计应用实务：问卷分析与应用统计》[①]《结构方程模型：AMOS 的操作与应用》[②]受到图情学师生的欢迎。结合当前图情学研究来看，统计学的方法将在图情学研究中占据越来越重要的地位。

（7）经济学。此学科和统计学一样，也只有一位作者，即张维迎教授，他是我国著名的经济学家。在信息经济学、博弈论方面，对我国图情学产生重要影响的专著为《博弈论与信息经济学》[③]，在全部中文出版的各类书籍中其被引次数位居第三[④]，在最新的 Google Scholar 中，该书已经被引用近 9000 次。

综合所有高被引作者来看，我国图情学主要还是引用本学科作者的作品，比例高达 92%，说明我国图情学的开放性还是不够，主要的知识来源于自身学科。但是，我们也看到图情学也吸取一些其他学科的知识，主要集中在以上提及的七个学科。我们相信，随着我国图情学研究对于技术和方法的需求越来越旺盛，我国图情学将与这些学科更为紧密地结合在一起，通过移植、改进、创造方法来解决图情学的实际问题。另外，这里没有按照时序进行分析，如果时间跨度足够大的话，我们还可以观察我国图情学与其他学科交叉融合发展的历史过程。

8.3.2　中国图情学各分支领域内知识交流情况分析

中国图情学是一个研究领域相对比较广泛的学科，所以，这里我们不是对整个图情学进行研究，而是对其更加专业化的各分支领域进行分析，这样的分析更具有实际意义。对于中国图情学各分支领域内知识交流情况的分析主要从两个方面着手：一是研究各分支领域内的知识交流主路径；二是基于最短路径来研究各分支领域内作者的交流情况。

8.3.2.1　中国图情学各分支领域内知识交流主路径分析

8.2.4 节已经对如何发现一个学科领域的主路径进行了详细说明，基于这样的技术路线（图 8-9），下面对中国图情学各分支领域（或者称为各研究方

①　吴明隆 . SPSS 统计应用实务：问卷分析与应用统计［M］. 北京：科学出版社，2003.
②　吴明隆 . 结构方程模型：AMOS 的操作与应用［M］. 重庆：重庆大学出版社，2010.
③　张维迎 . 博弈论与信息经济学［M］. 上海：上海人民出版社，2004.
④　陈建先 . 现代博弈论到中国 . http://blog. sina. com. cn/s/blog_4a233e3b0101oohy. html，［2016-08-01］.

向）分别进行主路径分析。之所以不选择整个图情学进行主路径分析，主要原因是我国图情学的研究范围非常广泛，把不同研究领域的学者混合在一起进行研究意义不大，我们更关心的是某个具体研究领域的知识交流情况。

研究对象的选择。主路径分析的研究对象具有特殊性，主要由两部分构成：一是高被引作者，二是当前活跃作者。对于高被引作者的选择，这里还是按照作者同被引分析的遴选标准，即这五年间的被引次数在 60 次以上的，被认为是高被引作者，共 93 位。而对于当前活跃作者的选择，有两条限定，近五年发文在 10 篇以上且在这五年被引次数在 20 次以上的，共 76 人。取两者的并集，这样最终的研究对象为 140 人[①]，其中同时满足两个条件的为 29 人。

要想分析不同分支领域内的知识交流主路径，就要从大的网络中分解出小的网络，这里还是用第 6 章处理作者引用矩阵的方式和挖掘知识结构的方法来实现。具体步骤如下[②]：首先构建 140×140 的引用矩阵（或者 .net 格式的关系矩阵）→将这一有向加权矩阵转化为无向加权矩阵，转化的方法为取每对节点的关系强度之和→去掉自引关系[③]→删除最大值 ≤ 2 的作者（剩余 115 名）→利用 Louvain 社团发现算法进行分类→将矩阵中的每个元素求倒数→用 Pathfinder 算法再次进行分类→将 Pathfinder 算法得到的结果与 Louvain 算法得到的结果进行可视化并得到最终的分支领域。具体如图 8-11 所示。

从图 8-11 来看，根据 Louvain 算法大致可将这些作者归至 6 个分支领域，从左到右分别为信息计量和数字信息组织与检索（以邱均平为代表[④]）、h 指数（以刘颖为代表）、竞争情报（以王知津为代表）、信息资源管理（以吴慰慈为代表）、图书馆学基本理论 1（以范并思为代表）、图书馆学基本理论 2（以傅荣贤为代表）。但是结合 Pathfinder 结果（如根据 Louvain 算法盛小平被划分在信息资源管理这一领域，而与他紧密相关的邱均平则在信息计量领域，所以在综合考虑时应该将邱均平也加入信息资源管理领域进行考虑）和原始数据（如信息计量和数字信息组织领域两个领域相关性不是很大，但是却分在了一起），我们发现 Louvain 的算法并不能非常完美地解决分类的问题，还需要对它给

① 这里与第 5 章作者直引分析有一些差别：对当前活跃作者的定义更加严格，删除了作者直引中"或者发文在 5 ~ 10 篇且被引次数多于 50 次"这一条件。
② 这里只是挖掘出各分支领域，所以对作者影响力的大小、关系的强弱在可视化结果都不予以显示。
③ 这里涉及的方法用不到对角线的值，且设置对角线的值，反而不利于后续判断每个向量的最大值。
④ 以作者在自己研究分支中的度数来衡量，选出度数最大的一个作者为分支领域的代表。

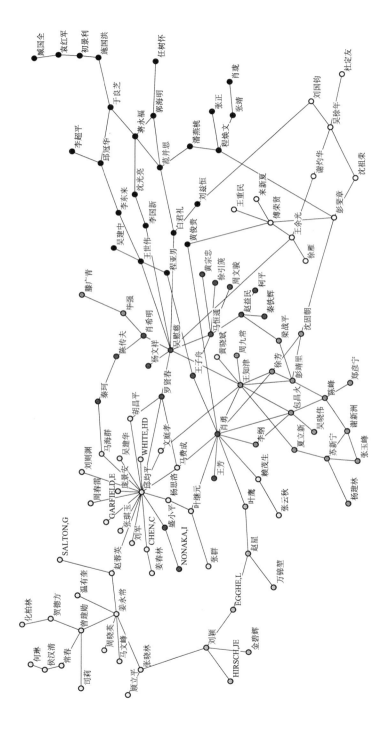

图 8-11　图情学各分支领域（基于高被引作者与最近活跃作者）

出的分类结果进行调整，调整的具体方案如表 8-5 所示。

表 8-5　对作者归属分支领域进行调整情况表

分支领域	调整情况
信息计量与数字信息组织与检索	划分为两个领域，分别为信息计量、数字信息组织与检索。其中赵蓉英在两个领域都出现，而 Salton 则归属到数字信息组织与检索领域
竞争情报	加入肖勇和黄晓斌
信息资源管理	马费成、邱均平、胡昌平、王知津、梁战平、马海群六人加入该分支领域
图书馆学基本理论1	加入吴慰慈

注：如无特殊说明，则作者的原归属不变，如马费成既属于信息计量分支领域也属于新加入的信息资源管理领域。

经过这样的手动分类，我们可以看到当前我国图情学主要有 7 个分支领域，即将信息计量与数字信息组织与检索分成两个领域，与此同时，对一些作者的归属（主要是多重归属）进行了适当调整。在此基础上，利用 Pathfinder 算法对这 7 个分支领域涉及的作者进行主路径搜寻，基本步骤是：从 140×140 构成的矩阵中抽取各个分支领域的作者[①]（将 115 名以外的作者手动归为第 8 类，实质上我们并不使用该类，只是为了方便抽取各分支领域的作者）→进一步抽取最大联通图（保证整个图是联通的，这样方可使用 Pathfinder 算法）[②]→利用 Pathfinder 算法对各个分支领域进行主路径运算并将其可视化。

根据以上的调整和主路径运算，我们得到了各分支领域的知识交流主路径，具体如图 8-12～图 8-18 所示，下面对各分支领域进行必要的解释与说明。需要说明的是，这些图中线的粗细表示知识传递量的大小，知识传递量越大，线越粗，反之亦然；节点大小表示的是每个学者在这五年间的总被引次数，被引次数越大，节点越大，反之亦然。这里我们并没有用平面布局算法来排列各个点，而是根据作者出度和入度情况对他们进行了从上到下的逐层排列（具体见 8.2.4 节）。

（1）信息计量分支领域（图 8-12）。共涉及 18 位作者，有两位学者（胡昌平和黄晓斌）由于与其他学者交流知识量较低构不成弱成分而被排除在外。从图 8-11 与其他图比较来看，它具有独特性。该图形成了一个很明显的中心

[①]　这些步骤均可在 Pajek 中实现，详情请参照 Pajek 相关教程，如 Batagelj V，Mrvar A. Pajek-program for large network analysis［J］. Connections，1998，21（2）：47-57.

[②]　当前在 Pajek 等软件中不用最大弱成分也可以求得 PFNET 结果。

人物——邱均平教授，不管是从他的知识转移给别人还是从他吸收了别人的知识来看，都说明邱均平教授一是在该学科领域影响力大（他的知识转移给了别的学者），二是邱均平教授近些年笔耕不辍，吸收转化了不少同行知识（别的学者的知识转移给了他）。在该领域，也出现了其他领域中较少出现的国外作者，说明信息计量的国际化知识交流程度也比较高。在图 8-12 中，我们可以看到两个作者之间知识交流的情况，如邱均平和 White，很明显是邱均平吸收 White 的知识，结合原始数据来看，White 并没有在中国图情学杂志发表过任何文章。再如，邱均平和马费成，相较而言，马费成的知识更多流向了邱均平，而邱均平的知识最主要的流向对象并不是马费成，而是他的几个弟子。又如，邱均平和文庭孝，他们都选择对方作为知识的最大输出对象，这说明他们之间的交流更频繁，也更深入。整体来看，知识从最左端学者发出，主要经过邱均平教授的吸收与创造，传递给了最右端学者。这种中间作者只有一位作者的传递模式在其他一些领域是比较少见的，这说明邱均平教授既影响力大（传递知识多）又多产（吸收知识多），并且这两个方面在整个网络中都具有很大的比较优势。

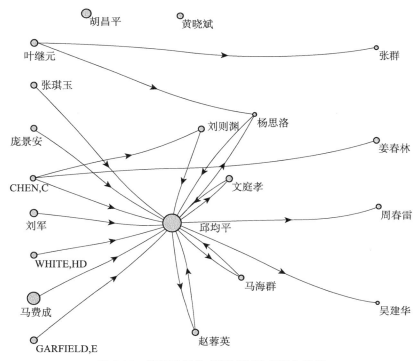

图 8-12　信息计量分支领域知识交流主路径

（2）h指数分支领域（8-13）。这一领域涉及的作者数量不是很大，只有7位，包括两位国外学者，一位为h指数的首创者Hirsch，另一位是g指数的提出者国际著名情报学家Egghe。而我国的几位作者都是对h指数有较多研究的学者，如金碧辉教授提出了R指数及AR指数[①]，叶鹰则发表了系列文章并承担了相关的国家自科基金项目。这一领域是所有领域里面的中西交流和权威-新秀组合的典范：国外学者的知识传给了国内学者，权威学者的知识传给了优秀青年学者，知识保持了从高到低的等级流通，与此同时完成了知识的国际传播和传承。这一领域的交流模式也比较独特：没有中间作者的转接，即既传递知识又吸收知识的学者不存在，这说明在我国在该领域缺乏一个（一些）活跃的领军式人物。

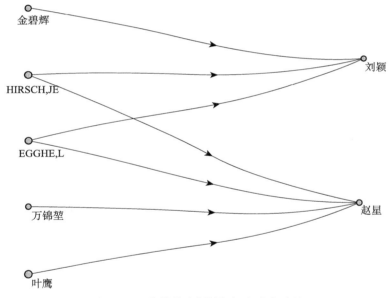

图8-13　h指数分支领域知识交流主路径

（3）信息资源管理分支领域，具体如图8-14所示。共涉及24位作者（按照图8-11，最初为18人，后加入了6人）。这一领域秉承了情报学、图书馆学领域的基本理论和方法，但是又适应了当前大信息观的环境，从涉及的学者便可以看出图情学的这一发展趋势。但是，我们知道信息资源管理是个很大的领域，可以说是一个学科，所以这个领域涉及的细分研究方向比较多。从图8-14

---

① 金碧辉. R指数、AR指数：h指数功能扩展的补充指标［J］. 科学观察，2007，2（3）：1-8.

来看，分为偏向于图书馆学（图中虚线上方）和偏向于情报学（图中虚线下方）两大块。另外，涉及的更为细分的领域如知识管理领域（邱均平－盛小平－Nonaka－柯平），知识产权领域（邱均平－马海群－陈传夫－秦珂），信息服务（胡昌平－罗贤春）等。所以，整个信息资源管理领域作者的交流情况看起来比较复杂，所以在观察这一领域的知识交流状况时需要对学者的背景有较好的了解。从图 8-14 来看，这个领域的交流是比较频繁的，作者之间的连线比较多，有些连线还比较粗。我们还可以从该图清楚地看到，该领域形成了以知识输出为主和以知识输出与吸收并重的两大学者群体，而单纯只吸收知识的学者只有两位。这说明一是这个领域的研究比较活跃，吸引了众多著名学者；二是这些著名学者之间的交流相对较多。另外，胡昌平最主要的知识传递对象并不是位于中间的某一（些）作者，而是右边的罗春贤，主要是其研究方向有一定独特性（信息服务）。

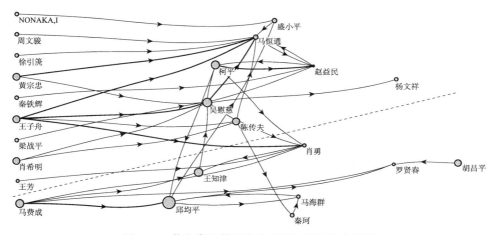

图 8-14 信息资源管理分支领域知识交流主路径

（4）图书馆学基本理论 1（偏向于图书馆管理与服务）。这部分包含 26 位作者（加入了吴慰慈），也是比较庞大的一个分支领域，其中黄俊贵与其他作者构不成一个弱成分而独立存在，具体如图 8-15 所示。整体来看，该领域的研究偏向于公共图书馆管理与服务方面。在这一领域各个类型的作者分布比较均匀：左、中、右的作者数基本相当；各类之间的交流频次也相对较为均匀。这说明这个领域一是比较活跃，二是学术权威较多（图中有不少学者顶点面积都比较大）并且一些学术新秀慢慢也成长了起来。我们可以把这种交流模式的分布称为"均匀分布交流模式"。

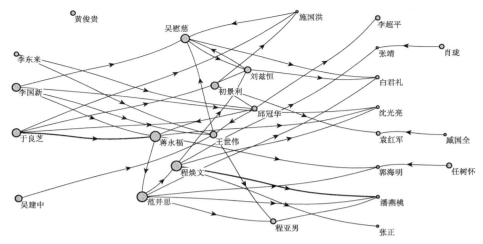

图 8-15　图书馆学基本理论 1 知识交流主路径

（5）竞争情报，具体如图 8-16 所示。这里涉及 20 名作者（加入黄晓斌和肖勇），从图 8-16 来看，毕强－腾广清成了一个独立成分，黄晓斌也单独独立出来。剩下的 15 位作者形成一个大的弱联通成分。他们主要是围绕竞争情报的理论与方法展开研究。这里又出现了另一种交流模式，即传递与吸收并重。学者与只吸收知识的作者占到了大多数，只传递知识的作者比较少。一是说明这个领域影响力大的学者之间交流较多（从图中可以看出中间及左边的作者的影响力要比右边作者的影响力普遍大一些），相互传递知识比较多；二是说明这个领域也有不少当前比较活跃的学术继承者（右边作者比较多）。

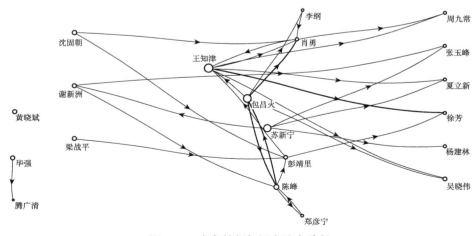

图 8-16　竞争情报知识交流主路径

（6）图书馆学基本理论 2（偏向于图书馆学史、目录学）。这一群体人数不多，只有 11 人，其中王余光–徐雁独立成一个成分（图 8-17）。在该图中，我们可以看到，相对其他分支领域，该领域是交流量最大的一个群体，即彭斐章–沈祖荣–吴稌年–刘国钧–杜定友，他们都是我国著名的图书馆学家，在图书馆基本理论、图书馆馆史、目录学方面都有精深研究，其中多位为我国图书馆教育的泰斗级人物。我们看到，多位老先生的知识都传递给了吴稌年和傅荣贤，并且传递量很大，说明这两位学者较好地传承了这些老先生的衣钵。这一领域与信息计量学领域非常相似，主要是以知识传递为主的一个分支领域，权威作者多且大部分不活跃，但仍然有一些中青年学者较好地传承了这些知识。

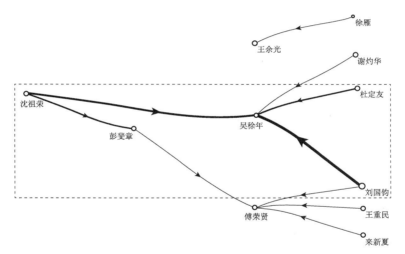

图 8-17　图书馆学基本理论 2（含图书馆学史、目录学）分支领域知识交流主路径

（7）数字信息组织（偏知识组织）。这是专门从图 8-11 中单独抽取出来的一个分支领域，共涉及 17 名学者，其中张云秋–赖茂生独立为一个成分，具体如图 8-18 所示。在这一网络中，张晓林的影响力最大（圆圈面积最大），他主要是进行知识扩散。而知识交流量最大的是张晓林–赵蓉英–温有奎–姜永常–曾建勋构成的关于知识组织（如知识元等）的交流小群体（图中虚线框描出）。这一领域的分布与图书馆学基本理论 1 分布相似，左、中、右作者分布比较均匀，高影响力作者交流较多，且有一些学术新秀也较好地传承了知识。

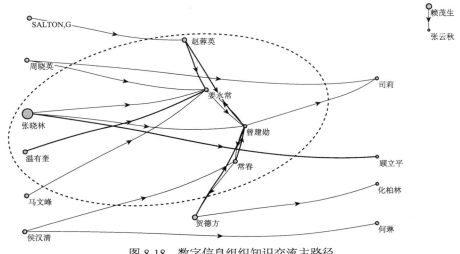

图 8-18 数字信息组织知识交流主路径

8.3.2.2 中国图情学各分支领域内知识交流难易情况分析

最短路径的选择实质上就是保证两个作者之间传递的知识量是最大的，从这点出发我们便可以观察出每对作者之间沿着怎样一条路径交流是最合适的。当然，这里并不一一分析每对作者是怎么交流的，而是研究各分支领域内作者总体的统计情况。分支领域的划分仍然按照 8.3.1.1 节的划分进行，有些作者可能出现在不同的分支领域。需要说明的是，按照 8.2.2 节给出的最短路径的技术路线，我们对最后的最短路径进行了归一化，方法为除以最大值。对于没有连线的点，每个都给予 1.1 的量，即给予他们之间最大的距离，否则无法计算平均最短距离的值。另外，由于这里探讨的是分支领域内的交流情况，所以，平均最短路径距离（源）＝平均最短路径距离（终点）。需要注意的是，这里的平均最短路径距离和我们认为的距离已经不一样了，它只是一个度量值，无实质含义。它的值越大（越靠近 1.1）说明其在这个指标上的表现越差。最后，需要强调的是这里的数据是在整个数据（即 115×115）的基础上叠加得到的，并没有分领域单独运算最短路径，主要是想在学科背景下观察各分支领域交流的难易性。

对于平均最短路径距离，其值越大，说明两个作者之间交流越困难，交流的概率越低。从表 8-6 来看，平均最短路径最长的是 h 指数这一分支领域，为 0.791，这说明 h 指数内部作者之间的交流有一定困难。而竞争情报内作者之

间的交流相对比较容易，值只有 0.272。如果我们把平均最短路径距离超过 0.6
的定义为交流困难，那么 h 指数、图书馆学基本理论 2 都可以划入这一类别。
而其他 5 个分支领域可以划入交流容易的类别。

表 8-6 不同领域内知识交流最短路径距离情况

分支领域	平均最短路径距离			信息流动控制能力		
	具体值	源（标准差）	终点（标准差）	频次	均值	最大值
信息计量	0.520	0.198	0.422	4 963	248.150	3 610
h指数	0.791	0.125	0.442	191	27.286	189
信息资源管理	0.339	0.031	0.393	13 631	567.958	3 610
图书馆学理论1	0.375	_0.269_	_0.220_	6 077	233.731	3 172
竞争情报	0.272	0.116	0.197	4 693	234.650	2 118
图书馆学理论2	0.680	0.080	0.445	688	62.545	293
数字信息组织	0.310	0.050	0.300	3 175	186.765	668

从源点和终点视角来看，即被别人获取知识和获取别人知识难易性来看，
除了图书馆学基本理论 1 外，各分支领域内"作者传递知识能力的差异性"比
"作者吸收知识能力的差异性"要小，甚至是远小于，也就是说这些分支领域
内，相比较而言（传递能力与吸收能力相比），作者传递知识的能力差别不大，
而吸收知识的能力差异较大。对于图书馆学基本理论 1，则是作者传递知识的
能力差别较大，而吸收知识的能力差异较小。如果单从源点的角度看，即只考
虑作者传递知识的能力，我们可以看到图书馆学基本理论 1 内的作者差异是比
较大的，标准差在 0.2 以上，这说明这一领域内作者之间传递知识的能力差异
较大，有较强的等级性，在这一领域可能有一些学术影响力比较大的作者。如
果单从终点来看，每个领域内作者吸收知识的能力都差异比较大，标准差的值
都在 0.2 以上，而有的则达到了 0.4 以上（如图书馆学基本理论 2、h 指数和
信息计量）。

从控制信息流动的视角看，可以很直观地看出不同领域中的作者控制信息
的能力是不一样的，有的领域中最大值不超过 200 次，有的领域中最大值则高
达 3000 多次。从平均值来看，信息资源管理的高达 500 多次，也就是说该领域
内平均每个作者处于别的作者交流的最短路径之上的次数有 500 多次，由此可
见这个领域的作者在控制信息流通方面整体实力比较强，也说明这个领域很可
能处于非常重要的中间栈角色，不同领域的作者之间交流可能都要经过它（8.

3.3.2 节也将证明这一点）。而 h 指数领域内的作者平均值只超过 27，既说明他们控制信息流通的能力不是很强，也从侧面说明这个领域相对比较独立。

是什么原因导致了这些差异？通过观察每个分支领域具体的交流情况，可以初步得到一些线索：一是学科内存在一些与其他作者相比影响力高的作者或者高产作者。影响力高的作者导致了作者知识传递能力的偏斜分布，而高产作者导致了知识吸收能力的偏斜分布。二是分支领域自身发展的问题。有些分支领域中年老的作者已经不再发表论文（含外国作者不在中国发表论文的情况），但是影响力仍比较大，这样便导致了这些作者只传递知识而不吸收知识，这种类型的作者越多，越会同时导致整个分支领域作者传递知识能力和作者吸收知识能力有较大波动。三是领域研究内容的独立性。如果一个领域研究内容相对独立，那么他们充当中介点的概率就相对少一些，而一个领域研究内容比较基础，涉及面广，则充当中介点的概率就大大增加。

8.3.2.3 中国图情学各分支领域内知识交流量分析

下面，我们来分析各分支领域内知识交流量，从而来观察每个领域内知识交流的频繁程度并通过领域间的横向比较来观察各个领域的活跃程度。由于都是在图情学领域，所以这里假设各个分支领域之间的交流行为没有天然差异，数值大小可以进行比较。表 8-7 给出了不同分支领域内部平均知识交流量分布。

表 8-7　不同分支领域内部平均知识交流量

分支领域	平均交流量
信息计量	10.45[4]
h 指数	6.57[7]
信息资源管理	13.58[1]
图书馆学理论1	11.96[2]
竞争情报	8.05[6]
图书馆学理论2	10.82[3]
数字信息组织	8.18[5]

注：[ ]内为排名。

总的来看，我国图情学各分支领域内的交流量都是比较大的，平均知识交流量都达到了 6 次以上。其中，信息资源管理方面的交流量是最大的，平均交流量达到了 13 次以上，内部交流比较频繁，是当前我国图情学内最为活跃的分支领域。平均交流量达到 10 次以上的还有图书馆学理论 1、图书馆学理论 2

和信息计量，这三个领域也都是比较活跃的分支研究领域。h 指数则相对交流量少，这是因为其本身人就少且包含两位外国学者，而这两位外国学者都在中国不发表论文。这样，我们可以对我国图情学各分支领域内部交流情况有一个较为全面且微观的理解，也使得我们对于各个分支领域当前的活跃性有了一定的了解。

8.3.3　中国图情学学科内各分支领域间的知识交流情况分析

这里仍然沿用 8.3.2 节的作者进行分析，总共涉及 115 位作者，只不过这里没有像前面那样对作者之间的知识传递强度做限定，这是因为该节涉及的内容不是找主路径，而是通过构建引文矩阵来看图情学不同领域之间的交流情况，主要从"不同领域之间交流难易程度（即基于最短路径）"和"不同领域之间知识传递量"两个方面展开。

8.3.3.1　不同领域之间交流难易程度分析

这里还是从改进的最短路径出发来看不同领域之间交流的难易程度，表 8-8 给出的不同分支领域间知识传递的平均最短路径距离。图 8-19 是根据表 8-8 得到的不同分支领域间知识传递平均最短路径距离分布的热点图，需要注意的是，距离是一个反向指标，所以值越大说明两个学科之间的距离越远，交流越困难。

表 8-8　不同分支领域间知识传递平均最短路径距离

分支领域	信息计量	h指数	信息资源管理	数字信息组织	图书馆学理论1	竞争情报	图书馆学理论2
信息计量	0.52	0.85	0.44	0.38	0.44	0.32	0.78
h指数	0.59	0.79	0.49	0.44	0.48	0.38	0.79
信息资源管理	0.50	0.83	0.35	0.35	0.32	0.26	0.72
数字信息组织	0.52	0.84	0.40	0.32	0.39	0.28	0.75
图书馆学理论1	0.59	0.87	0.46	0.45	0.39	0.38	0.75
竞争情报	0.54	0.86	0.43	0.38	0.42	0.28	0.78
图书馆学理论2	0.53	0.85	0.36	0.38	0.31	0.29	0.68

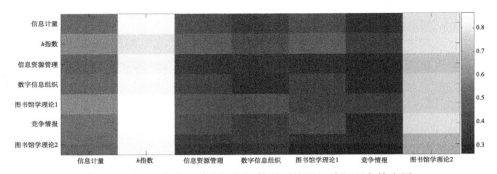

图 8-19　不同分支领域之间知识传递平均最短路径距离热点图

结合表 8-8 和图 8-19，首先我们可以看出每个领域到其他领域的难易性。比如，拿 h 指数来看，它的知识传递给竞争情报领域是最方便的，而传给图书馆学理论 2 是最困难的。但是从整体来看，h 指数领域的知识传递给其他领域是相对比较困难的（值分别几乎都在 0.4 以上），也就说其他学科领域从它这里吸取知识是比较困难的。这在一定程度也说明这一领域的研究内容是比较专深的、独立的。这样的领域还有信息计量、竞争情报和图书馆学理论 1。那么，我们再看图书馆学基本理论 2，它到其他领域的平均距离大部分都比较小，说明它的知识可以较好地传递给其他分支领域，这也说明该领域是一个相对比较开放的、基础的领域，很多其他分支领域都可以较方便地从它这里吸取知识。这样的领域还有数字信息组织和信息资源管理。另外，对角线上的值则可以看出自身交流的状况，这在 8.3.2.2 节已经详细分析了。通过自身传递距离与其他领域传递距离进行比较发现，自己的知识并不是最便捷地传给自己，传给其他领域反而有时比传给自己更便捷。比如，信息计量领域，自己传给自己的平均距离为 0.52，而传给信息资源管理、数字信息组织、图书馆学理论 1、竞争情报的平均距离都要小于 0.52。这可能是邱均平的缘故，他是一位多产且在多个领域都发表较多文章的高影响力作者，我们在前面也看到这个领域的主路径基本都是围绕他一个人展开，其他学者之间的交流相对较少。由于邱均平在多个领域都有研究，所以传递了不少知识到其他领域。这样，可能一些分支领域存在一些特殊作者，尤其是频繁出现在其他作者之间最短路径的作者，那么就可能导致这个领域自己传给自己比传给别的领域要困难。

实质上，从距离也可以看出学科之间的相似性，两个领域距离越远，它们的差异性越大。这里，为了更直观地观察领域间的差异性，将有向网络转化为无向网络。无向网络的关系比有向网络要简单许多，也更直观明了。转化的方法为，取每对领域相互距离的平均值，即 $B(i, j) = (A(i, j) + A(j, i)) / 2$，$A$ 为原有向距离矩阵，B 为当前无向距离矩阵。B 矩阵中平均距离为 0.528，这里将该值设置为一个阈值，超过它就说明两个学科之间交流不容易。将这些超过阈值的值在 B 矩阵中去掉，然后绘制它们之间的距离关系图，得到了图 8-20。

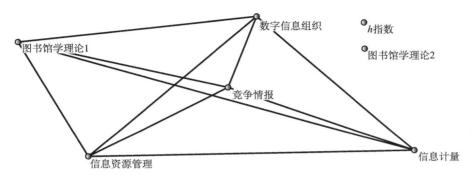

图 8-20　不同分支领域间知识传递路径情况

从该图来看，h 指数与图书馆学理论 2 是非常独立的两个分支领域，离其他学科都比较远，说明它们的研究比较专深。而其他 5 个领域则都相互有关联，说明它们之间都有一定的相似性。为了进一步简化它们之间的关系，只关心一个分支领域最相近的分支领域，对 B 矩阵进行 Pathfinder 算法运算，得到了图 8-21。

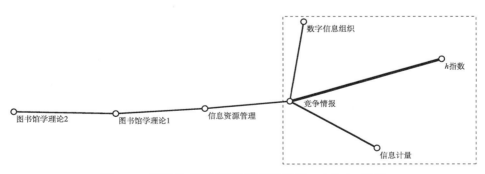

图 8-21　不同分支领域间知识传递路径 Pathfinder 结果

从图 8-21 来看，图书馆学理论 1 和图书馆学理论 2 距离最近，它们的研究偏向于图书馆学；竞争情报、数字信息组织、信息计量和 h 指数成为一个小的群体（图中用虚线框起来），它们的研究偏向于情报学；而信息资源管理位于它们之间，将它们连接起来，这说明该领域是一个桥梁性领域，是一个比较综合的学科。在情报学领域内，竞争情报也是一个比较综合的领域，与其他三个领域都有紧密关系。这样，通过图 8-20 和图 8-21，我们便可以较为完整地看出各个分支领域的相互关系。

8.3.3.2 不同领域之间知识传递量分析

这里研究的是不同分支领域之间的知识传递情况，而我们最初建立的是作者与作者之间的知识传递关系，所以两个领域之间知识传递量由每个领域作者之间的知识传递量累加而成。下面给出一个简单的例子：A 领域包括 2 个学者（A1，A2），B 领域包括 2 个学者（B1，B2），A1 知识转移给 B2 2 次，A2 知识转移给 B2 3 次，A1 知识转移给 A2 4 次，A1 自引 5 次，那么 A 领域对 B 领域的知识传递量为 5（2+3）次，A 领域转给自身的知识量为 9（4+5）次。

由于需要鉴别出 115 位作者组成的网络包含几个分支领域，我们需要对其智力结构进行挖掘，这里沿用 3.2.2 节的方法和结果，即将这些作者分为 7 个类别。但是我们要研究分支领域之间的知识交流，所以每个作者只能归属到一个类别。这是与 3.3.2 节中处理作者归属的不同之处。这样，除了将数字信息组织从信息计量中独立出来外，其他都依照 Louvain 社团发现算法得到分类。通过上述例子的算法，我们便得到了 7 个领域之间的直接知识传递情况，表8-9 给出了它们的直接知识传递量的分布情况，图 8-22 给出了该表对应的热点图。

表 8-9　不同分支领域间知识传递量

分支领域	信息计量	h指数	信息资源管理	数字信息组织	图书馆学理论1	竞争情报	图书馆学理论2
信息计量	400	10	46	69	2	36	4
h指数	14	59	8	2	2	8	1
信息资源管理	24	1	399	13	63	30	22
数字信息组织	40	4	27	215	1	22	1
图书馆学理论1	9	3	104	14	423	16	24
竞争情报	32	0	45	23	5	335	0
图书馆学理论2	3	0	26	5	32	6	168

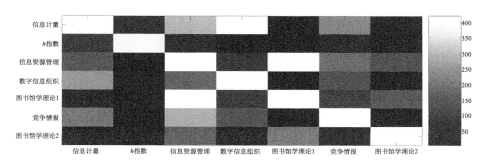

图 8-22　不同分支领域直接知识传递量热点图

　　结合表 8-9 和图 8-22 来看，不同领域都基本将知识转移给自己（表中对角线的值都是最大的，而热点图中颜色越浅即越接近白色说明值越大，我们可以看到对角线的值都基本接近白色）[①]，分别占到各自总传递量的 71%、63%、72%、69%、71%、76% 和 70%，这说明图情学的各分支领域的知识主要还是在各自内部进行交流，对外传递的只占到 30% 左右[②]。具体来看，信息计量的知识主要是传递给数字信息组织与信息资源管理。h 指数相对其他几个方向来说，传递给其他方向的知识较少，这与其自身规模较小有关，相比较而言传递给信息计量的最多。信息资源管理主要是转移给图书馆学基本理论 1，并且转移量比较大（偏白色）。数字信息资源组织主要是传递给信息计量和信息资源管理。竞争情报则主要是传递给信息资源管理与信息计量，但是量不是很大。图书馆学基本理论 2 则主要传递给图书馆学基本理论 1 和信息资源管理。我们也可以看到，竞争情报不转移给 h 指数任何知识，但是从 h 指数中吸取一定的知识，而图书馆学基本理论 1 和 2 与 h 指数基本没什么联系。为了更好地观察领域之间的相关性，我们将有向矩阵也转化为无向矩阵，转化的方法为 $B(i, j) = A(i, j) + A(i, j)$，即无向矩阵 B 中的值为原来有向矩阵每对节点之间交流量的和。矩阵 B 中每对关系的平均值为 37.952，这里为了更清晰地表现它们之间的关系，删除低于该阈值的关系，然后进行可视化，得到如图 8-23 的不同领域间知识交流图。

　　从图 8-23 中我们可以直观地看出：一是图情学领域还是分为两大块（图中用虚线隔开），即偏向于图书馆学的研究（虚线左上）与偏向于情报学的

---

① 热点图中横行的知识转移给竖列。
② 除了信息计量外，其他基本都占到各自传递量的 70% 左右。

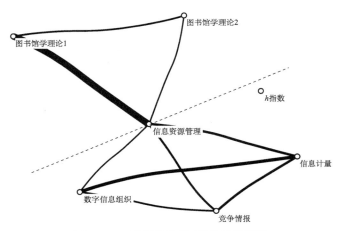

图 8-23 不同领域间知识传递量情况

研究（虚线右下）；二是信息资源管理在整个交流中占据重要地位，它与多个学科领域都有较为频繁的知识传递活动，并且它将偏向图书馆学的分支领域与偏向情报学的分支领域连接起来，是对两大领域理论与方法的吸收、整合与创造；三是数字信息组织与偏向情报学的多个分支领域都有交叉，是一个典型的交叉型分支领域；四是 h 指数是一个专业性很强的分支领域，与其他所有的分支领域都不相关；五是两个大的分支领域（偏向于图书馆学和偏向于情报学）内部的交流都比较充分，几乎每对领域间（除了信息计量外）都有知识互传递活动。下面继续利用 Pathfinder 算法来简化它们之间的关系，得到图 8-24。

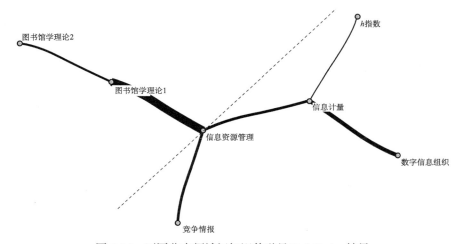

图 8-24 不同分支领域间知识传递量 Pathfinder 结果

从图 8-24 来看，信息资源管理和信息计量都处于比较特殊的地位，它们连接了多个学科，这说明它们的研究比较综合，事实上信息计量领域包含邱均平、马费成、胡昌平等当前情报学基本理论和方法的学者，这都会使这一学科领域看起来比较综合。同理，信息资源管理领域也有多位在图情学领域多个方面都有研究的学者。所以，很自然地这两个领域是整个交流系统的桥梁。图 8-23 中显得较独立的 h 指数主要还是与信息计量有最大的关联度。同图 8-23，图 8-24 也可以将整个网络分为两大部分，即虚线左侧为图书馆学，右侧为情报学。

既然基于知识交流量和基于最短路径都可以发现领域之间的关联度，那么它们有什么区别呢？首先，来看图 8-21 和图 8-24 的区别。图 8-21 中竞争情报很明显地看起来比较综合，而图 8-24 更多的是突显出信息资源管理这个学科的综合性，事实上我们知道，信息资源管理的确是一个综合性非常强的领域。其次，我们来看图 8-20 和图 8-23 的区别。图 8-20 中竞争情报、数字信息组织、图书馆学理论 1、信息计量、信息资源管理成了一个小群体，之间都有连线，而在图 8-23 中，图书馆学和情报学界限是比较清晰的，信息资源管理的综合性地位也突显出来。所以，从国内图情学这个案例出发，基于知识交流量的研究可以更好地观察领域之间的交流情况，并且这种方法的计算量要小于基于最短路径的计算量，数据处理起来也相对简单，易于理解。但是，基于知识交流量的研究并不能非常科学地回答两个领域交流难易性的问题，它的重点放在检测两个学科的交流程度上。

8.4　本章小结

本章集中解决了学科领域之间知识交流的一些基本问题，主要思路是沿着"什么是知识交流—知识交流研究的视角—基于作者知识传递网络的知识交流发现方法—应用研究"而展开，而重点则是放在方法的创新上，本章涉及的方法不仅仅是单纯地移植其他学科的一些方法，而是基于引用的知识交流特征进行了修正，并且提出了一些新的分析思路和方法。下面对本章进行总结。

（1）对知识交流进行了重新定义。具体来讲，知识交流是指学者们通过正式交流和非正式交流渠道进行知识传递的全过程。本章的研究重点也放在过程研究上，而没有集中在交流效果上。

（2）学科领域间知识交流的研究视角有作品、生产者、内容三个方面，本章则直接从生产者视角进行研究。这是因为生产者是知识交流的主体和知识的根本来源，从生产者视角进行研究更能把握知识交流过程的一些本质性的东西。

（3）学科之间知识交流的研究方法主要是特殊作者分析法，主要是看一个个学科受其他学科的影响程度，从而看出整个学科领域的知识除了自身外主要来自哪些学科（注意这里只能是单方向的，用该方法无法获知该学科影响了哪些其他学科），这样便可以在一定程度上看出该学科与其他学科的交叉融合情况。

（4）学科领域内知识交流的研究方法主要包括基于主路径的分析方法、基于最短路径的分析方法和基于知识量的分析方法。它们的研究目的是不一样的，我们可以从不同角度来分析学科领域内知识交流的情况。基于主路径的分析主要是考察一个学科领域内最核心的作者之间最为主要的交流方式，从而对一个学科领域的知识交流脉络从整体上有清晰的把握。基于最短路径的分析则是考察一个学科领域内作者知识交流的难易程度，如果一个学科领域的平均最短路径越长，说明该领域内作者交流较为困难，这一领域当前并不是很活跃。基于知识量的分析主要是看一个学科领域内作者交流是否活跃，从而可以判断出这个学科领域当前是否活跃，作者之间平均交流量少的学科领域，其当前并不是很活跃。所以，对于判断一个领域内知识是否活跃可以有两种方法，一是基于最短路径的分析，另一种是基于知识交流量的分析。

（5）学科领域间知识交流的研究方法主要包括基于最短路径的分析方法和基于交流量的分析方法。它们的目的也是不一样的：基于最短路径的分析方法主要是考察两个分支领域之间知识交流难易性的问题，两个分支领域之间平均最短路径越长，说明两个学科交流越困难，这两个分支的差异性很有可能越大；基于交流量的分析则主要是直接看两个分支领域之间知识交流量的大小，知识交流量越大，说明两个分支领域越相似。所以，这两种方法从不同角度都可以看出两个分支领域的差异性。从本章的案例数据分析来看，基于交流量的分析方法更适合判断分支领域之间的相似性（或者称为亲近性）。

（6）基于作者引用分析的知识交流研究方法需要在深入思考的基础上提出

新方法或者对已经存在的方法进行改进，不能照搬过来直接应用。在本文中，首先，提出了以特殊作者分析法来分析学科领域之间的交叉融合。其次，对于最短路径的分析方法进行了改进：将作者之间有连线的交流保留下来，即认为作者之间的交流最便捷。再次，对基于主路径的分析则谨慎思考了"什么是主路径"这一根本性问题，并选择了 Pathfinder 进行主路径搜寻，在结果呈现时又考虑到知识的有序流动问题，从而使大家对一个分支领域的知识交流的主要情况有清晰的认知。所以，每种方法的引入与创新都需要对"基于引用的知识交流"这种特殊形式进行认真的理论思考，在这些基本思想的基础上方可提出更适合研究学科领域内（间）知识交流状况的研究方法。

后　　记

　　国家社会科学基金是我国社会科学领域最高级别的科研项目，我有幸承担青年基金的研究，本着精益求精的态度严谨认真地展开相关研究。在近四年的研究中，我经历了很多印象深刻的事情，更加感悟到追求精品的不易。从软件的开发和反复调试、科学方法的引入和改进到研究内容的组织和调整等都经过了甚为细致的思考和实践，甚至在撰写过程中多次彻底推翻初时想法，这种"痛苦"难以言表，但是当另辟蹊径解决问题的时候，柳暗花明的那种喜悦又莫可名状，这种矛盾的心理也许只有沉浸在科学研究中的人才能有更深的体会。经过反复修改，终于成稿，感慨万千，不管怎样，希望自己的研究能带给同行一些思考和参考。

　　本书的完成得到了诸位师长、同事和朋友的帮助。我的导师武汉大学邱均平教授多次就书稿的大纲进行讨论和敲定，并多次就一些细节性问题进行悉心指导和帮助。中国社会科学院黄长著研究员、武汉大学马费成教授在书稿写作时给予了诸多指点和鼓励，这种对晚辈成长的关怀备至令人感动。美国德雷克塞尔大学的晏尔伽博士在我一年的访学生活中给予了热情帮助，在学术上进行了悉心指导，拓展了我的国际视野。另外，我也要感谢山西大学刘维奇教授、李景峰教授、李常洪教授、裴成发教授、相丽玲教授、尚珊教授、郎永杰主任、吴文清处长和山西省教育厅张志强处长等领导和同事对我工作的帮助和支持。我还要感谢我的家人：感谢父母的养育之恩，没有他们含辛茹苦的培育就不可能有我今天的一切；感谢妻子对我的关心、照顾和支持，使我能够静心做一些自己喜欢做的事情；感谢儿子和女儿给整个家庭带来的快乐，希望他们开心健康成长；同时，深切缅怀已经去世多年的爷爷、奶奶、姥爷、姥姥，感谢他们对我的无尽疼爱；最后，深深想念因急病突然离世的母亲，愿她在天堂一切安好！谨以此书献给母亲在天之灵！

　　科学研究没有终点，本书的完成只是万里长征中很小的一步，我将继续汲取知识，勤于思考，加强交流合作，扎根科学计量学领域，产出更多具有创新性的研究成果，解决更多的实际问题。

马瑞敏

2018 年 2 月 1 日于山西大学